이경희 자서전

진애드

책을 펴내며

   나는 집을 짓는 사람이다. 건물과 빌딩을 짓고 있지만 그 시작은 작은 원룸이었다. 사람이 몸을 부리는 공간, 자신의 생계와 미래를 위해 머물며 일하는 공간의 근본 성격은 작은 원룸이나 커다란 빌딩이 비슷하다.

   집을 짓는 일과 함께 내가 추진해온 일은 민족통일을 향한 꿈의 실천이다. 분단된 우리나라의 상황이 정상적인 민족사의 결론이 아니라 왜곡된 국제관계 속에서 내려진 잘못된 산물임을, 그리고 통일은 관념적인 당위가 아니라 우리가 준비하고 완성해야 하는 현재의 일임을 알고 나서 통일에 대한 꿈의 확장은 자연스러운 일이 되었다.

   나의 이십 년은 두 개의 집을 짓는 시간이었다. 건물을 짓고 동시에 통일의 집을 짓는 시간이었다. 최선을 다해 건물을 짓고 확장하는 일은 통일을 위한 현실적 토대의 구축이라는 의미와 함께 실제로 통일을 준비하는 일에 물적 토대를 제공해주었다. 동시에 통일이라는 민족사의 로드맵을 추진하고자 하는 열망이 내 일을 더 지극함으로 대하게 했다. 내 안의 가장 강력하고 지속적인 추진력은 민족통일에 대한 열망과 현실적 준비를 해야 한다는 정치의식이었다.

   그래서 물적 토대를 굳건히 하는 것과 민족통일을 위해 고민하고 준비하고 그 당위를 널리 알리는 일들이 따로 분리되는 일이 아니었다. 동일 선상에서 건물을 올리고 대통령선거에 나서고 국민에게 민족통일의 의미를 호소하고 내가 할 수 있는 통일준비작업을 꾸준히 추진해왔다. 그것들은 통일 한국을 추구하는 내 생의 기차를 달리게 하는 두 개의 레일이었다.

 그리고 이제 그 길 위에서 지금까지 걸어온 길을 점검하고 더 탄탄하게 다지는 작업을 하려고 한다. 노력과 하늘의 운이 준 감사함으로 내가 짓는 집은 더 많아지고 탄탄해졌으며 통일의 집을 짓고자 하는 나의 목표는 더 현실적 추동력을 얻게 되었다. 물론 민족통일은 꿈과 현실적 토대, 기회가 적절하게 만나야 불꽃이 튀어 대업을 완성하겠지만 어느 하나도 놓아서는 안 되는 것들이다. 꿈에만 매달려 현실적 준비를 게을리하는 것도 안 되지만 지나치게 정치공학적인 측면에서 접근하는 것도 올바른 방향은 아니다. 하물며 주변 상황과 국제 관계의 역학 구도를 의식하고 거기에만 집중해서도 안 될 일이다. 민족통일의 주체는 어디까지나 우리 자신이기 때문이다.

 나는 두 발로 땅을 딛고 살아가는 탄탄함으로 그 두 개의 축을 가슴에 품고 여전히 집을 올리는 현장과 통일의 집을 짓는 또 하나의 현장을 만들어가고 있다.

 세상에는 남들이 낸 길을 따라 걸어가는 사람이 있고 스스로 길을 내어가며 스스로 만든 길을 가는 사람이 있다. 남들이 낸 길을 따라 세상을 사는 사람이 꼭 순응주의자도 아니며 스스로 길을 내는 모든 사람이 성공적인 모험주의자도 아니다. 하물며 옳고 그름의 문제는 아니다. 그러나 세상을 변화시키는 건 남들이 가지 않은 길을 스스로 내어가며 걸어가는 사람, 혹은 남들과는 다른 방식으로 길을 만들어내는 그런 사람들에 의해서이다. 만들어진 틀 속에 자신을 다듬어서 맞춤하게 세상의 눈치를 보며 무난하게 처신하는 사람이 세상을 변화시키기는 어렵다. 그래서 세상을 변화시키는 건 자신만의 길을 가는 괴짜들이다.

스스로의 내면적 질문을 통해 삶을 성찰하고 도시국가의 시민들을 깨우치고자 했던 소크라테스부터 천동설과 신의 의지가 지배하는 중세의 세계관에 과학과 합리적 추론으로 맞섰던 과학자들, 그리고 판에 박힌 종교화의 압박에서 벗어나 있는 그대로의 인간을 그리기 시작한 근대의 화가들, 새처럼 하늘을 나는 꿈을 비행으로 귀결시킨 라이트형제의 추동력, 세계를 이해하고 해석하는 구조를 근본적으로 다시 제시한 컴퓨터 개발자 등등 세상은 전혀 다른 길을 새롭게 내는 사람들에 의해 변화되고 진화되었으며 이전까지와는 다른 새로운 세계를 열어갔다.

정치의 세계 또한 마찬가지이다. 정치를 하고자 하는 사람이라면 그 시대가 요구하는 시대정신과 국민의 삶의 내용을 확장하고 개선하려는 구체적인 정책, 이 두 가지가 필요하다. 내가 생각하는 이 시대의 책무는 민족통일이다. 어느 민족이나 분열과 통합을 반복하는 게 대체적인 역사의 진행이었고 우리 또한 오래전부터 분리와 통합을 반복해왔다. 그리고 지금은 우리 민족의 의지와는 상관없는 강대국의 구도에 짓눌려 남한과 북한으로 분리되어 있다. 그리고 분단으로 인한 상처와 사회적, 군사적, 경제적 비용을 막대하게 치르고 있다. 그렇다면 이 시대가 필요한 것은 당연히 민족의 통일이어야 하고 통일이 되어야 한다는 당위에 대해서는 누구나 동의를 한다.

우리의 소원은 통일이라는 슬로건에서부터 통일에 대한 진지하고 구체적인 접근까지 통일의 아젠다는 여전히 작동하고 있지만 분단의 시간이 길어질수록 그 당위 또한 허술해질 수 있고 분단의 직접 세대를 벗어나면 통일 자체에 대한 회의론까지도 등장한다. 현재 우리 사회의 젊은 세대일수록 통일에 대한 회의론, 막대한 통일비용을 감당해가면서 굳이 통일을 해야 하는가 묻기도 한다. 그래서 더더욱 통일은 이 시대의 시대정신이 되어야 한다.

민족통일을 향한 꿈을 갖기 시작한 청소년기부터 대통령선거에 출마해

지금까지 나의 삶은 개인적인 성취를 향한 분투이기도 했지만 동시에 민족통일이라는 우리 민족의 명제와 꿈을 향한 구체적이고 지속적인 준비과정이기도 했다.

통일이 이 시대의 해법임을 주장하고 호소한 지금까지 민족통일은 나에게 삶의 화두이자 더 많은 능력을 끌어내고 일을 추진하게 하는 동력이었다. 지금까지 나의 삶은 개인적인 성취를 향한 분투이기도 했지만 동시에 민족통일이라는 내 인생의 명제와 꿈을 향한 구체적이고 지속적인 준비과정이기도 했다. 통일에 대한 나의 꿈과 준비를 많은 분과 공유하고 싶었고, 현실화시킬 자신이 있었고, 계속해서 추진할 힘이 있다. 지난 19대 대통령선거에 나선 것도 그런 노력의 하나였고 이 책을 펴내는 것도 그런 노력의 연장이다.

    분단을 극복하고 민족통일을 이루는 것은 그 누구도 부정할 수 없는 이 시대의 시대정신이자 우리 민족의 과업이다. 그것은 원론적인 주장만 한다고, 선거철에 잠시 유권자들 마음을 잡으려고 감성에 호소한다고, 혹은 북한체제의 붕괴를 원한다고 해서 이루어지는 일이 아니다. 구체적인 통일정책과 원칙을 견지하면서도 상황에는 유연하게 대처하는 대북정책을 통해서 차근차근 이루어지는 일이다.

  민족통일의 꿈과 실현을 위해 나는 현실적 토대를 만드는 사업을 차근차근 진행해왔고 대학원에서는 통일헌법에 관한 연구로 박사 학위를 받았다. 이론적 토대와 정치구조, 통일 후의 정부 구성 등에 대한 고민과 연구가 논문에 반영되어 있다. 통일의 구체적인 준비와 통일 이후의 정치에 대해 함께 고민하고 토론하고 준비하는 계기가 되기를 간절히 바란다.

  통일이 분단된 조국을 극복해야 한다는 시대적 당위라는 점 말고도 통일을 해야 하는 이유는 지극히 현실적이다. 남·북한이 통일되면 얻을 수 있는 경제적 이익, 정치적 위상, 산업구조의 안전성 증대, 국제 관계에서의 역할과 지위 상승 등 통일이 가져다주는 현실적 이익은 막대하다. 통일은 그래서 필요하다. 통일의 현실적 의미와 필요에 관한 내용은 책에서 차근차근 살펴볼 생각이다.

  많은 사람이 스스로 길을 내기보다는 길을 따라가는 것은 그것이 안전하기 때문일 것이다. 안전이 검증되고, 설사 잘못 들어선 길이라 해도 많은 무리가 함께 가는 데에서 오는 안도감이 스스로 길을 내는 모험보다는 소극적으로 길을 따라가도록 한다. 나는 그 안도감에 승차하기보다는 아무도 가지 않은 곳으로 길을 내는 사람이 되고 싶다. 그 길을 내는 데 필요한 것은 우리나라의 미래에 대한 비전과 의지, 그리고 뜻을 펼쳐나갈 힘이다. 물론 현실정치는 뜻으로도 하지만 세(세력)로 한다는 말도 맞다. 그러나 뜻은 없고 세만 과시하는, 세에 동승하거나 편승해서 현실에 안주하는 그런 정치를 할 생각이라면 처음부터 정치에 뜻을 두지 않았다. 민족통일이라는 시대정신과 소명을 확신하고 신뢰하면서 그 길을 향해 차근차근, 그러나 뚜벅뚜벅 걸어가고자 한다.

분단과 분열이 아니라 통일과 합치가 있는 조국을
미래 세대에게 물려줄 의무가 우리에게는 있다!

CONTENTS

책을 펴내며

1장
통일의 집, 꿈을 시작하다

14   내가 날아갈 하늘을 발견하다 열일곱 소년에게 다가온 통일의 꿈
20   시대정신, 시대를 움직이는 힘
24   정도전과 최시형, 이지함의 땅
29   단양 농가의 막내아들
33   민주주의에 대한 최초의 경험- 6.10민주항쟁의 기억

2장
통일의 집, 설계도를 그리다

40   경희, 경희대에 가다
44   쓸모없는 경험은 없다
48   김대중 대표에게 편지를 보내다
60   남과 북, 꿈의 한 부분은 합칠 수 있다
65   선전포고의 시간
68   실패가 준 힘
74   삶과 뜻을 펼치기 위한 세 가지 요소

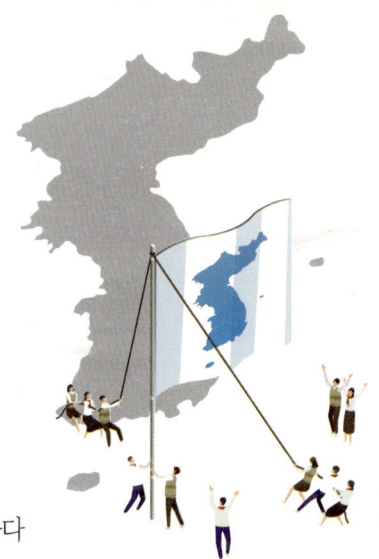

3장
통일의 집, 주춧돌을 놓다

78 민족통일개발-꿈의 물적 토대를 구축하다
83 현실정치의 주춧돌을 위해서
90 또 하나의 주춧돌, 대북지원 활동

4장
통일의 집, 몸체를 세우다

96 대통령선거에 출마하다
101 한국의 정치가 젊어져야 한다
107 대통령선거의 정책 공약
109 기성세대는 청년들에게 미래를 선물해야 한다
113 통일은 새로운 성장 동력
117 권력 구조의 분산이 필요하다
121 실리적인 외교와 중국의 역사 왜곡에 대하여
125 19대 대선에 나서면서 국민께 드리는 글
133 대통령선거를 치르면서

5장

통일의 집, 상량을 기다리며

140 한국의 통일방안, 그 진행 과정
147 통일은 경제적 기회를 확대한다
150 통일의 사회적 효용
152 통일은 4차 산업혁명 시기의 새로운 교육 패러다임을 가능하게 한다
154 통일이 가져올 인권, 복지의 확장
156 통일은 인구 문제와 청년 문제의 해법
158 통일비용에 숨은 사회, 경제의 원리

6장

통일 한국의 로드맵

162 통일은 우리의 헌법 과제이다
167 산업화, 민주화. 그 다음은 통일이다
171 통일의 단계
174 통일 한국의 미래 국가형태
178 통일 한국의 국가 권력 구조, 그 기본 원리
183 통일 한국의 행정부
186 통일 한국의 입법부
188 통일 한국의 사법부
189 국가 권력 구조 체계 구축의 새로운 과제
194 통일 이후를 준비하다

7장
통일의 시작은 지금 여기에서

198 통일을 새롭게 사유하다
202 통일의 주체는 우리 민족
207 통일의 노둣돌을 놓는 일
213 북한에 대한 인도적 지원은 소통을 위한 만남과 대화의 좋은 수단
217 북한을 통일광장으로 이끌어야
221 흡수통일이라는 유령
224 동북아공동체와 통일
228 통일은 막연한 미래가 아니라 현재진행형이다

8장
이경희에게 묻다

234 이경희는 진보인가, 보수인가
238 이경희는 통일주의자인가?
240 소수 정당에서 제3세력으로
243 닮고 싶은 정치인
245 통일 한국의 집을 짓는 삶
248 진인사대천명(盡人事待天命)의 시간

에필로그 많은 사람이 꾸는 꿈은 현실이 된다

CHAPTER. 1

통일의 집,
꿈을 시작하다

01
내가 날아갈 하늘을 발견하다
열일곱 소년에게 다가온 통일의 꿈

한 마리 새가 자신이 날아갈 하늘을 발견하고 마침내 그쪽을 향해 날갯짓을 펴기 시작했다….

그 시작은 고등학교 1학년 국민윤리 시간이었다.

이 시간은 정치와 한국 사회, 그리고 북한에 대한 부분 등 다양한 내용으로 이루어져 흥미를 느꼈지만 내용에 비해 현실적인 내 삶과 가깝게 느껴지지 않는 거리감 또한 있었다. 윤리 과목에는 북한의 이해와 통일이라는 단락이 있다. 분단의 상황과 여기에서 나오는 통일의 당위성, 그리고 통일이 우리 민족 전체에게 가져다줄 경제사회적 이익을 말하고 있었다. 당연히 민족사적 맥락으로 보아도 통일은 우리 미래의 과제였다. 우리의 소원은 통일이라는 노래를 어릴 때부터 학교에서 배우고 불렀지만 솔직히 그건 하나의 상징적 구호에 머물렀다. 왜 통일을 해야 하는지, 통일을 하면 어떤 좋은 점이 있는지 등에 대해 마음에 와닿게 배운 기억은 없다. 그러나 우리는 통일을 지향하며, 자유민주적 기본질서에 입각한 평화적 통일정책 수립의 의무는 준엄한 국민의 명령이자 국민적 의무라고 말한 대한민국 헌법 4조는 배우고 외웠다. 그러다 보니 통일은 우리가 달성해야 할 민족의 목표이지만 나의 미래, 내 삶과는 아무런 상관이 없는 죽어있는 구호였다.

나와의 연관성은 찾을 수 없는, 멀리 있는 누군가의 일.

시간이 가면 저절로 무르익어 자연스럽게 이루어질 정치적 결정.

우리 힘만으론 불가능하고 강대국의 이해관계에 따라 이루어질 국제관계의 산물….

그게 통일이었다. 그러던 중, 그날 재미없는 윤리 과목 수업시간에 나는 내 평생의 꿈을 만났다. 운명이자 나의 의지였다. 스쳐 가는 통일 관련 말들을 만난 것은 우연이자 운명이지만 스쳐 가는 한마디 말을 내 일생의 꿈으로 붙든 것은 나의 의지였다.

나를 파고든 그 단어는 통일이었다!

통일. 민족통일.

너무나 관념적이고 타성적인 단어. 너무나 올바르고 온당하지만 대부분 관심도 없는 단어였다.

그날, 그 시간 전까지 통일에 대한 내 인식을 기억해보면 통일에 대해 당위로 생각했던 것 같다. 당연히 해야 하고 필요한 일이지만 역사의 어떤 조건이나 주변국들의 상황에 따라 언젠가 자연스럽게 되는 국제적인 움직임의 결정물일 거라고 막연히 생각했다. 그러나 어쨌든 그날 나는 새로운 세상에 눈을 뜬 기분이었고 내가 닿고 싶은 꿈의 구체적 모습을 보았다. 그건 민족통일을 이루는 깨끗한 정치인이 되겠다는 결심이었다. 내 삶의 확장이자 꿈의 확장 그 자체였다.

우리나라 분단의 역사와 분단상황에 관해서 공부하면서 분단상황이 결코 정상적인 상황이 아니라는 것, 고정불변의 상황도 아니라는 사실을 새삼 떠올렸다. 무엇보다 우리 민족 의지의 결과가 아니었다. 그렇다면 분단이 우리 민족의 의지가 아니었듯 통일 또한 우리 민족의 의지나 힘으로 안 되는 것인가?

의아하기도 했고 답답하기도 했다. 그리고 곧, 그건 아니라는 분명한 생각이 떠올랐다. 우리가 분단을 겪은 것은 우리 힘이 부족했기 때문이다.

침략전쟁을 일으켜 주변국들을 고통에 빠트린 제국주의 일본이 당연히 패전의 결과로 분단이 돼야 했던 게 맞다. 그러나 일본 대신 우리 한반도가 강대국들의 역학 구도와 냉전 시대의 세계 재편 시도의 희생자로 분단을 맞게 된 것이다.

그런 역사적인 맥락을 생각하면 화가 났지만 우리가 달라진 점은 이제 우리는 힘을 가졌다는 사실이다. 분단은 그들이 했으나 통일은 우리가 할 수 있고 해야 한다는 생각이었다. 물론 지금도 남북한 문제는 우리 힘과 의지만으로 백 퍼센트 해결하기는 어렵지만 이젠 주변국의 힘을 미워하기보다는 이용해야 하는 시기였다. 우리 스스로 그만한 힘과 문제해결 능력은 가지게 된 것이다. 그러니 통일은 막연한 꿈이나 다른 국제 관계, 강대국의 선물, 역사의 우연이 가져다주는 것이 아니라 우리 민족의 힘으로 해야 하고 할 수 있다는 생각이 들었다.

나는 처음으로 질문을 했다. 의문을 갖고 질문을 하기 시작했다.

우리에게 통일은 무엇인가?

그건 소년이 어른에게, 미래의 세대가 기성세대에게 던지는 질문이었다. 그리고 우선 나 스스로에게 던지는 질문이기도 했다.

민족통일의 개념을 이해하고 이후 통일을 내 내면의 나침반으로 삼게 된 그 수업시간…. 그 한 시간이 내 삶의 이정표를 세우고 그쪽을 향해서 내 의지와 능력을 집중할 수 있도록 안내를 한 것이다.

나는 생각을 이어갔다.

꿈을 현실화하려면 어떻게 해야 하는가.

민족통일을 이루기 위해서 어떻게 해야 하는가.

현실정치를 통해서 민족통일의 꿈을 달성해야 하리란 생각이 들었다. 내가 생각할 수 있는 가장 현실적인 대안이었다. 그렇다면, 민족통일을 이루는 정치인이 되려면 어떻게 해야 하는가.

고등학교시절, 민족통일에
대한 꿈을 시작하다.

우리 정치를 보면 보통 법조인의 길을 걷다가 현실정치로 진입하는 경우가 꽤 많이 있다. 국회의원 선거 포스터를 보면 무슨 무슨 대학을 나와서 검사를 하고 변호사를 한 경력이 적힌 경우를 꽤 많이 보았다. 그렇다면 나도 일단 법조인이 되어야 하겠고 대학은 법대를 가야겠다는 결심을 했다. 우리나라의 정치 현실을 바꾸겠다거나 정치인이 되어 국민의 삶을 나아지게 하겠다거나 사회정의를 이루겠다는 꿈이 아니라 통일을 이루겠다는 꿈이 나에게 정치인의 길을 꿈꾸게 했다.

사실 남과 북은 한민족이라고 하지만 어떻게 보면, 그리고 어떤 때 보면 세계 그 어느 나라보다도 더 강렬하게 서로를 미워하고 증오하는 나라가 북한이었다. 이산가족 상봉 장면을 보면 한 민족이라는 걸 너무나 실감하는데 또 군사적 대결이나 도발, 충돌이 일어날 때 보면 세상에서 가장 가까운 적이 남한과 북한이었다. 가까이 있으니 그만큼 위험하고 위협이 된다. 그래서 제거해야 하고 원수처럼 생각하는 사람들도 있지만, 대개는 충돌 없이 지금의 상황을 유지했으면 하는 국민도 있고 또 이 갈등을 적극적으로 해소하고 나아가 민족 전체가 성장할 수 있는 통일을 지향하는 국민도 있다. 마음만 먹으면 남극, 북극까지 갈 수 있고 갈 수 없는 나라가 없는 세상에서 유일하게 한민족인 북한과만 자유로운 왕래를 할 수 없는 상황이다.

북한과의 관계만 그런 게 아니었다. 남북한이 분단된 상황에서 발생하는 막대한 분단비용, 그리고 주변국들과의 관계에서도 그 비용을 수십 년간 혹독하게 치르고 있지 않은가. 군사 비용, 경제비용, 민족의 이익을 챙기는 대신 강대국의 요구를 일방적으로 따라야 하는 비용 등등. 남북한 분단 현실 속에서 남북한이 주변 강국에 빼앗기는 이권과 분단으로 인한 기회비용이 너무나 크다는 것을 깨닫게 됐다.

 통일이 된다면 이 모든 것이 해결될 텐데 왜 통일이 되지 않는 걸까. 통일을 하지 않는 걸까.

 난 기본적인 물음을 갖게 되었다. 그리고 그 물음은 결심으로 이어졌다. 반드시 통일을 해야 한다는 다짐, 이 나라의 지도자가 되어 꼭 통일을 이루어내겠다는 결심이었다.

 어찌 보면 비현실적인 꿈이었다. 언젠가부터 주위 친구들은 대통령이나 과학자보다는 운동선수, 연예인, 교사, 의사, 경찰관 등 구체적이고 생활적인, 그리고 돈으로 환산되는 그런 직업을 꿈꾸었다. 아예 어릴 때부터 꿈을 매우 구체화해서 그걸 집약해 들어가는 학생들도 많았다. 연예인이 되는 것도, 의사가 되는 것도, 운동선수가 되는 것도 초등학교 때부터 파고들었다. 지금은 공무원에 목을 매는 젊은이들이 너무나 많다. 도전보다는 안정을, 미래의 꿈보다는 생활의 안정을 추구하는 결과이기도 하지만 도전과 꿈을 좇기에는 너무나 팍팍하고 미래를 제시해주지 않는 우리의 현실 때문이기도 할 터이다.

 물론 창업을 하고 스타트업에 도전하고 아니면 기존의 가치관에 얽매이지 않은 자신만의 삶을 찾아 나서는 젊은이들도 많다. 그러나 전반적인 보수화, 기존 체제나 가치관, 관성에 저항하고 돌파하기보다는 거기에 매몰되거나 편입되는 젊은이가 많은 사회는 발전이 더딘 사회이다. 미래지향과는 거리가 먼 사회이다. 난 그런 우리의 현실이 안타까웠다. 그건 기성세대의

고등학교 3학년 시절 담임 선생님과 함께

책임이기도 하고 바뀐 경제환경의 문제이기도 하고 또 사회 가치관이 전반적으로 변화한 때문이기도 했다. 오로지 기성세대의 잘못만도, 또 지나치게 현실을 좇는 젊은 세대의 문제만도 아니다.

나는 경제와 사회의 성취가 삶을 설명하는 그런 현실에 내 생을 거는 대신 시대가 요구하는 가치, 정신에 한번 인생을 걸어보기로 했다. 그건 민족통일이었다. 분단으로 인해 잃어버린 더 큰 자유, 더 완전한 인권, 더 완벽한 우리 민족의 기회를 찾아야 한다는 다짐이었다. 1989년의 어느 날…, 그날 이후 그 꿈은 내게 스스로 들어왔다. 내 꿈은 강렬했다. 나에게 찾아온 그 꿈을, 가치를 나는 자연스럽게 내 것으로 만들었고 내면에서 키워갔다. 그때부터 나는 민족통일이라는 꿈과 내 삶의 걸음을 함께 걸었다.

통일에 대한 당위 때문이 아니라 내 인생을 통해 이루고자 하는 구체적인 과업으로 설정했다. 그리고 내가 자신과 약속한 그 과업은 현재진행형이다. 고등학교 국민윤리 시간에 나를 두드린 일생의 꿈을 향해 달려왔고 지금도, 그리고 앞으로도 차근차근 그 꿈을 향해 달려가려고 한다.

02
시대정신,
시대를 움직이는 힘

세상을 움직이는 건 무엇일까?

시대를 움직이는 건 뭘까?

성실하고 평범한 흙수저 직장인의 고단함과 꿈을 그린 드라마 <미생>을 보면 서 있는 곳에 따라 풍경이 달리 보인다는 말이 나온다. 우리는 각자 서 있는 삶의 위치에 따라 다른 풍경이, 다른 대답이 나올 것이다. 권력에 대한 욕망이거나 돈일 수도 있고 세상을 좀 더 나은 곳으로 변화시키겠다는 의지일 수도 있으리라.

나에게도 그랬다. 내 삶을 움직이는 동력은 꿈이었고 그 꿈이 변형되거나 왜곡된 적은 없는데 나의 꿈을 바라보는 세상의 시선은 그때그때 달랐다. 통일에 대한 나의 확고한 의식과 꿈은 청소년기에는 대견한 소년의 꿈이었고 청년기에는 진심이 있지만 치기도 있는 젊은 한때의 꿈으로 치부 당했다. 그리고 너무나 젊은 나이에 현실정치에 뛰어들어 여전히 그 꿈을 주장하자 현실을 모르는 정치 초보자의 주장이라 여겨졌고 경제적 토대를 확고히 하자 내 꿈의 무게를 대하는 세상의 시선도 조금 변하는 걸 느꼈다. 통일을 향한 나의 꿈에 세상은 무게를 두어 보기 시작했다.

그것은 현실의 한 단면이자 우리가 함께 살아가는 보통 사람들의 정상적인 세계관이라고 생각한다. 비난할 일도, 칭송할 일도 아닌 우리 보통의 모습이다. 내 꿈의 무게를 있는 그대로 보아주는 눈이 많아지는 건 반가운 일이나. 그렇게 세상을 움직이는 힘은 조금씩 다르기도 하지만 시대라는 물줄기에서 조금 벗어나 보면 그 대답은 확실하게 보인다. 적어도 나에게는 그랬다.

모든 시대를 움직이는 힘은 시대정신이다. 겉으로만 보면 각 시대는 군인들의 무력, 경제력, 군사력, 정치인의 이합집산, 돈이 움직이는 것처럼 보이지만 정확하게 말하면 시대를 움직이는 건 그 시대가 요구하고 그 시대의 사람들이 가치를 두고 지향해야 할 그 시대의 정신이다. 내가 역사에서 읽고 깨우친 바는 그랬다. 늘 역사는 시대정신을 구현하고자 애썼던 역사의 선각자들에 의해서 앞으로 나아갔고 미래에도 역시 그럴 것이다.

우리의 근대사는 항상 시대가 요구하는 정신과 명제를 가지고 진행되었다. 구한말에는 새로운 문물과 제도의 정비를 통한 국가의 틀을 탄탄하게 만들 것이 요구되었고 나라를 빼앗긴 일제 강점기에는 나라의 주권을 되찾는 독립이 절실히 요구되었다. 이후 산업화를 통한 경제부흥, 그리고 민주화를 통한 민주체제 완성의 시간이 있었고 세계화 시대의 경제구조로부터 자국의 이익과 빈부격차 해소 등의 각기 다른 시대적 문제들이 존재했고 정치는 그걸 해결해오는 과정이었다.

그리고 독립과 분단 이후 지금까지 늘 상존하는 시대정신과 과제는 민족통일이었다. 시대정신은 소명의식이기도 하다. 내가 살아가는 시대에 대한 치열한 응시와 천착, 그리고 그 시대의 정신과 가치를 추구하기 위한 나의 노력이 소명의식으로 표현된다. 식민지 시절, 나의 소원은 첫째도 독립이요 둘째도, 셋째도 대한독립이라고 주장했던 김구 선생은 분단으로 분열된 나라를 두고 나의 소원은 통일이라고 호소했다. 그리고 불안하고 불완전한 분단의 철조망을 오가며 몸소 통일을 위한 행보를 추진했다.

민족통일의 꿈을 가슴에 품기 시작한 청소년기. 그 꿈은 시대정신과 만나 더 크고 구체적인 통일 정치인으로 성장하도록 했다.

시대 정신이 요구하는 것을 자신의 소명의식으로 기꺼이 받아들여 세상을 헤쳐나간 선인의 행보를 보여준다.

  어느 시대에나 그렇듯 눈에 보이는 현실이 시대의 전부인 냥 매몰되어 살아가는 사람들이 있는가 하면 그 시대와 역사가 요구하는 시대정신을 정확하고 진실되게 읽어내고 거기에 자신의 삶을 거는 소수의 사람이 있다. 일제의 식민지 지배가 길어지면서 독립을 향한 열망은 점차 작아지고 독립이 과연 될까 하는 의구심이 사람들을 지배했다. 나아가 독립이 필요 없다는, 독립을 부정하는 사회 지배층과 지식인들도 생겨났다. 그러나 빼앗긴 나라를 되찾고 민족이 독립해야 한다는 절대적인 명제와 진실을 한 치 의심 없이 믿고 그 길을 끝까지 추구한 사람들 역시 적지 않았다.

  통일에 대한 인식도 마찬가지다. 분단 직후에는 통일을 향한 국민적 열망과 의지가 넘쳐났지만, 분단의 시간이 길어지면서 통일에 대한 의지와 열망도 줄었고 굳이 통일을 해야 하는가 주장하는 사람들도 생겨났다. 통일에 따른 경제적 비용과 이질적인 체제에서 살아온 남북한 사람들이 합쳐지면서 나타날 수 있는 갈등과 불협화음이 싫다는 논리다. 나아가 분단구조가 만들어낸 기득권을 놓기 싫어 적극적으로 통일을 반대하는 이들도 있다. 북한의 권력 엘리트들도 이 점에서는 마찬가지다.

물론 그건 민족 논리로도, 현실적인 경제 논리로도 틀린 말이다. 통일은 민족사적인 당위이며 우리 헌법이 추구하는 가치이기도 하지만 무엇보다 우리에게 너무나도 많은 이익을 가져다주는 현실의 해법이기 때문이다. 우리가 지금 당면하고 있는 많은 문제를 해결할 수 있는 해법의 원천이며 자원이다. 통일을 이제까지와는 다른 시각으로, 좀 더 실제적인 민족 전체의 이익이라는 관점에서 볼 필요가 있다.

그 관점으로 통일을 보고 난 이후에 통일을 반대하거나 주저하는 사람은 없을 거라 감히 단언한다. 그만큼 통일은 우리 민족 모두에게 이익을 가져다주는 지극히 현실적인 주제이다.

역사적으로 볼 때 나라가 분열되어 있을 때는 통일을 추진했고 나라가 혼란에 빠져있을 때는 개혁과 혁명으로 현실을 돌파했고 외침을 받았을 때는 외세를 물리치고 나라의 주권을 되찾는 것이 시대적 요구이자 시대정신이었다. 그렇다면 남북이 강제로 분단되고, 헤어진 가족이 만나지 못하고, 서로를 향한 적대적 관계 때문에 막대한 국방비를 쓰고 이념적인 공세로 상처를 입는, 그래서 민족 누구에게도 이익을 주지 않는 분단상황을 끝내는 것은 이 시대의 요구이다.

답은 너무나 분명하다. 그런 비정상적인 상황을 끝내는 것, 분단상황을 극복하고 통일을 완성하는 것이 수순이자 정답이다. 그래서 통일은 이 시대의 해법이자 답이다.

민족통일을 이루는 깨끗한 정치인이 되겠다는 나의 꿈은 처음엔 나의 의지였지만 동시에 시대정신이었다. 오랫동안 나의 꿈에 머물렀지만, 역사적으로 살펴보면 민족통일은 이 시대가 절실하게 요구하는 시대정신이자 시대의 명제였다. 물론 당시 열일곱 살 나이에 그런 역사적 맥락이나 시대정신의 소명을 완벽하게 이해하진 못했지만, 민족통일을 나의 꿈으로 깊이 새기게 된 배경에는 그런 인식이 자리 잡고 있었다.

03
정도전과 최시형, 이지함의 땅

　내 고향 단양은 시대정신의 선각자들을 배출해낸 땅이기도 하다. 정도전과 동학의 2대 교주 최시형, 그리고 토정비결로 잘 알려진 이지함이 각기 그들의 방식으로 시대정신을 꿈꾸고 구현해갔던 땅이다.
　고려 말 단양에서 태어난 정도전은 고려 말기 혼돈과 혼란에 빠진 나라와 백성을 보면서 새로운 꿈을 꾸게 된다. 그는 혼란에 빠진 나라를 외면하거나 혼란을 틈타 사사로운 이익을 취할 궁리를 하는 대신 새로운 시대를 열겠다는 꿈을 꾸고 이를 추진한다. 그가 새로운 시대를 열고자 했던 가장 큰 이유는 백성의 삶을 구하고자 함이었다.
　그는 백성이 나라의 근본이라고 여겼으며 나라의 근본인 백성이 살아갈 수 있는 토대를 제공하고 관리하는 것이 국가의 역할이라고 생각했다. 그에게 백성은 나라를 존재하게 하는 근본 중의 근본이며 근본인 백성이 스스로의 삶을 유지하고 개선하도록 하는 것은 백성의 공력과 세금으로 운영되는 국가의 의무라고 보았다. 흔히 왕권 강화를 목적으로 했던 이방원과 맞선 그를 신권주의를 주창했다고 간략하게만 말할 수 없는 이유다.
　조선을 세운 것은 무인인 이성계였으나 조선이라는 나라의 기틀을 세우고 법제를 정리하고 통치이념을 세운 것은 정도전이었다. 그는 법률, 정치 이념,

경제 제도, 군사제도 등 전방위적으로 조선이라는 나라의 기틀을 마련한 진정한 국가의 창시자이다. 삼봉집(三峰集), 경제문감(經濟文鑑) 등의 저서와 토지개혁, 군사제도의 개선을 통해 조선의 통치구조를 정리하고 안착시켰을 뿐만 아니라 그 자신이 실현하고 싶은 나라의 이상적인 모습을 구현하고자 했다. 그는 자신의 이상을 현실에서 펼쳐낸 정치가이자 경세가였다. 왕권과 신권의 충돌로 표현되는 현실의 권력다툼에서 비록 패했지만, 그는 새로 시작하는 나라에서 자신의 정치 이념을 마음껏 펼친 행운의 정치인이기도 했다.

그는 단양의 도담삼봉을 즐겨 찾아 호를 삼봉이라 했다고 전해진다. 그의 대표적인 저서 『삼봉집』도 여기에서 유래했다.

단양에서 생을 시작한 또 한 사람은 동학의 2대 교주인 해월 최시형이다. 기존의 가치체계와 새롭게 밀려오는 서구의 종교, 사상이 충돌하고 외세의 침입이 백성들 삶을 그늘지게 할 때 그는 시대를 탐구하고 시대정신을 깊이 고민했다. 백성의 삶을 위한 방도를 강구하던 그는 동학의 기본 경전인 『용담유사』를 펴냈다. 용담은 단양의 아름다운 풍광 중의 한 곳이지만 그가 용담유사를 펴냄으로써 민중을 귀히 여기며 또한 그들 삶의 정신을 새롭게 묘파한 해월의 탁월함을 기억하게 한다. 나아가 보통 사람들이 지닌 삶의 존귀함을 새삼 생각하게 한다.

그의 책과 말에는 일반 민중과 부녀자 등 소외된 존재들에 대한 애정과 존중, 그리고 밀려오는 서양세력과 서양 종교에 대한 우려 등이 담겨있는데, 새로운 세력에 대한 경각과 동시에 새로운 시대적 가치를 적극적으로 담아내고 있다. 평등과 인권의 가치를 종교적 담론으로 풀어냈지만 결국은 이 땅에서 살아가는 사람들을 향한 애정이 그 뿌리였다.

또한 사람의 단양 출신으로 토정 이지함이 있다. 민간에는 토정비결로 잘 알려진 이지함은 지식으로부터 소외되고 배제된 민중들에게 예언과 명리학적 삶의 이치를 통해 삶을 긍정하도록 하고 싶어 했다. 그리고 나아가 불합리와 억압에서 벗어나 각자의 꿈을 꾸게 했다. 그는 직접 행동을 하거나 세상을 개혁하는 대신 민중들 자신이 각자 삶과 시대의 주인이 되어 살기를 바랐다. 그는 생애 대부분을 마포 강변의 움막에서 허름하고 청빈하게 보내 토정이라는 이름으로 불렸지만, 그의 진정한 유산은 힘없는 민중들이 자신의 삶을 긍정하고 시대에 대해 꿈을 꾸도록 한 데 있다.

정도전, 이지함, 최시형은 모두 혼란한 시기에 민중들의 삶을 구하고자 생각과 몸을 던진 인물들이다. 자신들의 시대가 필요로 하는 시대정신이 무엇인지를 치열하게 고민했던 인물들이다. 그들의 담대하고 치열한 시대정신에 새삼 경이로움을 느낀다. 그들은 각기 제 나름의 세계관과 가치, 방식으로 자신의 시대를 혁명했다. 지금의 세계, 이제까지의 세계관으로 민중의 삶을 개선하고 사람의 가치가 존중받는 일이 지난하다는 걸 깨닫고 새로운 세계를 열어가고자 했다. 새로운 나라를 세워 새로운 체제를 열어가거나 현실의 삶을 새롭게 인식하는 내면의 정신세계를 열어주거나 현존의 삶에서 새로운 세계를 실현하도록 용기를 주었다.

정도전, 최시형, 이지함.

그들이 새로운 세계를 꿈꾸고 열어가는 방식은 달랐으나 그 출발과 목적은 같았다. 그건 당대의 고난받는 민중이나 사람들의 아픔을 헤아리고 공감하고 아픔을 덜어줄 방도를 찾으려 했다는 점이다.

대부분의 범부들은 밥벌이를 하고 그걸 통해서 가족을 건사하고 나아가 세상을 향해 뜻을 펼치는 것이 최대의 삶이자 삶의 전부이다. 물론 이 평범함과 일상성은 그 자체로 고귀하며 존중받아야 마땅하다. 가족과 자신의 삶을 잘 챙기는 것 또한 가벼운 일만은 아니기 때문이다. 동시에 그 일상성에 함몰되지 않고 당대의 고난받는 민중이나 사람들의 아픔을 헤아리고 공감하고 아픔을 덜어줄 방도를 찾으려 노력하는 것 역시 귀하고 존중받아야

아름다운 풍광과 선인의 기세가 어우러진 단양에서 보낸 행복한 유년시절

할 삶이다. 아니, 어쩌면 다양한 처지의 사람들이 모여서 살아가는 이 세상에서 공동체의 가치를 추구하고 거기에 헌신하는 태도는 가장 훌륭한 사회적 태도일 것이다. 인간은 사회적 동물, 더불어 살아가는 존재이니.

결국, 성공적인 인생이란 자신의 전 생을 던져 추구할 만한 가치를 발견하고 거기에 최선을 다하는 삶이 아닐까. 그것은 자신이 몸을 담은 시대에 따라 다르고 또한 각각의 시대적 한계도 분명 존재한다. 완강한 신분제 사회이거나 사회의 가치체계가 혼란에 빠졌거나, 외세에 의해 스스로를 지키는 것이 버겁다거나 하는 시대적 한계가 있어 왔다. 그러나 시대적 한계는 늘 존재했고 그 속에서 시대정신을 읽어내는 사람은 소수였지만 늘 있었다.

백성이 나라의 근본이 되는 새로운 나라를 세우는 것, 혼란에 빠진 민중들에게 위안을 주는 것, 우리의 정신을 지켜내는 것이 시대정신이었다면 현대에 와서는 민주주의 회복, 인권의 고양, 평등한 가치의 실현 등이 추진해야 할 시대적 가치라 할 수 있겠다. 그리고 지금의 시대정신은 민족통일이다. 그것은 역사적, 정치적, 경제적으로 당위이며 우리의 많은 문제를 해결할 수 있는 선순환의 시작이라는 의미에서도 그렇다.

이 시대의 문제인 정치적 갈등, 젊은 세대의 고충, 인구 감소, 낮은 이념으로 국민을 분열시키는 것 등 많은 문제가 통일이라는 대 전제하에서 해결이 가능하다. 통일이 만능이라는 주장이 아니라 정확하게 시대의 문제를 고민하고 해법을 강구한 결과이다. 그리고 이것이 이 시대의 시대정신이다.

사람이 처음에는 낯선 구조나 상황이 불편하고 부당하다고 생각하다가도 그 상황이 길어지고 구조가 고착화되면 이젠 그것이 익숙하고 정상이라고 생각한다. 그리고 거기에서 빠져나오거나 극복하려는 노력을 더이상 하지 않게 된다. 통일도 마찬가지이다. 분단구조가 장기화하고 분단구조를 이용해서 이익을 취하는 집단이 많아지고 남북 간에 이질감이 더 심해지면 굳이 통일을 원하지 않는 사람이 많아진다. 미래의 이익보다 현재의 이익에 집착하기에 그렇다. 미래의 민족 이익보다 현재 나의 이익이 더 중요한 사람들이 많아진다면 민족의 통일은 그만큼 어려워지고 멀어질 것이다.

통일은 그런 집단 이익을 추구하면서 분단구조를 강화하고자 하는 내부의 세력들을 이해시키고 극복하는 것도 포함되어야 한다. 그래서 통일은 만만치 않은 과업이지만 그래서 더 이 시대의 시대적 소명임이 분명하다.

04
단양 농가의 막내아들

　1973년생인 내가 태어나고 자란 곳은 충북 단양이다. 단양군 영춘면 새터(하리)였는데 남한강이 앞으로 흐르고 주변 산세가 적당히 어우러진, 퍽 아름다운 곳이었다.
　외지인들에겐 단양팔경의 아름답고 호젓한 이미지로 불리는 단양은 태백산맥과 소백산맥이 맞닿은 작은 군으로 산지가 많은 지역이다. 남한강이 단양의 동서로 흘러 깊은 산세와 함께 아름다운 지형과 풍광을 만들어내어 일찌감치 단양팔경으로 이름을 널리 알렸다. 1985년 충주댐 완공으로 단양팔경 일부가 잠기기도 했다.
　단양은 역사 속 선인들의 기록이나 저술, 혹은 산수화의 배경과 상징으로도 잘 알려져 있다. 도담삼봉과 구담봉, 옥순봉 등의 크고 작은 봉우리들과 선암계곡의 상선암, 중선암, 하선암과 사인암 등 단양팔경은 조선의 개국공신 정도전과 이퇴계, 이지함 등의 학자들이 아름다운 풍광과 고아한 정취를 칭송했으며 김홍도와 정선 등의 화가들은 자신들의 그림 세계를 단양의 아름다운 풍광 속에서 구현했다.
　단양이 풍광의 아름다움만으로 선인들의 찬탄을 불러온 것은 아니다. 풍광이 머금고 있는 기세와 정기, 조화의 순연함 등이 어우러진 또 하나의 세상으로 자연을 대했던 선인들의 단양팔경에 대한 칭송과 찬탄은 그만큼

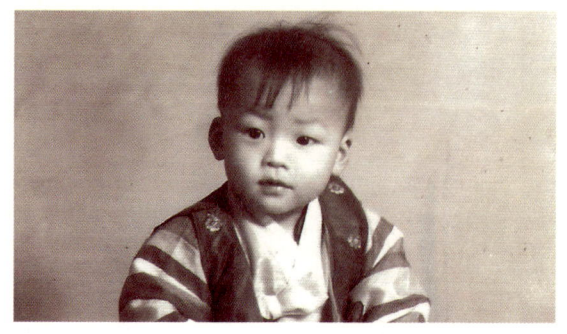

충북 단양 농가의 4남 6녀 중 막내아들로 태어나 자연과 함께 자란 소년, 이경희의 어린시절

기세와 조화의 고즈넉함이 아름다움을 품고 있기 때문이다. 정도전은 도담삼봉을 즐겨 찾아 호를 삼봉이라 불리었다. 애민과 위민의 정치를 현실의 정치제도와 시행 속에서 구현하고자 했던 정도전의 정신을 알게 된 것은 그 후의 일이지만 그의 고향이 단양이라는 사실에 묘한 뿌듯함을 느꼈다.

사실 단양에서 태어나 어린 시절을 보낸 나에게 단양의 아름다움이 늘 각인되어 있지는 않았다. 자란 곳은 남한강을 끼고 있는 아름다운 농촌이었지만 대개 유년의 기억은 풍광에서 기인하기보다는 동무들과의 추억이나 즐거운 기억의 축적들에서 비롯되기 때문에 고향인 단양의 아름다움을 실감하고 가슴에 새기게 된 건 성장한 이후이다. 근처에는 온달동굴과 온달산성이 있어 친구들과 자주 찾아 놀았는데 고구려의 역사 흔적과 그 기상이 담겨있는 곳이었다. 호쾌하게 대륙으로 뻗어 나가던 고구려의 기상이 머무르던 곳이다.

고향을 떠나본 자만이 고향의 아름다움을 볼 줄 안다는 말처럼 유년기 이후 익숙한 터전을 벗어나 멀리 날아가 본 경험은 비상의 호쾌함과 함께 나의 근원적 태생인 고향의 의미를 새롭게 발견하도록 해주었다.

우리나라 베이비붐 세대의 마지막인 나는 우리 집의 많은 형제, 자그마치

4남 6녀의 형제 중에서도 막내다. 바로 위의 누나와는 네 살 터울이었다. 20여 가구가 농사를 짓는 마을에서 그렇게 부유하지도, 크게 가난하지도 않은 유년기를 보냈다. 자연 속에서 평범하고 평탄한, 나름 행복한 유년이었는데 형이나 누나들이 청주나 서울에서 사는 상황이기도 해서 열 명이나 되는 형제였지만 유년기에는 형제의 존재가 그렇게 많다고 느껴지지는 않았다. 마치 날아갈 때가 되면 둥지를 떠나는 새들처럼 형들과 누나들은 때가 되면 집을 떠나 청주나 서울에서 공부하고 취업을 했다.

내가 어릴 때 위의 누나 셋만 집에 남아있는 상황이었다. 내 유년의 풍경 속에는 늘 누이들이 있었다. 그러니 형제들과 다투거나 부대끼지 않고 일방적인 귀여움만 받은 기억이 있다. 10남매의 막내였으니 위의 형들은 형제라기보다는 어른의 느낌이기도 했고 바로 위의 누나하고는 네 살 차이가 나서 형제들과 토닥거리는 유년기의 경험이 없다. 아마 형들, 누나들도 그러지 않았을까. 형제라기보다는 '우리 막내'라는 의식이 강했으리라. 자신들이 돌봐주어야 하는. 그러나 다행히 난 활달하고 공부도 잘하는 편이어서 귀여움을 톡톡히 받았다.

그렇게 집에서는 열 명의 형제 중 막내로, 위로 세 명의 누나한테 사랑을 받고 자랐으나 밖에서는 나름의 리더십이 있었던 모양이다. 아이들과의 생활에서 어느 정도 중심에서 활동했던 듯하다. 평범한 생활이었지만 나름 즐거움이 많았던 시기였다. 영춘초등학교 3, 4학년 때는 학교 탁구부에서 탁구선수로 활동하기도 했는데 활동성이 많은 탁구가 내 성격과도 잘 맞았다. 6학년 때는 반장을 하면서 전교 회장이 됐다. 그리 크지 않은 집단에서 나름의 통솔력을 발휘하기를 좋아했던 것 같고, 또 꽤 긍정적이고 활달한 성격이었다. 어쩌면 집에서 많은 형과 누나의 충분한 사랑을 받으면서 생긴 여유와 자존감이 유년기의 활달하고 자신감 있는 생활을 가능하게 했던 것 같다. 많은 형제가 다툼과 분란의 대상이기도 하지만 그보다는 세상을 살아가는 기운의 원천을 주기도 하고 세상을 긍정적으로 경험하도록 해주는 용기를 준다고 생각한다. 내 경우에는 그랬다.

  단양은 내가 태어나고 행복한 유년을 보낸 고향이기도 하지만 정도전과 최시형, 그리고 이지함의 땅이기도 하다. 아름다움 속에 시대정신의 구현이 머문 땅이 단양이다. 그들은 하나같이 당대의 시대를 치열하게 고민하고 백성과 함께 그 시대의 험난함을 건너기 위해 나름의 방식으로 시대와 대결했다.

  그들을 움직인 건 무엇이었을까?

  그 질문에 관한 탐구는 오래전 고향을 떠난 지금의 나에게도 세상을 뚜벅뚜벅 걸어갈 힘과 용기를 준다.

05

민주주의에 대한 최초의 경험
6.10민주항쟁의 기억

　중학교 1학년을 마칠 무렵 아버지가 돌아가셨다. 위로 아홉 명의 형과 누나들이 탄탄하게 있어서 삶이 엄청나게 허전하거나 생활이 흔들리는 변화는 아니었으나 누군가의 부재를, 그것도 아버지의 부재를 실감하고 겪어내는 일이 쉽지는 않았다. 일상생활이 크게 달라지지는 않았으나 정신의 어떤 면에서 삶이 근본적으로 흔들리는 경험이었다.

　중학교 2학년에 올라가면서 난 청주로 전학을 했다. 아버지가 안 계시니 형이 막내인 나를 돌봐야겠다는 생각이 들었는지는 모르겠다. 고등학교는 청주에서 다닐 거라는 생각을 어렴풋이 가지고 있었지만, 아버지가 돌아가시면서 그 시기가 조금 앞당겨졌다. 누구나 자신이 태어나고 자란 고향을 언젠가는 떠난다. 몸이 떠나기도 하고 정서적 떠남일 때도 있다. 그것은 성장의 또 다른 이름이다.

　화살이 시위를 떠나듯 태어나서 자란 고향을 떠나는 것은 두려움과 기대를 주었다. 나에게 떠남은 일단 물리적 떠남이었고, 그리 멀리 떠나는 것이 아니었음에도 처음으로 세상으로 나가는 느낌도 있었다.

　청주를 처음 가는 사람이 만나는 풍경은 조치원에서 청주로 들어서는 국도변의 플라타너스 길이다. 너무 좁지도, 넓지도 않은 길은 사람 중심으로 만든 길이라는 생각이 들게 했고 긴 시간을 두고 만들어진 그 풍경은 아름답기도 했지만 안정감을 주었다. 뭔가 질서가 있으면서도 아름다운 그 길의 풍경은 내가 청주에서 보낸 청소년기의 모습과도 비슷했다. 내 인생에서 무슨 일인가가 일어날 것 같은 설렘과 그러면서도 시끄럽지 않은 호젓함이 주는 편안함이 있었다. 그때까지 청주라는 도시가 대체로 그랬다.

그 당시 형들이 청주에서 살고 있었고 난 형 집에서 학교에 다녔다. 처음 청주로 왔을 때는 마음을 못 잡고 조금 방황하기도 했으나 청주 남중학교 2, 3학년 때는 공부를 꽤 열심히 했다. 그래서 고등학교에 좋은 성적으로 진학할 수 있었다.

청주는 충북 도청 소재지이기도 했고 예부터 교육도시로 알려져 있다. 인구나 도시 규모에 비해서 학교 수가 많아서이기도 했고 다양한 교육기관이 존재한 때문이기도 했다. 어쨌든 그런 이유로 당시만 해도 청주는 차분하고 교육도시라는 자부심이 주는 분위기도 있었다. 중학교 때야 그런 분위기를 느낄 섬세함이 형성되기 전이고 도시의 성격을 전체적으로 이해할 능력도 부족했지만 선생님들도, 어른들도 청주는 교육의 도시라는 어떤 자부심을 가지고 있는 듯 보였다. 지금은 자본의 가치, 투자되는 시설의 규모 등으로 도시의 성격을 규정하지만, 당시에는 교육도시라는 별칭이 대단히 자부심을 주는 그런 시기였다. 번다하지 않고 학생 인구가 상대적으로 많은 환경, 미래지향적이고 젊은 도시라는 자긍심이 있는 도시였다. 시골 단양에서의 담담하고 약간은 고즈넉했던 생활에 비해 청주에서의 생활은 대도시의 번다함도 없고 시골의 고요함도 아닌 적당한 곳이었다.

어쩌면 서울 같은 대도시가 아닌 청주에서의 중, 고등학교 시절이 내 인생의 정서적 기틀과 토대를 마련해주었다고 할 수 있다. 어쨌든 청주에서 보낸 중학교 시절은 어떤 의미로 환상적인 시절이기도 했다. 단양의 아름답고 깊은 자연에 비해 청주는 깔끔하게 가꾸어진, 그러나 심심하지는 않은

중학교 2학년, 1987년 6.10민주항쟁을 보며 놀라움과 기분 좋은 충격을 받았다.

도시였다. 내 청소년기처럼.

중학교 2학년 때 6.10민주항쟁이 일어났다. 1987년이었다.

중학생이 민주항쟁의 발단과 상황 등을 상세하게 알기는 어려웠다. 안경을 쓴, 되게 착해 보이는 서울대 학생 박종철의 얼굴이 뉴스에 나오던 게 기억난다. 그 착해 보이는 얼굴과 고문을 받다 죽었다는 무시무시한 사실이 너무나 괴리감이 커서 잘 이해가 안 되었던 것도. 당시의 분위기상 학교에서 정확하게 알려주는 선생님도 없었다. 당시 땡전 뉴스라는 별명, 혹은 오명이 붙을 정도로 전두환 정권의 목소리를 대변하던 방송은 진실과는 일정한 거리가 있었다.

우리는 진실의 전체적인 모습을 알 수 없었다. 그러나 무언가 큰일이 일어나고 있다는 긴장과 긴박감, 그리고 기대 같은 건 바람결의 냄새처럼 맡을 수 있었다. 아이들이라 해도, 아무도 그 누구도 진실을 말해주지 않아도 저절로 맡게 되는 어떤 사실의 냄새가 있었다. 그 사실들이 모여서 그 시대의 진실을 만들어냈다.

민주주의의 정상적인 궤도를 뒤틀고 부당하게 권력을 잡아 국민의 기본권과 자유를 억누른 전두환 군사정권에 대한 저항의 맥락에서 일어난 일이라는 것, 그 계기가 된 박종철 학생의 죽음 등에 대해서는 어렴풋이 알 수 있었다. 그리고 뉴스에서 보던 광경을 청주 시내에서도 보게 되었다. 날마다 대학생과 어른들이 청주 중심가인 육거리시장에서 상당공원 사이의 도로를 가득 메웠다. 돌멩이가 날고 최루탄이 터졌다. 시내 파출소들이 불에 탔다는 뉴스가 나왔다. 전쟁 같았고 거친 축제 같기도 했다. 여러 가지로 생경한 경험이었다.

청주 시내의 분위기는 날마다 달라졌다. 시위대의 규모도 점점 커지는 것 같았고 최루탄 냄새도 더 지독해졌다. 관심을 보이는 사람들의 반응도 조금씩 뜨거워졌다. 우리는 학교에서 시내로 나가지 말라는 말을 매일 들었고 친구들은 일부러 도심을 지나면서 치열하고 신기한 시위현장을 구경하기도 했고 반대로 시내에 얼씬도 안 하는 친구들도 있었다. 나는 친구와 같이 몇 번 도심으로 나갔다. 겁이 안 나는 건 아니었지만 위험하고 무섭다는 생각보다는 뭔가 열기, 매섭고 눈물 나는 열기, 뜨거움이 느껴졌다. 뉴스에서는 서울의 도심 곳곳에서 벌어지고 있는 시위가 날마다 나왔고 그 분위기를 간접적이나마 볼 수 있었다. 서울의 시위에 비하면 청주는 작은 규모였을 테지만 도시 전체를 흔들었다는 점은 같았다.

독재 타도, 호헌철폐 구호를 처음으로 들었다. 독재 타도는 명확하게 뜻을 알았지만 호헌철폐는 좀 애매했다. 구호의 뜻을 명확하게는 이해하지 못했지만 그 간결하고 힘차게 내뻗는 구호가 주는 힘이 강렬했다. 현실을 쪼개는 단단한 칼처럼 느껴졌다. 단단한 어떤 걸 거침없이 가르고 새로운 세상을 만들어내고자 하는 간절함, 열망, 힘이 느껴졌다. 결국, 현행 헌법으로 다음 대통령을 선출해서 전두환 정권의 영속성을 보장받으려 한 1987년의 호헌조치는 시민들의 거센 저항에 부딪쳤고 전두환 정권은 헌법을 개정하는 걸 주요 내용으로 하는 6.29조치를 통해 국민에게 항복했다.

난 그 과정을 보면서 놀라움과 기분 좋은 충격을 받았다. 국민을 억압하는 철권통치도 결국 국민의 저항에는 항복한다는 것, 결국 정치를 움직이고 나라를 움직이는 건 깨어있는 한 사람 한 사람의 시민이라는 사실을 어렴풋이 깨달았다. 시민들의 모아진 힘은 시대정신을 향한다는 것도. 그리고 시대정신을 억압하는 정치인은 결국 도태된다는 것, 국민이 원하는 것과 시대가 추구해야 할 명제를 깨닫지 못하고 일방적으로 억압하거나 역사를 퇴보한다면 결국은 국민에게 외면받거나 패배한다는 사실을 알았다.

논리적 깨달음이 아니라 본능적 깨달음이었다. 어쩌면 난 내가 생각한 것보다 정치에 민감하고 정치의 역할과 기능에 대해 그때부터 뭔가 내적 자극을 받았는지도 모르겠다. 정치란 결국 국민의 삶, 시민들의 의식에 반해서 이루어질 수는 없다는 사실을 막연하게나마 깨달았다.

정치가 국민하고 거꾸로 가면 안 되는구나.

정치인은 국민하고 싸우면 결국은 지는구나.

한 시대의 정신은 국민 속에 있는 거구나.

책에서도, 어른들에게서도 배우지 못한 선명한 사실을 나는 어렴풋이나마 배웠다.

그해 겨울, 12월에 대통령선거가 치러졌다. 어른들은 박정희 대통령이 대통령을 직접 국민 손으로 뽑는 직선제를 없애고 나서 거의 이십여 년 만에 내 손으로 대통령을 뽑는다는 사실에 흥분한 것 같았다. 노태우, 김대중, 김영삼, 김종필이 선거에 나왔고 두루마기를 입은 백기완도 출마해서 유세하던 장면이 생각난다. 서로 세를 과시하려는 듯 정말 어마어마한 대중들이 모였고 사람들도 오랜만의 직선제에서 자기가 원하는 사람이 대통령에 당선되기를 바라면서 지원 유세를 몰려다니고 지지 발언을 하기도 했다. 청주 무심천에서 합동 유세를 하는 모습은 나도 형과 함께 구경했다. 청주의 분위기는 김영삼과 김종필, 노태우로 지지세가 분산돼 있었다. 서로 자신이 지지하는 정치인이 당선돼야 한다며 후보들 못지않게 열변을 토하는 어른들을 보는 재미가 컸다. 정치가 저런 거구나 하는 어떤 느낌이었다. 사람들의 흥분은 유신 이후 직접 선거로 대통령을 뽑는 경험이 오랜만이라, 그리고 그 권리를 시민의 힘으로 쟁취한 것이라는 자신감과 자긍심이었으리라.

그리고 투표 전날인가, 전전날인가 비행기에서 내리는 어떤 북한 여자 사진이 뉴스를 도배했다. 입에 테이프를 붙였던가, 손수건을 물렸던가 아무튼 젊은 여자를 사람들이 양쪽에서 잡고 비행기 트랩을 내려오는 모습이 뉴스에 몇 번이고 반복해서 나왔다. 비행기 폭파범이라고 했다. 비행기 폭파범이라면 군복을 입고 얼굴엔 흉터가 길게 나 있고 총을 들고 승객들을 위협하는 그런 거친 남자 이미지를 떠올리는데 저런 여자가 비행기를 폭파했다니.

시민의 힘으로 획득한 민주주의의 결과물인 선거에서 여전히 분단 이데올로기는 맹활약을 했다. 어쨌든 선거 직전에 그런 냉전 이데올로기를 한껏 활용한 덕분인지 선거는 노태우 당선으로 끝났다. 주위 사람들은 별 반응을 보이지 않았다. 그들이 모두 노태우를 대통령으로 찍은 것 같진 않지만 어쨌든 우리 동네에서는 별다른 움직임은 없었다. 군인이 싫어 기껏 직접 뽑는 거로 바꿨더니 또 군인이 대통령이 되었다고 화를 내는 어른은 봤다.

생각해보면 국민의 힘으로 바꿔놓은 대통령직선제에서 또다시 군부세력의 후예가 대통령이 되었다는 건 참 아이러니였다. 가장 큰 이유는 김영삼, 김대중의 분열에 있겠지만 어쨌든 선거가 끝나고 나서 사람들은 더는 대통령이나 선거 얘길 하지 않았고 좀 의기소침하거나 관심을 끊은 것 같았다. 나도 빠르게 일상으로 돌아왔다. 내가 기억하는 최초의 선거, 대통령선거였다. 그리고 최초로 경험한 민주주의의 현장이었다.

CHAPTER. 2

통일의 집,
설계도를 그리다

01
경희, 경희대에 가다

　중학교를 마치고 충북대학교 사대부고에 입학했다. 무시험이었지만 다들 들어가기를 원하는 분위기 좋은 학교였다. 알고 보니 사대부고로 들어갈 때 입학성적이 전체 9등 정도였다. 상당히 좋은 성적이었다. 중, 고등학교 시절 나는 스스로 생각해도 모범생이었다. 공부를 뛰어나게 잘해서가 아니라 학교생활에 충실하고 딱히 기억에 남을 장난이나 일탈의 경험이 없다는 의미에서 말이다. 그렇다고 재미없는 학창시절을 보낸 건 아니었다. 농촌도 아니고 대도시도 아닌, 중소도시에서 보낸 청소년기의 학창 생활은 순수하고 푸근한 면도 있었다. 친구들도 특별히 거칠거나 사나운 친구는 없었다. 유별난 장난이나 사소한 일탈이 아니어도 소소하고 평범한 일상 자체가 주는 안정감, 서로에 대한 신뢰 같은 게 있어 좋았다.
　그리고 고등학교는 뭐니 뭐니 해도 내 일생을 두고 이루고 싶은 꿈을 찾을 수 있는 귀한 시간이었다. 만약 국민윤리 시간에 내가 통일이라는 일생의 화두를 찾아내지 못했다면 난 평범하고 성실한 직장인의 삶을 살았을 가능성이 크다. 그것 또한 의미와 재미가 있었겠지만, 민족통일을 이룬 대통령이라는 원대한 꿈을 좇는 생의 의미는 아마 찾아내지 못했으리라. 그리고 아마 내 인생은 지금과는 많이 달라져 있으리라.
　대학을 서울로 오면서 중학교와 고등학교 시절을 보낸 청주를 떠났다.

난 내 이름과 같은 경희대에 들어갔다. 학교 이름과 같고 여자 이름처럼 부드러운 느낌의 내 이름을 기억하는 친구들도 많았다. 그 덕분에 과 친구들 사이에 이름이 빨리 알려졌다. 전공은 법학이었는데 결정적인 계기는 고등학교 1학년 때 통일을 이루는 깨끗한 정치인이 되겠다는 결심이 그것이었다. 현실정치를 하기 위해서는 법조인의 경험이 필요하다는 생각을 하던 때라서 법대 이외의 선택지가 별로 없었고 돌아가신 아버지도 법조인의 길을 가기를 바라셨다.

법대에 들어와서는 막연하게나마 헌법의 가치에 대해 공부하고 그걸 실현하는 삶을 꿈꾸었다. 법대에 진학한 대다수 학생처럼 나도 사법고시를 보고 법조인의 삶을 걸으면서 사회정의나 헌법적 가치를 구체적으로 실천하는 삶, 그 실현을 위해 구조적이고 실제로 기여하는 삶을 꿈꾸었다. 그리고 이후에는 현실정치를 통해서 민족통일에 창조적으로 기여하는 사람이 되고 싶다는 내 나름의 로드맵을 마음에 새겼다.

나중에 사회에 나와서 보면 판사나 검사가 헌법적 가치를 구체적으로 실천하는 삶을 산다고 생각한 건 착각이었다. 법을 전문적으로 다루는 조금 특별한 직업인이라는 느낌이 강했다. 드물게 판사가 판례를 통해서 세상의 가치를 새로 정립하거나 부당한 관례를 새롭게 개혁하는 경우가 있지만, 세상을 바꾸는 건 오히려 변호사 같았다. 직접 사람의 삶에 적극적으로 관여하는 것도 변호사였다. 그러나 그 생각은 나중에 사회에 나와서 사회생활을 시작하고 나서 느끼게 된 것들이고 당시 갓 법대에 입학한 나는 그저 막연하게나마 세상의 정의를 구현하고 불의하고 부당한 일을 줄여나가는 데 법조인이 일정한 역할을 할 거란 믿음이 있었다.

대학에 입학한 것이 1993년이었는데 그해는 군사정권, 그리고 군부세력의 후예인 노태우 정권이 끝나고 김영삼 문민정부가 들어선 해였다. 학생과 시민들의 민주화를 위한 긴 투쟁과 노력으로 절차적 민주주의는 어느 정도

나와 같은 이름,
경희대 교정에서

완결돼가고 있었지만 민주주의의 내용이 하루아침에 채워지지는 않았다. 문민정부가 들어섰다고 해서 많은 문제가 저절로 해결되거나 더이상 문제가 아니게 되는 상황이 도래한 것은 아니었다. 문민정부는 광주민중항쟁을 진압한 전두환 처벌을 요구하는 학생들과 갈등도 있었고 경제적 제반 문제를 일으키기도 했지만, 금융실명제나 군대 내의 사조직 청산을 단행한 점 등은 국민의 환영을 받았다. 숙군작업은 군대 내 사조직을 통해 오랫동안 군의 정치개입과 군인의 정권탈취를 겪어온 한국에서 비로소 군이 군 본연의 자리로 돌아가는 제도적 개혁이었다.

그러나 우루과이 라운드 협상과 그로 인한 쌀 시장 개방과 농산물 수입 개방 등은 우리의 농촌과 농민의 삶의 구조를 근본적으로 뒤흔들었다. 세계화 시대의 분업구조를 피해갈 수 없는 우리의 한계이기도 했지만, 농민의 삶은 위태해졌고 식량 산업 또한 세계 경제구조와 경제 논리 속에서 불안하게 흔들렸다.

농민들의 저항이 거셌다. 학생들도 농민들과 함께 거세게 저항했다. 식량 주권을 빼앗긴다는 위기의식, 경제 논리 속에서 농촌과 농민이 쇠락해질 것에 대한 위기의식이었다. 농민대회에 우리 학생들도 참여했고 학교에는 농촌정책을 비판하는 대자보가 붙었고 학교는 늘 투쟁 중이었다. 그러나 이전의 전두환 정권이나 노태우 정권 때처럼 정치투쟁의 열기가 대학가를 채우는 분위기는 아니었다. 정권의 성격이 달라지기도 했고 세계화로 인한 학생들 자신의 상황이 달라진 점도 영향을 미쳤다.

세계화 시대의 자본주의 분업구조가 본격화되면서 세계시장구조 속에서 한국의 위치는 불안하게 흔들렸고 이중 노동 시장에 편입된 노동자들은 그만큼 불이익과 불안에 노출되었다. 주로 정치적 민주화를 추구했던 1980년대 학생들도 자본시장에 던져진 개개인의 삶의 구조에 더 힘을 쏟을 수밖에 없게 되었고 단결했던 노동운동도 정규직과 비정규직 사이의 단절이 현실화하고 분리되는 모습을 보였다. 한마디로 각자 알아서 살아야 하는 냉엄한 세상 구조가 된 것이다. 학생들도 예외가 아니었다. 그들은 학교를 나서면 냉엄한 세계화 시대의 시장 논리 속에 팽개쳐지는 상황이었다.

우리 학번, 세대는 1980년대 학생운동의 마지막 세대였다. 동시에 새로운 학생운동의 신세대이기도 했다. 혹은 전혀 다른 운동을 추구한 새로운 세대였다. 김영삼 정부 출범, 우루과이 라운드, 세계화의 시대를 전면적으로 맞이한 우리 세대는 이전까지의 선배들과 다른 길을 걸었다.

정치적 민주주의를 위해 투쟁하고 노동자, 농민, 빈민과의 연대를 지향했던 1980년대의 학생운동 정신과 목표가 조금씩 달라졌다. 거기에는 몇 가지 이유가 있다. 형식적 민주주의가 어느 정도 완성되어갔고 노동자와 여타 사회운동 세력들이 조직과 활동을 강화하면서 학생운동과의 연대 필요성이 예전보다 작아졌다. 결정적으로 세계화 시대의 경제 논리가 정치적 주장과 이념을 밀어내기도 했다. 대학생 숫자도 엄청나게 증가했다. 취업은 갈수록 힘들어졌다. 학생들은 이제 그들이 동조하고 연대했던 노동계급과 크게 다르지 않았다. 그들 자신이 생계와 존재를 책임져야 하는 노동자 자체였다. 정치투쟁이 완전히 사라진 것은 아니지만 점차 학생들의 복지와 관심사, 취업, 교육환경에 대한 이슈가 학생운동의 주된 주제로 자리 잡아 갔다.

02
인생에서
쓸모없는 경험은 없다

1학년을 마치고 입대했다. 시험을 봐서 카투사로 갔다. 그동안 대학입시에 실패하고 재수를 하고 1차 대학입시에 탈락하는 등의 경험으로 자신감이 떨어진 상태였다가 카투사 시험을 보고 내가 원하는 상황을 만든 것에 대한 자신감이 어느 정도 붙는 걸 느꼈다. 입시를 준비하면서 법대 이외의 선택지를 없애고 유연하게 대응하지 못한 채 나를 고집하다가 원하는 결과를 얻지 못해 자신감이 떨어진 상태였는데 오랜만에 내가 원하는 결과를 얻은 것이다. 계속 실패의 경험이 누적되다가 이 경험을 통해서 어느 정도 자존감을 회복했는데 카투사를 가게 돼서 기뻤다기보다는 성취에 대한 자신감이었다. 내 선택에 대해 보답을 받은 경험이 오랜만이었고, 그래서 시험 합격은 나를 의기소침함에서 어느 정도 벗어나게 해주었다.

그때 들었던 생각이 세상에 쓸모없는 경험은 정말 없다는 깨달음이었다. 비록 대학입시에는 내가 원하는 곳을 가지 못하고 계속 실패했지만, 고등학교 때 공부를 열심히 한 것이 유익하게 작용을 했다는 생각이 들었다. 왜냐하면, 카투사 시험을 앞두고 집중적으로 공부를 했다기보다는 그냥 내 안에 담겨있는 얼마간의 지식으로 시험을 봤다는 느낌이 있었기 때문이다. 그 경험을 통해서 삶의 과정 중에 최선을 다하면 그 결과는 언젠가는 돌아온다는 확신을 갖게 됐다. 최선을 다하고 당장 결과가 확인될 수도 있지만 시차를 두고서 오기도 한다. 그러나 결국 언젠가는 그 노력이 적절한 쓰임새를 찾아 결과물을 만들어낸다는 깨달음이었다.

이후 난 중용 23장의 글귀를 좌우명처럼 새기게 되었다.

작은 일도 무시하지 않고 최선을 다해야 한다.

작은 일에도 최선을 다하면 정성스럽게 된다.

정성스럽게 되면 겉에 배어 나오고

겉으로 배어 나오면 겉으로 드러난다.

겉으로 드러나면 이내 밝아지고

밝아지면 남을 감동시키고

남을 감동시키면 이내 변하게 되고

변하면 생육된다.

그러니 오직 세상에서 지극히 정성을 다하는 사람만이

나와 세상을 변하게 할 수 있다.

나를, 세상을 변화시키고자 한다면 그 시작은 작은 일에 대한 최선에서 비롯된다. 젊은 시기에는 이 말이 의아스러울 수도 있다.

작은 정성이 언제 모여 큰 변화를 일으킬 것인가?

그 변화의 시작은 언제 알 수 있는가?

나는 지금 당장, 크게 변화시키고 개혁하고 싶은데 작은 정성이 모여 크고 본질적인 변화를 이끌어내는 법이니 오직 작은 일에도 정성을 다하라고 가르친다. 젊은 나는 그 기다림을 인내할 자신이 없다. 또 그 기다림의 끝에 꼭 내가 원하는 결과가 있을 거라는 확신도 없다. 그러니 지금 당장 눈앞에 보이는 결과에 집착하게 된다. 그러나 결국 변화는 시간과 정성이 만들어내는 사소함의 집합이라는 것을, 그리고 그 정성의 태도는 결코 결과를 배신하지

동두천 캠프 케이시 카투사
기갑부대

않는다는 진리를 깨닫게 된다. 그 깨달음 또한 시간의 기다림이 가져다주는 걸 보면 모든 것에는 때가 있고 사람의 노력이 할 수 있는 건 그 때를 앞당기거나 압축하거나 하는 것 정도가 아닐까.

첫해 대학입시에 떨어지고 나서 서울에 올라와 재수를 했다. 종로학원에서 재수했는데 전국에서 온 학생들을 만나면서 관찰도 하고 자극도 받고 도움도 받았다. 공부 좀 하는 친구들, 그러나 실패의 경험도 가진 친구들이었다. 그들 하나하나가 화살이었다. 각자의 목표를 향해 최선을 다해 날아가는 화살….

그 또한 하나의 세계였다. 그 세계 안에서 난 나름대로 세상을 배우고 실패를 다루는 다양한 기질들을 이해하게 됐다. 다양한 사람, 다양한 꿈을 알게 됐다. 당시 재수의 경험이 인생과 사람을 이해하는 유익함을 주었듯 세상 모든 경험이 다 나름의 쓸모가 있었다. 그래서 당장 원하는 결과물이 나오지 않는 것에 실망하고 의기소침하기보다는 경험의 유익함을 신뢰하며 그 순간순간, 매 경험을 정성스럽게 대하는 것이 참으로 중요하다는 걸 알게 됐다.

내가 할 수 있는 최선을 다하자. 최선의 결과가 나올 수도 안 나올 수도 있지만, 결과는 하늘에 맡기고 나의 최선을 다하자는 생각이었다. 지금도 좌우명으로, 카톡 프로필 글귀로 내걸고 있는 진인사대천명(盡人事待天命)을 그때부터 조금씩 깨닫고 실감하는 시간을 경험했다. 그리고 나이가 들수록 삶에 대한 그 태도가 옳은 거라는 확신의 경험도 늘어났다.

카투사에 있는 동안 문산과 동두천 기갑부대에서 전투병으로 생활했다. 165명 카투사 동기 중에 전투병과가 13명이었는데 아마 영어를 훌륭하게 잘했으면 행정병으로 근무했을지도 모르겠다. 영어 실력이 그 정도는 아니었나 보다. 전투병과 생활은 많이 힘들었는데 그 경험이 나중에 건설업을 하는 데 도움이 되었다. 탱크로 상징되는 장비, 기계, 설비 등에 대한 흥미와 관심이 커졌고 그것이 내 몸과 정신에 썩 들어맞는다는 걸 알았다. 나중에 직접 집을 짓고 건설사업을 추진하는 과정에서 무거운 기계, 장비들이 이질적이거나 무섭지 않았고 기계나 장비들이 만들어내는 결과가 꽤 만족스러웠다. 땅을 고르고, 각자 다른 기능을 가진 기계들이 모여 하나의 목표를 이루어가는 과정들이 재미있었다. 장비를 다룬 경험, 탱크부대의 경험이 건설업으로 접목하는데 도움이 되었고 결과적으로 인생의 진로를 바꾼 경험이 되었다. 과정은 힘들었으나 힘든 경험이 내 생에 긍정적으로 작용했다.

그 생각의 전환, 생각의 접목을 보면서 내가 경험을 내 식으로 체화시키는 능력이 있는 사람이란 걸 알았다. 나의 경험치를 삶의 어떤 유익함으로 접목하거나 전환, 응용하는 데 어느 정도 능력이 있다는 느낌을 받았다. 그건 내 능력에 대한 자기 신뢰이기도 했는데, 그런 자기 신뢰는 삶을 대하는 내 태도에도 긍정적인 영향을 주었다.

03
김대중 대표에게
편지를 보내다

　1995~96년에 걸쳐 군 생활을 하는 동안 난 현실정치에 관심을 가지기 시작했다. 그 출발은 한국의 통일에 관심을 가지기 시작한 고등학교 때부터였지만 당시는 통일을 이루기 위한 내 인생의 단계설정이었다면 이젠 현실의 정치 상황에 좀 더 구체적인 시선을 들이대고 보기 시작했다.
　현재의 분단상황을 극복하고 통일을 실현하기 위한 구체적이고 실질적인 방안은 역시 현실정치, 정치인에게서 출발한다고 생각했다. 그리고 현실 정치인 중에서 통일을 가장 진지하게 고민하고 민족통일의 당위성을 의심하지 않는 정치인이 김대중이라 생각했다. 특히 김대중 총재가 평소 "정의가 강물처럼 흐르고 자유가 들꽃처럼 만발하고 통일에의 희망이 무지개같이 타오르는 나라를 만들겠다"라고 말했는데 그 이상과 의지에 나는 큰 감동을 받았다. 통일 대통령이 꿈이었던 나에게 그 경구는 당시 삶의 좌표이기도 했고 정치적 철학을 심어주고 신념을 강화해 주었다.
　정의가 강물처럼 흘러넘치고 평화로운 통일이 이루어지는 것이 왜 한갓 꿈이기만 하겠는가?
　그리고, 꿈을 현실로 만드는 게 결국은 정치가 아닌가?
　남과 북 사이에는 갈등과 긴장, 그리고 어느 한 체제가 다른 체제를 무너뜨리고 흡수해야만 끝이 나는 관계라고 국민을 억압하던 시기도 있었으나 점차 상호 인정과 공존을 거쳐 이젠 통일의 꿈을 갖는 것이 가능한 시대였다. 그 과정이 평탄하지는 않았으나 꺾이지도 않았다. 개인의 이상이나 국민의 꿈을 현실화시키려 애쓰고 그 꿈의 결실이 많은 국민에게 가닿도록 하는 것이 결국은 정치였다. 그런 점에서 통일이라는 꿈은 꿈인 동시에 지극한 현실이었다.

그건 막연한 꿈이나 무의미한 정치적 수사가 아니라 얼마든지 가능한 구체적 목표였다. 정치인 개인의 목표이기도 하겠지만 민족 전체의 목표이기도 하다. 민족통일을 꿈꾸는 내가 김대중 총재에게 편지를 보낸 이유였다.

1996년에 나는 당시 새정치국민회의 김대중 총재에게 편지를 보냈다. 일차적인 이유는 한국의 민주주의를 위해 헌신해온 김대중이라는 인간에 대한 존중이었지만 현실적으로는 위기의식이었다. 당시 정권교체를 위한 절박한 심정과 그것이 어려워 보이는 데에서 오는 위기의식. 대학생에 불과한 청년이 현실정치에 대해서는 잘 몰랐겠으나 민주주의와 인권을 위해 헌신해온 김대중이라는 정치인이 정권교체를 통해서 민족통일과 국가 발전이라는 비전을 실현해 나가기를 바라는 심정에서 나는 편지를 보냈다. 작은 힘이라도 보태고 싶었다.

그리고 좀 더 구체적인 계기는 당시 김일성 사망에 대한 조문 문제를 둘러싼 정치적 논쟁에 있었다. 1992년의 대선에서 패배한 김대중은 정계를 은퇴하고 영국으로 갔다가 이후 돌아와서 정치 활동을 재개했다. 이후 1994년에 북한의 김일성 주석이 사망했고 한국에서는 조문 문제가 불거졌다. 김일성에 대한 평가와 상관없이 정치적인 의례로, 그리고 이후의 남북관계의 유연한 진전을 위해 조문을 하는 것이 좋겠다는 게 당시 김대중 총재의 발언이었다. 조문외교는 남북관계의 진전을 위한 정치적 포석이 될 기회라고 보았다. 사이가 안 좋던 이웃이지만 언젠가 통일을 이루어 함께 가야 할 같은 민족이라면 상실을 겪고 있는 북한 주민에게 우리가 결국은 같은 민족임을 일깨우는 경험이 될 것이라고 보았다. 무엇보다 이후의 남북관계를 생각한다면 조문은 정치적 호기였다.

　이에 대해 당시 조선일보는 조문 문제를 언급하면서 김 총재를 비난했다. 김대중 총재가 남북관계를 정확하게 이해하지 못하고 감상적으로 대응한다고 비판했다. 현실적인 정치 감각을 잃은 늙은 정치인이며 남북관계의 흐름을 잘못 이해하고 있다고 비판했다. 여기에 대해 나는 생각이 달랐다. 우선 남북한 간의 모든 움직임은 서로에게 기회일 수 있다. 좋은 일도, 안 좋은 일도. 군사적, 정치적 적대관계라 할지라도 안 좋은 상황을 위로하고 조문하는 그 모습이 주는 정치적 효과는 크다고 생각했다. 그래서 조문외교라는 말도 있지 않은가.

　어떤 지도자가 사망했을 때 각국의 정치 지도자들이 모여 그 기회에 정치적 친밀감을 확인하고 또 현안을 자연스럽게 논의하기도 한다. 꼭 형식적인, 외교적인 완결성을 갖추지 않았더라도 그런 자리에서 알게 모르게 쌓이는 신뢰나 협의 과정이 국가 간 신뢰나 국가 지도자 간의 친밀함을 높이는 과정들이다. 무대 앞에서 벌어지는 일만이 진실은 아니다. 특히 복잡하고 이해관계가 여러 겹으로 맞물린 국제 관계에서는 다양한 형태의 접촉이 절대적으로 필요하다. 하물며 한민족이라는 본원적인 끈을 공유하면서도 서로 간에 전쟁을 치렀고 이후의 적대관계를 유지해온 남북관계에서는 그 정치적, 외교적 해법이 훨씬 더 복잡하고 다면적이다. 그러니 김일성 사망에 대한 조문을 둘러싼 논쟁은 미래지향적으로 풀어야 한다는 게 당시 내 생각이었다.

　개인이든 국가든 과거에 묶여있으면 한 발짝도 진전하지 못한다. 평범한 개인도 과거의 원한이나 잘못에 묶여있으면 그 관계는 고여있거나 퇴보한다.

하물며 수천만 국민의 생명과 삶의 유지를 목표로 하는 한 국가가 과거의 경험에서 진전하지 못하고 다만 그 적대감만을 반복해서 확장한다면, 그리고 그걸 국민에게 강요한다면 국가에 미래가 있을까. 적대감을 강요하고 미래를 향한 화해를 비난하는 사회와 언론은 그 자체로 폭력적 기능을 한다. 우리와는 여러 가지 경험이 다르지만, 독일의 경우 분단을 고착시키고 상대를 증오하기보다는 독일이라는 하나의 커다란 주체를 상기시키는 역할을 언론이 해 온 것도 통일에 일정한 역할을 했다. 그 화해와 공존의 정신은 통일 이후의 혼란과 갈등을 풀어나가는 데도 긍정적인 작용을 했다.

과거를 잊으면 과거의 잘못을 반복한다는 역사적 교훈이 있다. 그 말의 핵심은 과거를 잊지 않는 게 아니라 과거의 경험을 정확히 해석한다는 데 있다. 우리가 한민족이고, 우리의 의지와 상관없이 강대국의 힘의 논리에 의해 분단이 강요되었으며 결국 민족의 통일을 이루어야 한다는 당위를 생각한다면 이념이나 정치적 견해가 다른 것쯤은 크게 발목을 잡을 것 같지 않지만 현실정치는 많이 달랐다. 나와 정치적 신념이나 색채가 다른 정치인에 대한 세부적인 공격이 자신의 정치적 정체성을 확장하는 것보다 더 크게 취급되었다. 상대 정치인에 대한 인신공격이나 색깔론을 통해 자신을 부각시키고 보수 언론은 그걸 확대, 반복한다. 그 과정을 통해 인지도를 높인 정치인 중에는 인신공격이나 색깔론 주장을 자신의 정치적 아이덴터티로 삼는 이가 있을 정도였다. 이 시대에 필요하고 갈급하고 추구해야 할 정치적 아젠다보다는 상대 진영에 대한 정치적 공격이 정치인의 본질인 것처럼, 본령인 것처럼 착각할 정도였다.

이런 정치적 행태와 정치문화에서 김대중 총재가 자유롭다는 뜻은 아니었다. 다만 통일이나 남북한 문제에서 기존의 관행적인 셈법, 경직된 구도로만 해결되지 않은 문제가 많으니 김일성 사망 정국에서 우리가 취할 수 있는 태도와 얻을 수 있는 미래가 많은데도 우리 스스로 그 경계를 지나치게

통일에 대한 구체적 정책 실현을 제안하며 김대중 총재에게 편지를 보내다. 김대중 대통령 생가에서.

좁힐 필요가 없겠다는 생각이었다. 조문을 비판하는 사람들은 전쟁을 기억하는 세대의 아픔을 잊지 말라는 말을 한다.

그렇다면 우리는, 젊은 세대는 분단과 전쟁을 겪은 선배 세대가 사라지기만을 기다려야 한다는 말인가? 전쟁의 기억과 함께 그들이 완벽하게 사라지고 나면 그때부터 남북관계의 틀을 새롭게 시작할 수 있다는 말인가? 북한 체제가 완전히 무너지고 난 뒤에야 남북관계는 시작할 수 있다는 말인가?

기억은 사라지는 게 아니라 이어지는 것이다. 역사의 기억은 사람을 통해서도 이어지지만 집단 기억을 통해 극복되기도 한다. 전쟁의 기억은 기억을 다루는 방식에 따라 복수의 다짐에 머물기도 하고 극복과 화해의 문으로 나갈 수도 있다. 그걸 선택하는 것은 그 사회 구성원 모두의 몫이고 노력이어야 한다. 아픔을 잊지 않되 거기서 한 발짝도 전진하지 못하게 증오를 부추기고 확대하는 일을 언론이, 정치인이 해서는 안 된다. 특히 정치는 가능한 많은 국민을, 다양한 생각과 가치를 지닌 국민을 포용하는 쪽으로 나가야지 생각이 다른 국민을 배척하고 증오하는 역할을 해서는 안 된다.

분단을 극복하고 통일을 이루는 것은 분단을 겪고 전쟁을 겪은 우리 부모

세대와 함께 해나가야 하는 중요하고 의미 있는 일이다. 기억하는 세대가 사라지기를 바랄 게 아니라 기억하는 세대가 사라지기 전에 통일이라는 민족의 큰 과업을 이룬다는 생각을 해야 맞지 않는가. 분단과 전쟁의 증인인 그들 세대가 통일의 증인이 되도록 하는 게 내 꿈이었다. 물론 누군가의, 혹은 어떤 세대의 꿈만으로 민족통일이라는 대단한 과업이 저절로 이루어지는 건 아니다. 그러나 그 꿈이 현실로 이루어지는 실행의 주체가 우리 자신이라는 사실을 잊으면 안 된다고 생각했다.

나는 조선일보의 비판 사설을 읽고 나서 김대중 총재에게 편지를 보냈다. 주눅 들지 말고 통일 주체세력, 통일을 바라는 세력을 등에 업고 지역주의를 뛰어넘으라는 당부를 드렸다. 좁은 현실정치의 경직성에서만 남북관계를 바라보지 말고 극복하라는 생각에서 쓴 편지였다.

존경하는 김대중 국민회의 총재님께

저는 경희대학교 법학과를 휴학 중이며 현재 카투사 상병으로 통일과 내년 대통령 선거를 연구하면서 정치력을 꾸준히 쌓아가고 있는 예비 정치가 이경희입니다.

나 자신을 간략하게 소개한 다음 김 총재님을 보좌해 두 사람의 정치철학을 현실화시킬 것을 제안했다. 김 총재의 정책기획관 겸 비서관으로 정식으로 일하면서 조직관리와 차별성 있는 정책기획 등을 담당하고 싶다는 뜻을 표현했다.

…건국 이래 50년, 한국 정치에서의 완전한 민주화의 마무리, 현실적 민족통일의 성취, 산업화의 마무리를 통한 경제정의 실현, 종합적으로 21세기 선진 통일 한국 건설이라는 목표에서 김 총재님과 마음이 너무나 잘 맞는다고 느꼈다. …국가적 민족적 격동기에 김대중 총재를 보좌해서 지역주의를 대체할 이념과 정책 정당, 국민정당을 창출하고 국가경영 능력과 창조적 기능을 높이고 현실적으로 안정된 민족통일을 반드시 달성해 내는 것이

국민과 국가와 민족과 역사에 대한 나의 소임이라 확신했다.

... 지난 대선들에서 패배의 원인이었던 지역주의란 장애물을 개혁성으로 승화시키지 못했던 것을, 현실적 통일 주체 정치 지도자로 국민적 조직을 확보해 지역 논리를 통일하는 이념으로 돌파할 수 있을 것이라 확신했다. … 확고한 통일 주체의 정치 지도자로 국민적 공감대만 형성되면 서울, 경기, 강원, 충북뿐만 아니라 내년 대선에서 최대 난해 지역인 경남, 경북, 충남까지 깊숙이 파고 들어가 국민 다수표를 얻을 수 있을 것이라고 말했다.

… 1994년 7월 8일 당시 김일성 북한 주석이 사망했을 때 남북정상회담을 준비 중이던 김영삼 정부는 당황해서 남북관계의 흐름을 파악하지 못하고 남북관계를 무제한 경색국면으로 이끌고 갔습니다. 당시 조문단 파견문제를 놓고 여론 분열이 확산되어 갔고 김영삼 정부는 뒤늦게 조문단 파견 불가를 결정했습니다. 이후 김영삼 정부는 김정일 체제가 부상할 때까지 소극적으로 기다리면 된다는 대국민 설득 논리를 폈고 불확실성 속에서 북한 상황을 예측할 수 없었던 통일연구 학자들과 정치가들조차 당장은 아니라도 머지않아 북한 정권이 붕괴할 것이라는 일반론에 빠져들어 갔습니다. 이부영 의원 등 소수 인사가 북한 상황의 불확실성 속에서도 조문단 파견을 주장했지만 일반적인 여론의 동조를 얻지 못하고 소리를 죽일 수밖에 없었습니다….

당시 나는 통일원이 주최한 통일논문 공모를 통해서 민족문제에 너무나 소극적인 김영삼 대통령과 정부의 태도, 그리고 언론의 태도를 비판했다. 김정일의 권력승계 작업은 20여 년 전부터 이루어져 왔고 김일성 사후 김정일의 권력승계 및 북한 동향도 남한 정부 및 연구기관에서 20년 넘게 연구해왔다. 우리 정부도 당연히 오랫동안 북한 정권의 움직임과 이후의 여러 변수를 놓고 상황의 변화를 추론하고 준비하고 연구했겠지만, 북한 또한 자신들의 정권 유지나 국가의 틀을 유지하기 위해 나름의 노력과 대비를 해왔을 것은 자명하다. 그런 남북한 상황과 관계에서 현실의 기조를 훼손하지 않으면서도 미래지향적인 남북관계를 만들어가야 할 책무가 정치 지도자들에겐 있다. 통일을 지향하는 우리 헌법의 가치를 지킨다는 차원에서도 그렇고 현실의 남북한 관계를 위험에 노출하지 않고 유연하고 지혜롭게 풀어가야 할 정치 지도자의 실제적 책임에서도 그랬다.

나는 김영삼 정부가 통일 부총리급을 단장으로 하는 조문단을 북한에 파견했어야 한다고 주장했다.

1. 김정일과의 정상회담 재추진
2. 북한 내부정세 탐색
3. 김영삼 정부의 평화통일에 대한 의지표명
4. 남한 정부의 북한 동포 및 북한 정부에 대한 평화통일 의지표명
5. 남북통일과 세계평화기여 의지를 세계에 알려 평화통일의 국제적 환경 조성

이 목표를 위해서도 조문을 통해 다양한 성과를 끌어내야 했다. 그런데 그러기는커녕 남북관계를 경색시키고 남북정상회담 성사로 인한 국민적 통일 열망에 찬물을 끼얹었고 북미 핵 협상에 따른 뒤치다꺼리나 하면서 대북정책의 일관성이 결여된 경색국면으로 남북관계를 이끌어가고 있었다.

당시 김영삼 대통령, 권오기 통일 부총리 등은 "북한이 남북회담을 제안해올 때 그때 남북회담은 생각해볼 문제다. 공은 김일성 주석 사망 후 북한에 완전히 넘어갔다"라는 얘길 하고 있었다. 김영삼 정부는 민족문제에 관한 한 무사안일주의에 젖어 소극적으로 민족문제에 대처하고 있으며 그것은 반민족, 반역사적 행위라고 나는 생각했다.

1994년 7월 당시 조문단 파견을 통한 수많은 외교성과 달성과 조문단 파견 불가를 통한 경색국면으로의 전환 사이에서 우리는 지도자의 결단이 얼마나 민족 구성원 개개인과 민족 진로에 큰 영향력을 미치는가의 한 단면을

볼 수 있었다. 그래서 김대중 총재가 차기 대통령이 되어 남북정상회담을 통해 현실적 민족통일로 한민족을 이끌어가는 것이 21세기 초두의 국가의 방향이요, 한민족의 방향이라고 생각했다.

…지금 남북관계가 경색국면으로 제자리걸음이 계속되고 있는데 지금이라도 김영삼 정부는 남북정상회담을 적극적으로 추진해 차기 대통령이 현실적 통일을 성취해낼 수 있는 남북통일의 확고한 토대를 남은 임기 동안에라도 구축해놓아야 한다고 국민을 설득시키는 것이 국민의 공감대를 확고하게 형성하는 길이 될 거라고 생각합니다. …김 총재님은 자신감 있게 현 정부의 무능을 비판하고 통일문제 해결책을 제시해 전 국민의 지지를 얻는 것이 중요하다고 확신합니다. 계속 자신감과 논리를 가지고 통일정책을 제시해간다면 국민의 통일 주체 세력화에 반드시 성공할 것이고 지역주의의 험난한 벽을 반드시 넘을 수 있을 것입니다. 그렇게 되면 김 총재님의 40년 정치역정에서의 결실이 맺어지고 5년 임기 동안 국가와 민족을 위해 마음껏 일하실 수 있을 것입니다.

…지금까지 군사정권과 김영삼 정권이 안보를 볼모로 국민 주권을 탄압하고 통일에 역행했다면 차기 대통령이 되신 김대중 총재님은 안보를 활용해 민족통일의 대업을 성취하고 한국을 선진대국으로 만드셔야 합니다. 안보의 양면성에서 다시 한번 타 후보에 비해 김 총재님의 차별성이 확보된다고 확신합니다….

나는 편지에서 정책기획관으로 김 총재와 함께 일하고 싶다는 뜻을 간곡하게 피력했다. 당시 대학생이었던 내가 감히 이런 제안을 할 수 있었던 것은 내가 필생의 업으로 꿈꾸고 도달하려고 하는 민족통일이라는 대명제에 가장 근접한 현실정치를 펼칠 수 있는 정치가로 김대중 총재를 생각했기 때문이다. 민족통일이라는 명제와 같은 맥락으로 남한 내의 지역 분열, 지역주의의 벽에 갇혀서 그걸 활용하는 대신 돌파하려는 김대중 총재의 뜻에도 동의했기 때문이다.

생각의 틀이 덜 다듬어지고 표현이 어설픈 부분이 있지만 내가 그 나이에 평화공존과 평화교류의 확대 등 단계적 통일방안과 통일정책 등을 제시할 수 있었던 것은 그만큼 통일에 대한 관심과 구체적 정책의 탐구, 현실정치와 통일정책의 문제점 등에 대해 지속적인 관심과 탐색을 했기 때문에 가능한 일이었다.

그리고 시간이 흘러 통일에 대한 이런 관심과 지속적인 탐색, 그리고 이를 실현해줄 대안적 현실 정치인의 지지에서 나아가 직접 통일 대통령을 꿈꾸는 후보가 되어 대통령선거에 나설 수 있는 토대가 되었다. 그동안의 노력과 추진은 "통일이 답이다!"라는 2017년 대선의 캐치프레이즈로 표현되었다. 그것은 꾸준한 걸음 끝에 다다른 진일보이자 또 다른 걸음을 떼기 위한 첫걸음이었다.

당시 나는 편지에서 2000년 제16대 총선에서 청주에서 출마할 생각임을 밝혔다. 나의 정치적 견해나 내가 이루고자 하는 민족통일의 실현을 위해서는 현실정치에 뛰어들어 하나하나 준비해나가는 것이 필요하다는 생각을 굳혔다. 하지만 그렇다 해도 당시 나는 불과 휴학한 대학생에 불과했으며 어떤 정치적 네트워크나 인맥도 없는 처지였는데 그런 생각을 했다는 것이 신기할 정도다.

그렇게 현실정치를 통해서 내 뜻을 이루겠다는 굳은 의지가 있었고 그걸 겁도 없이 밝히는 용기는 있었지만 나는 충청도의 지역 기반인 자민련에서 정치 활동을 시작할 생각은 없었다. 지역주의를 타파하고 정책정당, 국민정당을 창출하고 국가의 창조적 기능과 역할을 높이면서 안정된 민족통일을 반드시 달성해 내고자 했던 나에게는 김대중 총재가 그 적임자로 보였다.

돌이켜보면 그 편지는 내 나름의 승부수를 던진 패기이자 열정이었지만 조금 성급했다는 생각도 들었다. 김대중 총재에게 투사한 통일에 대한 내 이상과 정책은 온당했다. 동시에 현실정치에 발을 내디뎌야 한다는 생각의 조급함 또한 분명 있었다. 그만큼 통일에 대한 구체적 정책의 실현에 하루라도 빨리 다가가고 싶고 실현하고 싶은 꿈이 컸다.

편지에 대한 답을 받진 못했다. 아마 열정이 많고 치기 어린, 그러면서 현실정치의 맥락이나 정치 구도는 잘 알지 못하는 대학생의 진심이라고 가볍게 넘겼으리라. 정치 공학이나 정치 구도의 시선으로 보면 그저 마음과 열정 하나로 현실정치에 뛰어들겠다는 치기로 보이는 게 자연스럽기도 했다. 그러면서도 통일이라는 큰 주제에 대해 전혀 쭈뼛거림이나 망설임 없이 당대의 정치 지도자에게 내 생각을 피력하고 함께 일해 나갈 것을 제안한 당당함은 나의 재산이기도 했다. 어떤 일 앞에서 셈법을 하는 대신 나름의 승부수를 던지고 결기를 다지는 것도 내 패턴이자 장점이라는 생각이 들었다. 셈법의 결과는 안 맞을 때가 많지만 승부수를 던지는 건 최선을 다한다는 뜻이기 때문에 최소한 나 자신에게 후회는 없는 법이다.

옳다고, 옳은 방향이라고 생각되는 길을 추구하고 그 길을 가는 사람을 지지하고 동참을 요청하는 일은 꼭 정치의 길을 가지 않더라도 온당한 삶의 태도라고 여겨진다. 그리고 그런 태도는 이후 내가 건설업을 하고 다양한 사람을 만나고 통일을 추구하기 위한 현실정치의 길을 걷는 데에도 자신감과 자기 신뢰를 주었다. 결국, 정치를 하든 사업을 하든 예술을 하든 길을 만드는 건 그 자신이다. 그가 몸담은 마당이 문제가 아니라 그가 어떤 자세로 일을 하는가가 그의 삶의 결과를, 가치를 결정한다.

이후 선거를 거쳐 김대중 대통령의 '국민의 정부'가 들어섰다. 민주주의와 인권, 통일에의 의지가 현실적인 정치 권력을 통해 표면화되고 가시화되는 정치 경험이 참 멋지다고 생각했다. 실제적으로도 많은 일을 꾸려나간 5년이었다. 국제통화기금(IMF) 외환위기를 대단히 빠르게 극복했으며

'국민기초생활보장제도', '5대 암 국가보장' 등 국민의 삶과 직결되는 문제들을 제도적으로 안전하게 토대를 구축했다. 그리고 국가인권위원회의 설치 등 인권을 국민의 삶의 영역 안으로 끌어들이고 국가의 폭력을 방지할 수 있는 제도적인 기틀도 만들었다. 또한, 전자정부 등 IT 강국의 입지를 확장했다.

무엇보다 남북정상회담과 개성공단, 금강산 관광, 경의선 철도 등 남북화해와 협력을 위한 방안들을 하나하나 실현해 나갔다. 남북관계의 근본적 시각을 진전시켰으며 그 기조 아래 정책을 진행했다. 서 있는 자리가 달라지면 보이는 풍경이 달라지듯 남북관계에 대한 적대적 경직성을 최우선에 두지 않고 동반과 협력의 과정을 거쳐 민족통일이라는 최종 목적지에 도달하는 것을 목표한다면 당연히 남북관계에 대한 기본적인 시각이 달라진다.

나는 닫힌 정치에 갇히지 않고 열린 의지로 남북문제와 국민의 생산적 복지확대 정책을 펼친 국민의 정부가 감동이었으며 국민의 한 사람으로서도 신나는 경험이었다. 국민을 좁은 이념의 갈등, 경제적 이해관계의 충돌이라는 구조에 매몰되지 않도록 폭넓게 정책을 펼치는 게 훌륭한 지도자의 태도라고 생각한다. 국민의 스펙트럼을 자신의 지지자로 한정하거나 경제정책이나 조세정책이 불균등해서 사회의 부익부 빈익빈을 더 강화하는 그런 정치 지도자는 해악이 더 크다.

국민에게도 그런 정치 지도자를 갖는 건 불행이다. 남북관계에서도 통일이라는 열린 의지를 가지고 구체적인 정책들을 추진해야 한다. 그 의지와 원칙이 없다면 북한의 작은 도발이나 불성실, 그리고 우리 안의 편협한 갈등을 극복하지 못하고 남북관계는 퇴보하게 된다. 가장 최근의 역사에서도 우리는 그 퇴보의 경험을 지켜봤다.

04
남과 북,
꿈의 한 부분은 합칠 수 있다

　통일에 대한 지속적인 관심과 지향을 가지고 있던 나에게 2000년 6월 15일은 잊을 수 없는 날이다. 남북한 사이에 민족 대통일이라는 전제를 명시한 공동선언이 이루어진 날이다. '6.15 공동선언'을 통해서 분단된 남과 북 사이에 한민족이라는 대명제 하에 민족통일의 목표를 명시한 선언은 물밑에서, 혹은 정권의 안위용으로 통일 아젠다를 활용해온 지난날의 정치와는 확연히 달랐다. 1974년 남과 북 사이에 '7.4 남북공동성명'을 통해 남과 북 사이의 왕래와 이산가족 만남, 그리고 통일에의 희망까지 불러왔으나 그건 남과 북 모두에게 독재 권력과 권력집중을 구축하기 위한 이용물이었다. 남쪽은 이후 박정희 개인 권력이 더 강화됐고 북쪽은 김일성 유일 체제를 강화하는 기제로 남북관계를 이용했다.
　그런데 드디어 남과 북 사이에 공동번영과 민족통일이라는 대전제의 합의가 이루어졌다는 건 그만큼 남과 북 모두에게서 통일이 정치, 경제, 국제 문제의 최적의 해법으로 인식되었음을 반증한다. 정치적 합의, 그것도 적대적인 관계에서의 정치적 합의라는 건 불변의 것이 아니라는 정도는 누구나 알고 있다. 일방적으로 파기되거나 잘 지켜지지 않는 경우가 흔하다. 그럼에도 불구하고 국가들이 좀 더 국익에 가까워지고 적대관계를 해소하는 데 도움이 되는 합의와 협의를 계속 내놓는 데는 그만한 이유가 있다. 조약이나 합의가 갖는 강제력, 구속력의 힘도 있지만 그 합의가 도출되는 과정들을 통해서 긴장이나 적대감이 누그러지는 효과 또한 있기 때문이다. 정치도 사람이 하는 일이라 자주 얼굴을 보고 만나고 논의와 토론을 하고 서로에게 도움이 되는 결과물을 도출해내는 과정들을 통해서 결국은 정치적 해법에 다가갈 수 있다. 그런 생산적인 기회를 자주, 인위적으로 만들어내는 것 또한 정치력이다.

그러니 남북한 사이에서 자주 만나 합의를 내놓는 것은 긍정적인 신호이며 통일에 가까워지는 길이다. 합의를 잘 지켜야 하지만 아예 합의가 없는 냉담한 적대관계보다는 합의를 잘 지키지 않는다고 해도 일단 노력한다는 합의를 맺는 사실 자체가 중요하다. 남북한은 독일 통일 전의 동서독처럼 왕래가 원활하거나 방송의 공유가 있거나 동질성을 공유하는 프로그램들이 거의 없다. 어느 정도 자유로운 허용범위 안에서 동독 사람들이 서독의 방송을 자유롭게 보고 동서독 사이의 친척들이 방문하고 서신 교류를 하는 등의 일상적인 왕래가 존재했던 독일과 우리의 경우는 많이 다르다. 그래서 개성공단이나 금강산 관광 같은 부분적인 합의와 교류가 중요하다. 우리에겐 자본과 기술력이 있고 북한에는 인력과 자원이 있다. 필요하고 상호 도움이 되는 분야부터 조금씩 문을 열고 이익을 취하고 그렇게 교집합의 부분들을 늘려나가는 것은 참으로 바람직하다. 무엇보다 현실적인 방안들이다. 경제적인 이익이 가장 크지만, 정서적으로 봐도 굳이 배척할 이유가 없는 정책들이다.

한국 사람들이 가지 않는 곳이 세상에 있던가.

아이슬란드에 한국 라면을 파는 게스트하우스가 있을 정도이다. 국민소득이 어느 정도 이르게 되면 해외여행에 굉장한 흥미와 돈을 쓰는 게 일반적인 패턴이다. 하물며 가장 가까운 곳, 같은 민족이 사는 북한 관광을

막혀있는 남과 북. 남과 북이 각자 서있는 곳에서 서로의 필요가 충족되는 교집합을 찾아내고 그 부분을 확대해 나가는 것은 통일의 첫걸음이다.

하지 못할 이유가 뭐 있겠는가.

나도 모스크바를 갔었지만, 우리나라 사람 중에 기차를 타고 북한을 경유해 시베리아 횡단 열차를 타고 유럽까지 가는 꿈을 이야기하는 이들이 많다. 항공시대에 대륙횡단 열차를 타는 것이 비효율로 보일 수도 있겠지만 멈추지 않고 달리는 기차, 강제로 멈추지 않고 달려가는 기차의 로망을 가진 이들은 많다. 그 자유로움의 확장을 꿈꾸는 것이다. 나 또한 마찬가지다. 국경선에 상관없이 대륙을 달리는 유럽의 열차들, 미주대륙의 열차들을 생각하면 이 좁은 한반도의 경계를 통과하지 못하고 둘러서 가야 하는 답답함이 있다.

전쟁을 겪은 우리 부모 세대의 아픔을 주장하는 이들도 있지만 연로한 이산 세대들은 오히려 어떤 억제력도 없이 자유롭게 북한을 여행하거나 고향을 방문하기를 원한다. 자유롭게, 누구의 방해도 받지 않고 고향을 가고 싶은 마음들을 표현하곤 한다. 가고 싶을 때면 언제든 홀가분하게, 자유롭게 갈 수 있는 고향을 얼마나 많은 이산가족이 기대했었는가. 그랬던 이들 중에 많은 분이 이미 세상을 떠났다. 이제라도 자유로운 왕래가 이루어진다면 남북한 사이의 정치, 경제적 문제를 떠나 얼마나 큰 뭉클함을 줄 것인가.

경제 문제도 남북 협력의 논리에서 보면 상호이익이다. 인건비의 부담을 줄이기 위해 중국, 베트남, 동남아로 공장을 옮기는 것이 일반적인 상황에서 가장 가까운 곳에 합리적이고 상호이익인 인력의 보고가 있다. 양쪽 모두에게 이익인 경제활동을 굳이 마다할 이유가 있을까. 개성공단은 남북의 경제협력 모델이었으나 남북관계, 북미관계의 변동에 따라 지금은 가동이 중단된 상태다. 우리의 자본과 북쪽의 노동력이 결합한 경제협력 모델로 개성공단이 처음 논의되기 시작한 것은 1998년이었다. 소 떼를 끌고 방북을 했던 현대 정주영 회장과 북한의 김정일 국방위원장 사이에 처음 논의되었으며 당시 햇볕정책을 펼치고 있던 김대중 정부의 적극적인 지원과 화해 분위기도 동력을 제공했다.

2005년부터 가동을 시작한 개성공단에서는 약 5만 명의 북한 노동자가 일했다. 주로 3.40대 나이가 주축인 이들은 경제적 소득과 함께 부분적인 개혁, 개방의 효과까지도 얻었다. 그들을 통해 유입되는 남쪽의 문화, 개방적인 분위기 등은 자연스럽게 북한 주민들에게 퍼져나갈 수밖에 없다. 5만 명의 노동자와 그 가족과 주변의 숫자를 생각하면 결코 작지 않은 영향력이다. 주로 섬유, 전기 전자 등 노동집약적인 사업이 입주해있는 개성공단은 노동 인력 확보가 가장 큰 고민인 남한의 중소기업에도 도움을 주었다.

남북관계의 긴장과 경색으로 가동이 중단된 개성공단은 2016년 2월에 폐쇄 조처됐다. 이후 몇 차례 재개 가능성이 열리는 듯했으나 북미정상회담 결렬과 대북제재 조치의 지속, 남북관계 경색으로 현재로선 재가동의 시기를 예측할 수 없는 상태이다. 그러나 개성공단의 경험은 남북한 모두에게 협력해서 상생할 수 있는 부분이 있다는 확신과 경험을 주었다. 개인이든 국가든 쓸모없이 사라지는 경험은 없다. 당장의 아쉬움이 있을지라도 긍정적인 경험은 언젠가 더 큰 긍정의 불씨가 되어 통일을 위한 나름의 역할을 할 것이 분명하다.

역사는 한 줄기로 전진하는 것이 아니라는 정도는 누구나 알고 있다.

비무장지대 탐방

진보와 퇴보를 반복하면서 결과적으로 전진하는 것이 역사가 아닐까. 때로는 갈 짓자 걸음처럼 오락가락하는 것처럼 보이고, 또 실제로 퇴행을 하기도 하지만 그 또한 시대의 모습이다. 역사의 진전을 추구하는 사람이 보기에 그건 퇴행이지만 그 퇴행조차도 어쩌면 긴 물결 속의 한시적 퇴행이다.

   남과 북이 같은 순간에 같은 꿈을 꿀 필요는 없다. 각자가 서 있는 곳에서 각자가 이익인, 서로의 필요가 충족되는 교집합을 찾아내고 그 부분을 확대해 나가는 것, 그것이 통일의 첫걸음인지도 모른다. 개성공단과 금강산관광은 그 모델이었으며 남북의 긴장과 경색을 뚫고 하나의 협력모델을 구축하는 데에는 정부의 노력과 민간의 노력이 함께 있었다. 남북 갈등을 화해와 상호 이익의 기조로 풀어가는 데에는 정부의 정책이 가장 중요하지만 언론과 기업인, 교육도 못지않게 중요한 역할을 한다. 증오와 갈등을 부추기는 대신 상생의 교집합을 찾아내고 그 부분을 확대해 나가도록 하는 것이 언론과 교육의 역할이 되어야 한다. 그래서 열일곱 소년이 국민윤리 수업시간에 문득 민족통일의 꿈을 꾸고 그 꿈을 확장해 나갔듯이 이 땅의 젊은 세대에게 통일의 꿈을 열어주어야 한다.

05
선전포고의 시간

    1997년 대학교 2학년 때 책 『선전포고』를 냈다. 통일 이론과 실천을 고민한 나름의 결과물이었다. 1997년 8월 15일 광복절에 맞추어 낸 그 책은 내가 걸어온 길에 대한 나름의 성찰과 함께 우리 민족이 가야 할 길에 대한 고민, 그리고 그 길을 위한 현실적인 방법론에 대한 제언들을 담고 있다.

    1장은 나의 삶과 철학, 2장은 현실적 통일성취의 길, 그리고 3장은 21세기 신세계 질서와 한민족의 방향으로 구성됐는데 대통령선거를 앞둔 시점에서 차기 대통령이 이끌어야 할 우리의 상황에 대한 고민이 책을 쓰는 우선적인 동력으로 작용했다. 2장 현실적 통일성취의 길은 통일 조국의 미래상, 통일을 향한 우리의 길, 남북한의 통일방안, 현실적 민족통일 달성방안을 다루고 있는데 통일에 대한 구체적인 고민과 공부는 이후 한국외국어대학에서 통일헌법에 대해 석, 박사 학위를 받는 과정으로 이어졌다.

    통일은 조속히 이루어진다고 반드시 좋은 것은 아니다. 조속히 이루어지면서도 올바르게 이루어져야 한다. 우리가 원하는 통일의 방식으로 이루어져야 하고 통일 이후의 민족 전체의 삶이 그 이전보다 우월한 모습으로 전개되어야 한다.

    지금 다시 이 책을 들여다보면 어수선한 면이 적지 않다. 백 퍼센트 내 생각과 글로 채워지지도 않았다. 이성부, 류시화, 김사인 등 좋아하는 시인의 작품들을 싣고 비평문을 덧붙여 놓았는가 하면 남북한의 통일방안과 21세기

대학2학년 때 세상에 내놓은 책 <선전포고>는 기성세대에 대한 젊은이의 도전이었다. 표지사진.

신세계 질서와 한일관계의 조명 등 당시의 지적, 정서적 관심사를 골고루 담아놓았다. 통일에 대해 내가 동의하고 길잡이 삼고 싶은 글은 그대로 인용하기도 했다. 또 과 대표로 나서면서 밝혔던 연설 내용과 1997년 선거에 대한 글이 실렸다. 책의 정체성과 성격이 도대체 뭐야, 라고 의아해했을 법한 구성이다. 그럼에도 책의 근본 의도와 내용은 통일의 방향과 한민족의 방향에 대한 고찰 및 고민이다. 그러한 고민과 고찰은 치열하기도 하고 감정적이기도 하다. 그 두 가지의 정서가 민족과 통일에 대한 나의 태도였다. 그리고 겁도 없이 책을 엮어서 세상에 내놓았다. 가장 큰 이유는 통일에 대한 열망과 열망의 공유, 그리고 호소의 마음 때문이었으리라.

무궁화 꽃을 배경으로 정색하고 찍은 표지 사진은 또 얼마나 예스럽고 촌스러운지!

지금 세대의 시선으로 보면 세계관이 그대로 드러난 그 사진과 책의 내용이 과장되고 포장됐다고 느낄 것 같다. 자신의 생각을 날 것 그대로 드러내는 것의 어설픔이 온통 가득하다. 그럼에도 부족하고 어수선한 책이 그대로 나 자신이었다. 하고 싶은 말, 들려주고 싶은 진실이 많고 강렬했으며 그것을 전하는 방식이 책이었다. 책 제목인 『선전포고』는 통일문제에 무관심한 기성세대에게, 우리 사회에 던지는 젊은이의 도전이었다.

그때 치열하게 고민했던 통일 한국의 국가조직이나 통일헌법은 이후 대학원에 가서 본격적으로, 심도 있게 연구하면서 통일 한국에 대한 학문적 체계를 어느 정도 완성했다. 1997년 이후에 전개된 남북관계의 변화, 우리의 통일정책 변화 등에 따라 세부적인 내용은 조금 달라졌지만, 기본적인 통일정책의 틀, 국가조직의 개념들은 대학 2학년 때의 사고체계를 발전시킨 것들이다.

정확히 말하면 "선전포고"는 우리 세대 모두에게 해당하는 시대적 상징표어이다. 이전까지의 반공 이데올로기, 미국에 대한 절대적인 태도, 통일논의에 대한 두려움 등이 사라진 1990년대의 학생들은 사실 그 모든 것에 짓눌려있던 기성세대에게 선전포고를 한 것이다. 물론 당시 내 인식이나 사고체계는 학생 대중의 보편적인 인식과는 거리가 있었다. 그러나 민족통일이라는 명제는 우리 정권의 성격이나 남북관계의 변화 등 상황에 따라 세부적인 내용이 달라질 수는 있으나 기본 정신과 지향점은 늘 같았다. 그런 내 생각을 처음으로 구체화한 것이 『선전포고』였다.

06
실패가 준 힘

　군 복무를 마치고 2학년에 복학한 나는 법학과 과대표에 출마했다. 2학년이지만 군대를 겪은 경험이 동시대의 삶을 바라보는 관점을 많이 달라지게 했다. 용산에서 행정병으로 근무하며 일상적인 삶의 내용을 어느 정도 지속했다면 군대에 가기 전이나 다녀온 이후의 사고가 크게 변화하지 않았을 수도 있다. 그러나 전방에서의 전투병, 그것도 카투사 전투병으로 겪은 경험은 대단히 복합적인 생각을 가져다주었다. 1980년대만큼은 아니었지만 우리 민족의 자주성, 미국에 대한 인식의 변화, 외세의 배격 등이 당시 대학가의 기본 정서였다. 나 또한 그런 보편적인 정서와 인식에서 크게 벗어나지는 않았으나 좀 더 미래지향적이어야 한다는 관념이 보통의 학생들과는 다른 선택과 결정을 하도록 했다.
　내 슬로건은 "강한 법대, 강력한 경희대, 대한민국을 이끄는 훌륭한 경희인"이었다. 강한 건 그렇다 치고 "훌륭한" 경희인이라니!
　초등학교 회장 선거도 아닌데 지나치게 관습적인 묘사였다. 지금 보면 좀 모호하고 과장된 슬로건이다. 의욕 과잉이 느껴지는 구호다. 자부심을 넘어 자의식 과잉으로 보일 정도다.
　내가 생각한 강함이란 뭐였을까?
　어떤 가치를 가지고 어떤 모습을 가진 걸 강하다고 보았을까?

강하다는 건 태도인가, 결과인가?

아마 무언가 해보고 싶다는, 변화시키고 싶다는 강렬한 의지와 의욕의 표현이었으리라. 현실을 변화시키는 힘은 강력함에서 나오는 거라 생각한 치기 어린 표현이었으리라.

그러나 난 나름대로 내 슬로건을 완성하기 위한 구체적이고 현실적인 제안들을 제시했다. 현실을 똑바로 바라보고 현실을 변화시키고 싶은 열망을 구체화할 방안들을 골똘히 고민했다. 난 과의 주류가 아니었다. 그 모든 게 혼자의 결정과 그리고 치열함에서 나온 결론이었다.

난 변화를 위한 세 가지 공약을 내걸었는데 먼저 나 자신이 대표성을 가지고 공부 등에 있어서 모범을 보일 것이며 학우들의 권익 옹호에 최선을 다할 것과 1백여 명이 넘는 학생들의 조직을 원활하게 관리하기 위해서 행사기획부장, 총무부장, 섭외부장, 자금부장 등을 두어서 조직력을 한층 더 강화하겠다는 등의 공약이었다.

어찌 보면 정치인의 아류 같은 공약이었고 또 어찌 보면 관념성을 뺀 가장 현실적인 공약이었다. 어쨌든 과와 모교에 작은 공헌이라도 해보고 싶다는 생각과 나 자신의 변화를 위한 도전이었다. 생각을 하면 바로 행동에 옮기는 게 나의 특징이라는 걸 새삼 알았다. 현실적 힘의 판세나 분위기 등에 대한 상세한 검토, 저울질을 하는 대신 나는 해야 한다거나 해보고 싶다는 생각이 들면 바로 행동에 옮겼다. 패배조차도 내 행동의 결과였고 나는 패배와 성공, 그 모든 다양한 경험의 축적을 통해서 삶이 확장되고 진전한다고 믿었다. 과대표 출마는 그 시작이었다.

나는 비주류였고, 공약도 당시 학생들 분위기와는 좀 동떨어진 것이었다. 과 대표선거에서는 과 학회를 활성화한다거나 학생 복지를 위한 구체적인 방안을 공약으로 제시하는 게 일반적이었다. 그런 보편적인 분위기와 너무나 다른 공약이었고, 그리고 과 대표에 출마하면서 "대한민국을 이끄는 훌륭한

1998년 총학생회장 선거

경희인"이라니….

　경희대 학생의 정체성을 찾고 강화하고 싶다는 뜻이었겠으나 역시 모호하고 과장됐다는 생각이 든다. 법학과와 학교와의 관계, 법학과의 특성을 살린 구체적인 공약 대신 나는 우리가 근본적으로 변해야 한다는 생각을 했다. 그리고 가능한 다양하고 많은 학생들과 함께 일을 하고 싶다는 생각으로 조직의 다양화를 추구했다. 지금 보면 역시 어느 정도는 아마추어적이다. 그러면서도 변화에 대한 학생들의 욕구를 어느 정도는 반영한 슬로건이 아니었나 생각된다. 공약은 내 생각과 다짐이었고 우리 과 학생들은 나를 선택해 줬다.

　그리고 2학년 2학기 가을에 난 학생회장 선거에 출마했다. 당시 출마 자격은 4학기 등록을 마친 학생이면 누구나 가능했다. 그렇다고 해도 2학년이 총학생회장 선거에 출마하는 것은 생각하기 어려운 일이다. 나는 복학생이라서 가능했던 일 같고 또 일반 학생들 입장에서도 복학생이라고 하니 좀 수긍을 하는 면도 있었다. 학교에만 있던 자신들보다 세상 물정 겪을 만큼 겪고 난 복학생, 그런 사람이 주장하는 것이라면 뭔가 현실성을 가진 그런 게 아닐까 하는 막연한 신뢰의 감정들이 없지 않았을 테고, 또 주류가 아닌 사람이 갖는 기본적인 신선함도 작용했으리라.

학생운동에서 정치적 투쟁의 부분이 약화하고 조직의 통일성이 예전 같지는 않다고 해도 학생회는 학생운동의 주류인 민족해방(NL) 계열이 다수를 구성하고 있었다. 군대를 다녀온 경험이 있지만 나는 학생회가 달라져야 한다는 의견을 가진 복학생일 뿐이었다. 학내의 맥도 없었고 횡적인 교류도 없었다. 학내복지 우선주의를 주장했다. 정치적 이슈에 휘둘리지 말고 학내복지를 우선순위로 두고 학교에 요구하는 정책을 펼 것을 주장했다. 한마디로 "경희대 학생을 위한 총학생회"를 만들겠다는 생각이었다.

그리고 그런 생각과 흐름은 당시 대학교의 전반적인 분위기이기도 했다. 학생 복지와 교육 환경 개선, 등록금 문제 등이 학생들의 주 관심사를 이루고 있었고 당연히 학생회 선거에서도 그런 학생들 관심을 반영한 공약들이 제시됐다. 정치적 입장은 달라도 학생운동 다수의 생각도 정치투쟁보다는 학내민주화와 학생의 복지를 우선순위에 두었다. 물론 그 상황과 전개는 학교마다 달랐다. 학생운동의 주류를 형성했던 학교와 그렇지 않은 학교 상황이 달랐고 재단 비리 등이 얽혀있는 사립학교와 그렇지 않은 탄탄한 사립대, 그리고 국공립대의 상황이 달랐다. 전반적인 상황은 학교마다, 지역마다 너무나 달랐기 때문에 학생들의 주 관심사가 정확하게 반영되는 학교가 있는가 하면 선거에 폭력이 개입되고 학생들 의사가 왜곡되고 전혀 반영되지 않은 지역의 학교들도 있었다. 그 경우는 자연발생적이라기보다는 어떤 공권력의 힘이 개입되어 학생들 의사를 왜곡했다.

어쨌든 경희대는 학생들 의사가 거의 그대로 반영되는 정상적인 구조를 유지하고 있었다. "경희대 학생을 위한 경희 총학생회" 주장은 시대성을 반영한 것이기도 했다. 그 생각이 얼마나 학생들에게 설득력이 있었는지는 모르겠다. 또 그 생각이 설득력이 있다 해도 아무런 조직이나 인맥의 연결고리가 없는 후보라서 신뢰를 주기 어려운 부분도 있었으리라. 그 주장을 얼마나 현실화시킬 수 있는가 하는 실천력과 능력은 또 다른 문제였으니까.

1998년 총학생회장 선거. 유의미한 득표를 했고 선거과정을 통해 나름의 등판 능력을 키웠다.

주장은 혼자 할 수 있지만, 실천은 뜻을 함께하는 조직이 있어야 했다. 나는 요즘 표현으로는 그야말로 듣보잡이라고 할 만했다. 학교 이름과 같은, 경희라는 이름은 쉽게 학생들에게 각인되었을지 모르겠다. 그러나 선거 결과는 신통치 않았다. 처음 득표율이 12.1%(634표)였다고 기억한다. 유의미한 득표라고 할 수 없는 결과였다.

그러나 굴하지 않고 이후 세 번 더 선거에 나섰다. 네 번을 연달아 후보로 나서니 아마 학생회장에 목을 매는 사람이라고 여겼을까. 아니면 학생회장이 되어 꼭 하고 싶은 일이 있다는 절실함으로 이해했을까. 이름까지 경희라서 이런저런 얘기들을 더 했을 거라 짐작한다. 경희대 학생회장이 되기 위해 이름도 경희로 바꿨다는 우스개도 있었다. 그야말로 가벼운 조크였지만 내가 주장하는 슬로건이나 목표는 결코 가볍지 않았다. 그 진정성과 열정이 조금씩 받아들여졌는지, 혹은 다수를 구성하는 NL 계열의 분화 때문인지 모르겠으나 1998년 선거는 꽤 현실적인 득표를 보였다. 거의 40% 이상의 득표를 얻었다. 11개 단과대 중에 법대, 한의대, 문리대 등에서 표가 상대적으로 많이 나왔다.

출마와 선거 과정을 통해 정치를 배우고자 하는 뜻도 있었기 때문에 결과적으로 총학생회 선거를 통해서 나름의 등판능력을 배웠다. 전면에 나서는 것, 내 뜻을 현실화하기 위해 나를 대중에게 내놓고 선택받기 위해 최선을 다하는 과정들이 좋았다. 그리고 의미가 있었다. 후보자는 선택을 받는 거지만 선택을 하고 안 하고는 유권자의 자유고 유권자의 의지다. 그 의지가 모여 한국의 정치를 이루는 것이다. 때로는 앞으로, 또 때로는 후퇴하면서.

  나를 선택하지 않은 학생들이 새로운 시대를 받아들이지 못한다는 생각은 하지 않았다. 그건 오만이니까. 공약의 허술함이나 됨됨이의 부족, 낮은 인지도의 한계 등등 패배의 이유는 많을 것이다. 근본적으로는 나의 부족함 때문인 게 맞다. 나의 주장과 가치가 소수자로서의 나의 약점을 극복하지 못한 것이다.

  새롭다는 이유만으로 정치인이나 대표를 선택하지는 않는다. 대학의 선거에서도, 현실정치에서도 참신함은 능력과 결합이 되어야만 유권자의 선택을 받을 수가 있다. 학생회장 선거는 나의 주장이 시대의 변화를 반영해야 한다는 것, 현실성이 있어야 한다는 것, 그리고 주장을 실현할 힘이나 세력이 있어야 한다는 걸 알려주었다.

  내 부족함은 성급함의 다른 이름이기도 했다. 현실적인 힘을 축적하고 겨룰만하다고 판단될 때 비로소 등판하는 게 아니라 내 생각이 정해지면 일단 등판하고 보는 것, 실패와 패배의 경험도 재산이라고 아우르는 내 방식의 셈법, 그것의 반복이 내 약점이자 강점이었다. 단기적으로 보면 약점이었으나 내 생의 흐름에서 보면 그런 태도가 지금의 탄탄한 나를 만들었다.

07
삶과 뜻을 펼치기 위한 세 가지 요소

　학생회 선거 과정과 결과를 통해서도 느꼈지만 자신의 뜻을 펼치고 사회적인 성취를 위해서는 세 가지가 조화를 이루어야 한다고 나는 믿었다. 달리 말하면 세상을 상대로 내 뜻한 바를 설득하고 지원을 받고 마침내 그 본래의 뜻을 이루기 위해서는 삼박자가 맞아야 한다는 뜻이기도 했다. 그건 확고한 목표와 그 뜻을 함께할 사람, 그리고 뜻을 실현하려는 노력을 뒷받침해줄 수 있는 현실적 토대이다. 개인의 성공이 아니라 사회적인 꿈을 실현하기 위해서는 그 뜻을 함께 좇고 힘을 모을 동지, 동료, 인재들이 필요하다. 정치에서는 현실적 세, 세력이랄 수 있겠다. 그리고 또 하나는 물질적 토대이다. 물질만 있고 뜻이 없어도 안 되겠지만 뜻만 있고 그 뜻을 뒷받침할 수 있는 현실적 토대가 없거나 허약하다면 꿈은 단지 꿈에 머물 뿐이다.
　그 세 가지가 탄탄하게 맞아야 한다는 걸 일찌감치 깨달은 나는 내 뜻을 펼치기 위한 현실적 토대를 구축하는 일에 매진하기로 했다. 경제적 힘을 구축하기 위해 최선의 노력을 했다.
　사실은 최선의 노력을 다하지 않으면 안 될 형편이기도 했다. 법학 공부를 한 많은 학생처럼 나도 사법시험에 도전하기는 했다. 한 번 떨어지고 나니 계속 시험에 매달릴 상황은 아니었다. 막연한 상황에서 시험에만 매달리는

1999년 경희대 행정대학원 5기 수료식. 이후 2000년에 경희대 앞에 민족통일 부동산사무실을 내고 청년창업의 길을 시작했다.

것이 내 성향에도 맞지 않았고 일찍 가정을 이룬 관계로 가장의 무게도 남들보다 훨씬 일찍 갖게 됐다. 사법시험에 대해 더이상 고집을 피울 형편이 안된 나는 부동산 사무실에 취업했다. 아직 졸업하기 전이니 본격적인 취업이라기보다는 아르바이트 신분이었다.

학교에서 멀지 않은 신설동 2층에 있는 사무실이었는데 그곳에서 2년을 일했다. 처음엔 돈을 벌어 사법시험을 볼 준비를 하려고 했다. 그러나 일의 고단함으로 생긴 관성은 차치하고라도 그곳에서 일하면서 배운 자본의 논리가 나를 변화시켰다. 자본주의의 무거움이기도 했다. 마치 고등학교 때의 윤리 시간이 그랬듯 이 경험이 나를 본질에서 변화시켰다. 시간이 갈수록 나의 자력으로 삶을 유지해야 한다는 사실을 절감했다. 바닥부터 배우고 일하고 의지를 만들어나갔다. 그러면서 자연스럽게 부동산 업무에 대한 흥미가 생겨났다. 또한, 자연스럽게 사법시험에 대한 생각은 없어졌다. 사법시험에 도전해 정의와 헌법의 가치를 실현하는 삶에 대한 꿈이 있었으나 난 이 일을 계기로 꿈을 선회했다. 부동산 사업은 역동적이었고 리스크 관리에 대해서도 배울 기회를 주었는데, 그 점도 매력적이었다.

부동산 사무실이 2층에 있다는 건 고객을 기다리는 게 아니라 찾아 나서야 한다는 뜻이었다. 고객을 기다리기만 해서는 운영이 힘들었다. 적극성이 필요했고 그게 나한테는 맞았다. 물론 몸은 고되고 고생도 많았다. 그러나 부동산업의 어떤 맥을 서서히 알아가는 시간이었다. 사람을 만나고 사람을 설득하고 적절한 물건과 적합한 사람을 연결해주는 걸 배웠고 부동산의 메커니즘을 어느 정도 알 수 있었다. 나아가 사업의 기본 성격, 사람의 중요성도 배웠다.

처음엔 물건을 매개로 사람과 사람이 만나지만 물건의 규모가 커지면 이제 사람이 거기에 종속되기도 한다. 그런가 하면 물건이 아무리 커도 사람 사이의 신뢰를 거래의 판단 근거로 삼는 사람도 있다. 나중에 보면 결국 사람은 그 자신만큼 세상을 보고 자신의 그릇만큼 힘을 행사한다는 사실을 깨달았다. 내가 좀 더 세상을 변화시킬 힘을 갖기 위해서는 내 그릇의 크기를 키워야 한다는 사실, 세상을 변화시킬 물적 토대와 정신의 탄탄함이 균형을 이루어야 한다는 사실도 깨달았다. 그 모든 게 남들보다 일찍 시작된 인생의 회로 때문이었다. 혹은 그 덕분이거나.

내 인생을 걸 구체적인 꿈을 고등학교 1학년 때 발견했다. 군대 생활도, 결혼도, 그로 인한 가장으로서의 삶도 일찍 시작됐다. 그러니 내 동년배보다 사람 살이, 세상살이의 이치를 일찍 맞닥뜨릴 수밖에 없었으리라.

부동산 사무실에서 일하면서 틈틈이 부동산 업무에 관한 공부를 했고 4학년 때는 공인중개사 시험에 응시했다. 공인중개사 시험에 붙고 나서 사무실을 나와 독립했다. 현실적인 꿈을 향한 첫걸음이었고 청년창업이었다. 꿈을 이루기 위한 물질적 토대를 내 힘으로 만들어내겠다는 뜻이었고 차근차근히 해나가면 꿈을 이룰 것 같은 자신감이었다. 2000년에 경희대 앞에서 민족통일부동산 사무실을 열었다. 직원 한 명과 함께였다. 이후 20여 년 이상 "민족통일"의 상호를 걸고 사업을 벌여나간 내 세계의 출발이었다.

CHAPTER. 3

통일의 집,
주춧돌을 놓다

01

민족통일개발
꿈의 물적 토대를 구축하다

내 사무실을 갖고 처음 독립을 하면서 이름을 '민족통일부동산'으로 지었다. 민족통일을 염원하고 일생의 추진할 업으로 단단히 생각한다지만 민족통일과 부동산 사무실은 아무리 생각해도 안 어울린다는 의견도 있었다. 나도 망설임이 없었던 건 아니다.

민족통일은 정신적인 강건함의 이미지인 데 반해 부동산은 물질적 욕망의 상징이었다. 나아가 시세 차익, 호가 부풀림, 담합 등 부정적인 이미지까지도 있는 탓에 민족통일부동산이라는 상호는 상호모순의 결합 같기도 하고 강렬한 고집과 의지의 표현 같기도 하고 반골의 느낌도 없지 않았다. 남의 시선을 의식하지 않는 독립적인 정신의 소유자 같은 느낌도 풍겼다. 혹 어떤 사람은 통일을 해서 북한의 땅까지 다 팔아먹겠다는 뜻이냐고 우스개로 묻기도 했다. 오래전 실향민 중에는 고향을 떠나올 때 가져온 땅문서를 귀한 보물로 간직하고 있는 사람도 있다고 들었다. 통일이 되면 그 땅문서를 근거로 소유권을 인정받겠다는 뜻이었다.

독일이 통일되었을 때 동독 땅의 소유권을 주장한 동독 출신의 서독인, 동독 땅과 주택을 둘러싼 소유권 분쟁도 많았다. 통일 독일 이후의 다양한 문제들을 문학적인 방식으로 천착해온 독일 작가 페터

슈나이더는 『에두아르트의 귀향』에서 옛 동독 땅에서 벌어진 소유권 문제와 통일 이후의 모습들을 다루고 있다. 구 동독인에게는 수십 년째 살고 있던 내 집이었으나 분단 이전의 소유자였던 구 서독인에게는 그건 무단점유였다. 그 집의 진짜 소유자는 누구인가? 누구는 과거의 소유권을, 반대쪽에선 현재의 삶을 근거로 소유를 주장하는 다툼이자 역사의 후유증이다.

우리도 통일이 되면 그런 일이 일어날까? 모르긴 몰라도 분단의 시간이 길어졌고 이해 당사자들이 다 세상을 뜬 마당이라서 독일보다는 문제가 덜 발생하지 않을는지.

내가 부동산 사무실 이름을 민족통일부동산이라고 지은 건 민족통일이라는 내 삶의 소명을 잊지 않겠다는 뜻이었고 그리고 민족통일을 위한 내 나름의 첫걸음을 비로소 떼기 시작했다는 출발의 뜻이기도 했다. 부동산 사무실은 그런 뜻을 실현해 나가는 물질적 토대를 의미했다.

대학 4학년 때 민족통일부동산을 차릴 무렵 대학가는 원룸과 오피스텔 건설이 붐을 이루었다. 하숙과 자취방이 대세를 이루던 대학가 주거환경은 원룸이나 오피스텔이 주된 주거형태를 이루게 되었고 마당이 있는 단독을 헐고 그 자리에 원룸을 짓는 일이 오래된 주택가의 흔한 풍경이었다. 1인 가구가 많아지고 독립된 생활을 원하는 세대의 가치관이 반영된 주거형태의 변화였다. 당시는 단독을 헐고 원룸을 지어 월세를 받는 건축이 서울의 주택가에 많았다. 그걸 보면서 평범한 동네 아주머니, 아저씨들의 경제관념이 젊은 나보다 더 현실적이라고 느꼈다.

나는 낡은 주택을 사서 원룸을 짓는 사업을 시작했다. 부근은 경희대와 한국외대 등 학교가 몰려있고 젊은이들이 많은 곳이어서 기본적인 수요가 늘 있는 곳이다. 상대적으로 소형 아파트는 적은 곳이라서 원룸을 짓는다면 젊은 층의 수요가 꾸준할 거라 보았고 그 예측은 맞았다.

2층짜리 원룸을 시작으로 꾸준히 개발사업을 진척시켜 나갔고 2001년에는 드디어 여의도에서 대형 프로젝트를 진행할 수 있었다. 2백 평의 대지를 사 그 자리에 13층 오피스텔 건물을 2003년에 준공했다. 빌딩 이름은 '민족통일 대통령 리빙텔'로 지었다. 민족통일의 상호에 어느 정도 익숙함과 자신감은 있었지만 "대통령"을 넣는 건 조금 고민을 했다. 오해의 소지가 없지 않았고 이름이 지나치게 솔직한가 하는 생각도 했다. 세련되고 젊은 직장인이 많은 여의도에 안 어울리는 이름이었다. 더구나 요즘은 건물이든 아파트든 이해하지도 못하는 외국어로 이름을 짓는 게 보통이었다. 우리말로 지으면 왠지 촌스럽고 싸구려로 느껴지는 모양이었다. 정감이 느껴지는 우리 말 이름보다는 일상적으로 잘 사용하지 않는 영어조합의 이름이 고급스럽고 품위 있게 느껴지나 보다. 아예 한글은 없이 영어 이름만 쓰인 가게, 회사들도 많다.

　나중에 시간이 흘러 개발회사 규모가 커졌을 때 우리도 "MJ"라는 상호를 앞에 붙였다. 민족의 우리식 약자 표기였다. 우리 건물의 주 수요층인 젊은이들의 감각을 반영하는 의미도 있었다. 여의도 리빙텔 이후 난 내가 짓는 모든 건물에 민족통일이라는 이름을 붙였다.

　그러고 보니 한국 정치의 본산인 국회의사당이 있는 여의도에 참으로 어울리는 이름이기도 했다. 3백 명 국회의원 중에 통일을 우리 정치, 우리 민족사의 중요한 일로 인식하고 통일을 위한 정책을 개발하고 국민에게 알리는 정치인이 몇이나 있을까? 선거와 정치인 개인의 캐릭터에 지나치게 집중된 우리의 정치구조에서 통일이라는 헌법의 가치를 생각하고 그걸 현실에서 구현하려는 정치인은 있을까?

　여의도 건물 준공을 하면서 "민족통일 대통령"을 대리석에 새겼다. 그건 단순히 고등학교 때부터 꿈꾸어온 통일 대통령이라는 내 꿈의 가시화된 출발이라는 의미에만 국한되지는 않았다. 그 말은 나 자신을 다지는 각오의

2002년 여의도 '민족통일 대통령' 건물 공사현장

표현이기도 하지만 나는 그 말을 우리 모두에게 늘 들려주고 싶었다. 통일은 선거 때의 일시적인 구호에 머물러서도 안 되며 정치가 경색국면에 들어섰을 때 그걸 타개하기 위한 전략적 도구로 활용되어서도 안 된다고 생각했다. 민족통일은 우리 일상의 당위적 사고여야 했고 당연한 목표여야 했다. 일상 속에서 늘 존재하는 구체적인 그림이어야 했다. 그 당연함을 새기고 강조하고자 난 민족통일 대통령이라는 이름을 건물의 전면에 자랑스럽게 새겼다. 민족통일은 내가 어릴 때부터 가져왔던 꿈이고 나 자신에게 계속 확신을 주기 위해서도 이름을 그렇게 지었다.

빌딩을 지을 때부터도 그랬지만 건물 앞을 지나는 사람들은 한 번씩 현판을 읽으면서 지나갔다. 점심 후 커피를 손에 들고 친구들과 대화하며 지나던 젊은 직장인들이 웃기도 했다.

민족통일…?

자기네끼리 웃음을 터뜨리기도 했다.

이런 걸 건물 이름으로 하는 사람도 있네!

희한한 사람이네….

건물주를 골통 국수주의자라고 생각했을지도 모르겠다.

돈 좀 있는 나이 든 국수주의자라고.

통일 한국의 집을 짓다

어떤 이는 그 뜻은 좋으나 너무 이름을 전면에 내세운 건 좀 부담스러우니 이름을 살짝 변경하기를 권하기도 했다. 그러나 민족통일 대통령이라는 이름을 사용한 것은 그만큼 독특하고 의미를 전면에 내세운 당당함이 있기 때문이다. 민족통일을 읽은 사람들이 뭔가 이상하고 특이하다고 느끼고 민족통일이라는 명제를 다시 한번 떠올리고 생각하게 되는 계기가 되기를 바란 면도 있다. 이름 한 번 특이하네, 라는 갸웃거림에서 시작해 민족통일이 구호로만 존재하는 교과서적인 표어가 아니라 우리의 현실에서 진실로 필요하고 해야 하는 것이라는 걸 느낄 수 있기를 바랐다. 그리고 어느 정도 그러한 나의 희망이 반영되었다고 생각한다. 최소한 그 건물 앞을 지나는 사람은 민족통일이라는 이름을 중얼거리거나 친구들끼리 대화를 하거나 하면서 민족의 숙원을 되새김질하는 시간을 가지기 때문이었다. 동의를 하든, 거부감을 갖든, 바로 잊어버리든 그건 그의 생각이고 의지였다.

그리고 또 하나, 민족통일의 가치를 귀히 여기고 그걸 현실에서 실현하고자 애쓰는 누군가가 있다는 걸 기억해주기를 바라는 마음이기도 했다. 물론 언젠가는 민족통일을 이룬 대통령이 되겠다는 꿈을 상징하기도 했지만, 굳이 선거 때가 아니더라도 항상 민족통일을 추구하는 사람이 있다는 것을 사람들에게 알리고 싶었다. 통일은 정치적 상징 구호나 선거용 슬로건이 아니라 우리의 일상적인 삶과 정치과정을 통해 지속해서 추진해야 하는 민족의 과업이고 그걸 위해서 누군가는 통일을 마음에 새기면서 통일과 관련된 사업을 꾸준히 추진해 나가기도 하는구나 하는 생각을 하기 바랐다.

2004년에는 이문동 한국외대 인근에 오피스텔을 지었다. 거기에도 '민족통일 대통령 리빙텔'이라는 간판을 달았다. 이후 2년마다 빌딩을 하나씩 지었다. 흔하게 보면 청년사업가의 성공담에 머물 수 있겠지만 나에겐 그 이상이었다. 민족통일이라는 꿈에 조금씩 가까워지는 신명 난 신호였다.

02
현실정치의 주춧돌을 위해서

 내가 짓는 건물들의 이름이 민족통일 건물인 걸 보는 많은 사람이 묻는다. 그리고 의아해한다. 전혀 어울릴 것 같지 않은 두 개의 가치, 혹은 상반되는 세계관을 표현하는 것처럼. 이름이 너무 노골적이고 속내를 드러낸다고 유쾌하게 웃는 지인들도 있다. 그 건물의 이름들은 내 꿈과 가치의 상징이자 꿈을 실현하기 위한 도구로서의 현실적 결과물이기도 하다.
 어떤 사람들에겐 민족통일은 미래지향적인 신념이자 추구해야 할 우리 사회의 가치로 여겨지고 또 어떤 이들에겐 한때 가치 있었으나 이젠 용도 폐기된 과거의 구호로 여겨지기도 한다. 나에겐 과거부터의 꿈이었고 현재의 가치이자 미래에도 가치를 지닌 제일의 신념이다. 통일은 상징적인 슬로건이나 실현성 없는 무모한 목표, 혹은 현재의 무력함을 덮는 만사형통의 약이 아니다. 나에게 통일은, 그리고 내가 생각하는 통일은 우리 민족의 가치를 가장 최선의 형태로 실현해줄 현실적인 대안이자 국민 삶을 실질적으로 높여주고 고양시켜줄 현실경제의 돌파구이다. 투자 대비 만족의 경제원리로 볼 때 통일은 최고의 투자대상이다. 가치투자이자 실물투자인 셈이다.
 나에게 또 하나의 가치투자는 현실정치에 대한 도전이었다. 사실 내 안에서 그 도전의 시작이 언제인지는 모르겠다. 하지만 급작스러운 일만은 아니었다.

현실정치를 통해서 내 꿈이자 우리 현대사의 과제인 민족통일을 이루겠다는 생각 자체가 어쩌면 가장 정치적인 행위였고, 굳이 따지면 그 정확한 시작은 통일을 가슴에 새기게 된 고등학교 때부터이다.

2002년 만 28세의 나이로 서울시장 선거에 도전장을 냈다. 집에서는 다들 반대가 극심했다. 형들도, 누나들도, 그리고 아내도 반대했다. 사실 당연한 반응이었다. 정치 무대에서 현실정치를 습득할 기회를 가졌던 것도 아니고 무엇보다 나이가 너무 어렸다. 스물다섯 살 이상이면 선거에 나갈 수는 있었다. 그러나 법적인 피선거권의 나이와 상관없이 스물여덟에 서울시장 도전이라니.

이름 알리려고 나가냐?

가장 많이 들은 말일 게다. 이제 간신히 경제적인 안정권에 접어들어 가족을 건사하고 내 사업에 전력을 기울여도 모자랄 판에 정치라니. 그것도 구 의원이나 시 의원이라면 모를까 서울시장 선거라니….

그렇게 정치에 관심이 많으면 구의원이나 시의원부터 차근차근 시작하라는 말도 했다. 흔한 경우였다. 어쩌면 가장 흔한 경우였다. 경제적인 입지를 조금 다져놓은 뒤 가장 작은 단위인 구의원에 도전하는 정치 초보자들은 많았다. 그들이 풀뿌리 민주주의의 가장 구체적인 실현장인 구의회나 시의회에서 주민을 위한 실제적인 입안을 하고 정치 활동을 하는 경우도 많으리라. 반면 자신의 지역에서의 경제활동을 위한 도구로 활용하거나 단지 개인적인 명예를 위한 과시로 활용하는 이들도 없지는 않았다. 그리고 서울 정도의 시장이라면 다양한 경륜과 경험이 있어야 하고 정당의 지원도 있어야 일을 추진할 수 있다는 생각들도 많았다. 현실을 반영한 경험론이지만, 이런 생각은 어쩌면 우리의 정치풍토와도 맥락이 닿아있는 문제였다. 물론 서울은 어마어마한 대도시이고 대단히 많고 다양한 성격의 문제를 가지고 있는 도시지만, 그래서 어느 정도의 정치적 경험과 경륜이 필요한 것은 사실이지만 우리나라는 정치인의 나이가 유난히 높은 편이다. 정치에 진입하는 나이도 대체로 높다.

서유럽이나 북유럽의 경우 도시의 시장은 물론 총리도 삼십 대인 경우가 적지 않다. 서른두 살의 오스트리아 총리, 현직에 있으면서 결혼을 하고 출산을 하는 서구의 젊은 여성 정치 지도자를 보면 정치는 삶과 동떨어진 서류상의 행정이 아니라 삶 그 자체라는 생각이 든다. 그들의 젊은 나이는 대개 참신한 정책과 신선함으로 표현된다. 미숙함과 능력에 대한 불신보다는 정치적 부담이나 계파, 구태스런 이념으로부터 자유로운 참신함으로 기대를 모으고 국민은 거기에 지지를 보낸다. 또 젊은 정치인들이 새로운 정책을 실현하려다 실수를 하거나 좌절하는 경우는 있지만, 그것이 그들의 정치 인생을 가로막는 치명적 흠결로 기억되지는 않는다. 상대편 정치인의 정치과정의 실수를 반복해서 물고 늘어지거나 정치생명을 끝장내는 도구로 활용하는 정치문화는 아니다. 우리는 유독 정치인의 정치적 지향이나 업적보다는 단순한 캐릭터로 삼을만한 일도 그 정치인의 과거 흠결을 극대화해서 공격하는 경우를 많이 본다.

또 우리나라는 유독 젊은 정치인에 대해 의구심의 눈초리를 거두지 않는다. 그렇다고 정치 경험이 많은, 현실정치 무대에서 오랫동안 활동한 사람이 능력이 많은가 하면 그건 전혀 그렇지 않다. 그 사람이 어떤 생각을 가지고 정치를 하려고 하는가, 얼마만 한 능력과 포용력을 가지고 있는가의 문제이지 나이나 정치 경험의 차이는 거의 문제가 되지 않는다. 지역에서 3선, 4선을 기록한 국회의원이 이권과 결탁하고 편법을 이용해 사익을 추구하는 일이 얼마나 많은가. 부동산이나 개발이익이나 이권을 추구하는 데 있어 정치인으로서의 자신의 힘과 지위를 이용하는 일은 늘 뉴스에 오르내린다. 그런 자들이 합당한 법적 처벌을 받거나 부당한 이익을 환수당했다는 소식은 별로 듣지 못했다.

서울시장 출마

   주민의 이익이나 지역의 이익과 상반되는 정치 행위를 해 온 그런 정치인이 중앙정치와의 인맥이나 계파를 좇아 공천을 받는 일이 너무나 많다 보니 참신한 정치 신인이 나오기 힘들다. 정치 역량이나 정치 업적이 아니라 조직에 의해 공천과 당락이 결정되는 정치 구도, 정치문화에서 발전적인 정치가 가능할까? 나는 젊은이들이 좀 더 적극적으로 현실정치에 뛰어들어야 한다고 믿는다. 그들이 원하는 세상, 좀 더 기회가 골고루 주어지고 일터가 안전해지고 차별이 행해지지 않는 그런 사회를 만드는 것은 기성세대가 거저 해주는 것은 아니다. 그들 스스로 자신들이 옳다고 믿는 세상을 만들기 위해 좀 더 적극적이고 치열하게 현실정치에 뛰어들어야 한다. 기성 정치권에 요구하고 그들 자신이 법을 만들고 그들 스스로 세상을 바꿔 나가는 구조를 활용해야 한다. 정치는 그 구조 중에 가장 현실적인 현장이다.

   가족들이 시장 선거 출마를 만류한 데에는 다른 이유도 있었다. 2002년 그해에 난 여의도에 건물을 짓고 있었다. 개발사업에 집중해도 성공의 확률은 그리 높지 않은 나이였다. 당분간은 개발사업에 열중하고 어느 정도 경제적,

사회적 토대를 다진 이후에 정치에 나가면 되지 않겠는가 하는 말인데 가장 보편적인 반응이 사실 그거였다.

그러나 내 인생은 내가 주체가 되어 사는 것이다. 나는 민족통일의 화두를 정치권에 던지고 싶었고 통일을 추구하는 주체세력으로 나 자신을 세우는 기회를 스스로에게 주고 싶었다. 대한민국의 삶을 축약해서 보여주는 서울시민의 삶에 여유를 주고 삶의 질을 높이는 정책을 추진하고 싶다는 욕구가 있었다. 1997년에 시작된 IMF의 여파가 이어지는 상황 속에서 시민의 삶의 질을 일차적으로 높이는 데 관심이 있었고 구체적으로는 교통문제와 환경문제에 집중했다. 서울의 기반시설과 환경 등을 개선하고 싶다는 생각이 있었고, 환경문제의 패러다임을 바꾸어야 한다는 생각도 했다. 선진국의 여러 도시와 비교해 볼 때 서울도 수도로서의 기능을 고양시키는 일이 필요하다고 보았다. 서울시장 선거에 나서면서 집중했던 정책의 틀은 한 마디로 삶의 질, 환경, 인프라구축이었다.

그리고 통일 한국의 로드맵을 추구하는 나에게 서울시장 선거는 40대 이후에 펼쳐질 현실정치의 초석을 놓는 작업이었다. 정치 신인으로서의 인지도를 얻는 일, 그리고 실제 선거 경험을 통해서 시민과 만나고 그들의 필요를 경청하고 그걸 현실정치에 반영하는 걸 고민하고 논의하는 과정 자체가 신나고 열정적인 정치 행위였다. 물론 현실정치의 마이너리티인 나에게 그 기회가 많이 주어지지는 않았다. 언론도, 시민의 주목도 높지 않았으나 외부적인 주목과 상관없이 정치 신인으로 출사표를 던진 나는 선거 과정에 최선을 다했다. 미디어 노출이 거의 없었음에도 유세 현장에서는 비교적 호의적인 반응을 느꼈는데, 젊은 청년이 신선한 정책을 들고 나와 최선을 다해 시민에게 다가가는 태도가 긍정적인 시선을 주지 않았을까 판단했다.

나는 선거에 완주했고 결과는…, 당연히 떨어졌다. 현실정치의

신설동 '민족통일대통령 빌딩' 완공(2008년)

마이너리티로서의 한계를 느낀 선거였고 동시에 현실정치를 통해서 통일 한국의 꿈을 추진하는 게 목표라면 주류 정당을 통한 정치 입문이 빠른 길이 아닐까 고민도 있었던 선거였다. 독자적인 노선을 계속 추진하는 것과 주류 정당의 소속으로 내가 원하는 정책과 통일 한국의 로드맵에 접근해 나가는 것은 사실 선택의 문제라기보다는 내 세계관, 정치인으로서의 정체성에 대한 부분이었다. 기득권의 한 부분이 아니라 기득권의 정치 구도에 신선하고 진정성 있는 균열을 내고 그 위에서 보다 보편적인 복지의 확장과 통일 한국의 시대정신을 현실화시키고자 하는 나의 정치세계에서는 독자적인 길을 추진하는 것이 맞다는 판단을 했다.

그다음 해인 2003년에 여의도빌딩이 완공됐다.

민족통일 대통령 리빙텔.

나의 정치적 꿈의 표현이자 내 정체성을 상징하는 이름이었지만 민족통일 대통령 리빙텔로 이름을 올리는 것에 주저하는 마음도 있었다. 민족통일과 민족통일 대통령은 다르기 때문이다. 민족통일은 지극히 공적인 가치를 담아내는 표현이지만 민족통일 대통령은 극히 개인적인 추구와 염원의 상징처럼 여겨졌다. 그러나 내 안에서는 그 둘은 같은 가치를 담아내는 말이었다. 민족통일은 누군가 우리 손에 쥐여주는 것이 아니다. 어느 날 갑자기 하늘에서 떨어지는 선물도 아니다. 분단이 그랬듯 강대국이 한반도의 통일을 결정하는 것도 아니다. 역사적 우연과 국제관계의 유동성이 작용은 하겠지만 기본적으로는 우리 스스로 추진해야 하는 우리의 일이다. 그런 의미에서 민족통일을 주체적으로 추진하는 현실 정치인이 되겠다는 결심의 표현으로 민족통일 대통령은 적절하지 않을 이유가 없었다.

또한, 남들이 어찌 생각할까 하는 부분은 원래 나에게 크게 중요한 부분은 아니었다. 내 인생에서 내가 추구하는 가치를 실현하기 위해서 내 힘으로 노력한 결과인데 남들의 시선을 굳이 의식할 필요는 없었다. 그리고 세상의 시선을 받는다면 한번 받아보자 하는 마음이었다. 그게 바람이든, 회초리든, 의혹의 눈초리든 받아보자. 그런데 여의도빌딩을 완공하고 나니 사회의 시선이 바뀌는 걸 느꼈다. 이제 갓 서른이 된 젊은이가 건물을 지었다는 사실에 조금은 놀라는 눈치였고 여의도 지역이 갖는 상징성도 무시하진 못했다. 국회의사당 부근에 위치한 민족통일 대통령 리빙텔이라…!

그 이름이 가진 상징성은 기대 이상이었다. 민족통일 대통령 이름을 보고 나이가 어느 정도 든 사람이라고 생각했던 사람들이 만나고 보니 겨우 서른인 걸 알고 깜짝 놀라기도 했다. 어쩌면 국회의사당을 바라보는 위치의 민족통일 대통령 건물은 역사적 상징으로 될 수도 있겠다는 생각이 들었다. 내가 의도하지는 않았으나 언젠가 우리의 국회가 통일을 논의하고 통일헌법을 준비하고 통일 정부의 구성을 논의하는 모습을 민족통일 대통령 리빙텔에서 구경하는 상상을 한다. 물론 공간은 닫혀있으되 상상의 눈은 활짝 열려있다. 그 상상만으로도 가슴은 띈다.

03

또 하나의 주춧돌,
대북 지원 활동

 통일은 어느 날 갑자기 하루아침에 이루어지지 않는다. 어느 날 갑자기 장벽이 허물어지고 동독인들이 물밀 듯이 서독으로 밀려들면서 국경이 무너지고 통일이 된 것처럼 보이는 독일의 통일도 오랫동안의 민족 동질성 유지를 위한 교류와 협력, 그리고 개방의 문을 확대해 온 통일정책이 있었기에 가능한 일이다. 여기에 동유럽의 변화 등 국제 정세도 일정한 역할을 했다.
 남북한도 이러한 틀에서 크게 벗어나지 않는다. 교류와 협력, 개방과 개혁이 있어야 하지만 우리는 분단의 긴 시간만큼이나 서로 간에 무지와 불신이 쌓여있다. 이를 극복하기 위한 정부, 민간의 노력도 독일에 비해 턱없이 부족하다.
 정부를 통한 통일정책, 통일 노력과 함께 민간의 교류와 통일 노력도 대단히 중요하다. 왜냐하면, 통일의 주체는 결국 남북한 주민들이기 때문이다. 정부의 통일정책을 촉구하고 지지하고 지원하는 것과 함께 민간의 교류가 활성화되고 경제협력 사업이 활발해지고 문화교류가 촉진되면 그만큼 남북한 사이의 이질감과 경계심은 줄어들고 협력과 동질성의 부분은 확대된다. 그건 통일을 위한 실제적, 정서적 밑받침으로 작용한다.

2010년 (사)민족통일촉진회 이사장 취임식

건설사업이 어느 정도 궤도에 오르면서 난 남북한 민간교류 사업에도 눈을 돌렸다. 2010년부터 4년 동안 민족통일촉진회 이사장을 역임하면서 남북한 교류 활동에 관여하게 되었다. 민족통일촉진회는 1972년 남북교류와 남북한 간의 긴장 완화, 그리고 민간 차원의 통일 교류를 목적으로 만들어진 민간 통일 교류 단체이다. 평화 통일정책 연구, 남북경제협력 사업, 남북 문화예술 교류사업, 개발조성사업 등 다양한 민간 차원의 통일 교류사업을 벌이고 있다.

그중에서 현재는 북한에 푸른 숲을 가꾸는 걸 목적으로 하는 "한반도 녹색 파도 프로젝트"를 중점으로 벌이고 있다. 북한에 (통일)나무 심기와 치어를 방류해서 산과 강의 환경을 사람에게 유익하고 본래의 자연상태로 만들기 위한 것이다. 녹화사업은 1단계로 나무 묘목을 심고 가꾸는 양묘장 현대화 개발 협력 사업을 거쳐 2단계로 한반도 녹색 파도 프로젝트를 진행한다.

북한의 산림 황폐화율은 약 60%에 달한다. 에너지 산업의 미발달로 가정용 화력의 상당수를 나무로 충당하면서 누적된 현상이다. 나무를 베어내서 산이 황폐해지면 홍수 등의 자연재해에 훨씬 취약하고 그건 다시 농사를 망치고 재해를 확대하는 악순환을 반복한다. 계절적인 재해로 지나갈 일도 치명적이고 장기적인 재해로 만들어버린다. 북한 지역에 대대적인 홍수가

인도적 차원의 대북사업을
위해 평양을 가다.

나고 나면 굶주리는 주민이 늘어난다. 1990년대 초반 '고난의 행군' 시기도 이와 무관하지 않다. 굶주림과 경제난으로 많은 북한 주민이 국경을 넘었다. 그 악순환을 끊고 자연재해의 폐해를 최소화하기 위해서는 에너지 산업을 발전시키는 것이 우선되어야 하지만 장기적으로, 그리고 근본적인 해결책은 산림 녹화율을 높이는 것이다.

민족통일촉진회에서는 평양시, 황해남도, 평안남도, 함경북도, 자강도, 양강도 등 10개 지역에서 현대화한 양묘장을 건립하는 일을 추진하고 있다. 대대적으로 묘목을 식재하고 민간마을에서 임농복합단지를 조성하는 일도 병행하고 있다. 남북경제협력 프로젝트인 양묘장 사업의 기획과 기술적 지원은 남측이 담당하고 인력 부분은 북측이 맡는 구조이다.

민족통일촉진회가 벌이는 양묘장 조성사업을 위해 방문한 북한은 처음 갔을 때와 나중에 갔을 때의 느낌이 많이 달랐다. 가장 큰 변화는 우리 사회의 변화속도에 비추어 그 속도가 느릴 뿐 아니라 상대적으로 퇴화한다는 느낌이다. 물론 삶은 단순한 물질적 혜택의 양이나 종류, 축적으로만 설명되지 않는 복합적인 것이지만 한 나라 국민의 삶은 우선 물질 토대가 풍부해야 한다는 게 내 생각이다. 그건 통치의 가장 기본이며 근본이다. 해서 세종대왕도 백성의 굶주림을 가장 크게 걱정했고 "밥이 하늘"이라는 단순한 경구는 모든 백성의 삶을 응축시킨 무거운 진리이다. 그리고 그 진리는 과거, 현재, 미래의 모든 삶에 통용되는 무거운 진리다.

북한 주민이 굶주리고 삶의 여건이 열악해서 탈북민이 증가하는 단계는 지났다고 전문가들은 보고 있다. 초기의 탈북이 고난으로부터 떠밀려 나온 상황이었다면 점차 좀 더 나은 환경, 여건을 찾아 적극적으로 탈북하는 사례도 늘고 있다. 그러나 이후 북한의 핵문제로 인한 북미관계의 경색과 북한에 대한 경제 제재로 북한의 상황은 극심하게 어려워지고 있다. 경제난으로 직접적인 타격을 입는 것은 주민들이다. 결과적으로 북한 주민의 상황이 개선되고 좀 더 나은 여건이 조성되도록 돕는 것은 같은 민족으로서의 인도적 차원이되 통일을 준비하는 것이기도 하다. 또 미래에 치러야 할 통일비용을 미리 조금씩 부담한다는 의미도 없지는 않다. 통일비용이라는 말에는 함정이 있지만 어쨌든 지금 단계에서 할 수 있는 대북 사업을 하는 것은 장기적인 관점에서 민족 전체에게 이익을 준다.

CHAPTER. 4

통일의 집,
몸체를 세우다

01
대통령선거에 출마하다

민족통일 대통령 빌딩.

민족통일을 내 일터의 상호로 삼고 민족통일 대통령을 건물의 이름으로 등록한 지 15년 정도가 됐다. 그 시간을 채운 것은 두 가지이다. 하나는 같은 이름의 건물들을 꾸준히 지으며 내 꿈의 토대를 탄탄하게 다지는 일이었고 또 하나는 현실정치를 통해 민족통일의 꿈을 구체화할 준비를 차근차근히 해나가는 일이었다. 2003년의 여의도빌딩에 이어 2004년에는 이문동 한국외대 인근에 오피스텔을 지었다. 거기에 '민족통일 대통령 리빙텔'이라는 간판을 달았다. 그리고 같은 이름의 건물들이 차근차근 지어졌다.

물론 시간이 가면서 저절로 이루어지는 그런 일은 아니었다. 매번 새로운 시작이었으나 거듭되면서 어느 정도 탄력이 붙었다. 그리고 신뢰, 신용의 부분이 탁월하게 높아지면서 개발사업의 속도는 더 빠르게 진전되고 탄탄해졌다. 선순환이 계속 이루어졌다.

그리고 2017년, 나는 한국국민당 후보로 제19대 대통령선거에 출마했다.

19대 대통령 후보에 출마하는 동기와 각오를 묻는 기자에게 난 단도직입적으로 우리 헌법이 정한 남북 간의 평화통일을 위한 국정 아젠다를 반드시 세울 때임을 강조했다. 그것이 내가 대통령선거에 나선 이유였다.

그러기 위해서는 통합을 위한 용기와 변화를 위한 용기가 필요하고 우리 삶의 질을 높이는 사회 구축을 이룩하기 위해서는 시스템 사회, 소통사회, 공정사회, 통합사회 실현을 거쳐서 반드시 통일국가 완성이 되어야 한다는 정치 신념에는 변함이 없다. 온 국민이 안심하고 편안하게 살아가는 세상을 만들기 위해서라도 지난 진보 정권 때에 남북 간에 합의되었던 남북공동선언을 넘어서 평화 협정을 이끌어내고 남북 간에 대치되어있는 38선을 걷어 내야 한다.

왜 대통령선거에 출마하는가?

그건 7대 국정 수행 과제(교육개혁, 정치개혁, 경제정의, 인구, 청년, 사회복지, 통일) 이행과 세대교체, 정치교체라는 변화를 통해서 더 좋은 사회체계 구축과 통일 한국 시대를 열기 위함이었다. 나는 통일 한국으로 나아가기 위한 7대 국정 수행 과제를 목표로 설정하고 정책 공약을 이행하기 위한 체계적 점검을 통해 과제를 구체적으로 제시했다.

첫째, 교육개혁을 통해 미래사회를 구축하는 대한민국
둘째, 정치개혁을 통해 정의가 펼쳐지는 대한민국
셋째, 경제정의 실현을 통해 삶의 질을 높이는 대한민국
넷째, 인구문제 해결을 통해 지속 가능한 발전과 미래성장 동력을 확보하는 대한민국
다섯째, 청년에게 희망을 주고 꿈을 실현할 수 있도록 도와주는 대한민국
여섯째, 사회복지 개선을 통해 미래가 있는 삶으로 바뀌는 대한민국
일곱째, 통일을 성취해서 세계 일류국가 공동체로 도약하는 대한민국

새 희망의 글로벌 청년 시대를 열기 위해 시스템 사회, 소통사회, 공정사회, 통합사회를 구축하고 국민이 참된 세상을 만드는 근본이 되게 하겠다고 약속했다. 그리고 이 모든 가치를 아우르는 가치로 통일을 주장했다. 통일지도자, 청년 대통령을 자처하는 대선 후보로 나서면서 나는 "통일이 답이다!"를 캐치프레이즈로 내걸었다. 나의 정체성, 내가 추구하는 가치,

내가 대통령이 되려는 이유 등을 한마디로 표현한 그 구호는 나의 모든 것을 표현하는 것이다.

통일이 되면 인구 1억을 바라보는 것도, 국민 소득 5만 불을 바라보는 것도, 사회복지를 책임지는 것도, 청년 일자리를 만드는 것도, 입시 지옥에서 벗어나는 것도, 국가안보를 확실히 하는 것도, 세계 일류국가를 만드는 것도 가능하다고 나는 보았다. 그래서 '통일이 답이다!'를 슬로건으로 채택할 수 있었다. 그리고 무엇보다도 헌법에서 "통일을 지향하며, 자유민주적 기본질서에 입각한 평화적 통일정책 수립"의 의무를 규정해놓은 만큼 이를 준엄한 명령이자 국민적 의무로 본 것이다. 우리 헌법 전문에 평화통일 의무가 있으며 헌법 제4조 평화통일 조항과 헌법 제69조에는 평화통일에 대한 대통령 선서가 있는 만큼 대통령이 되고자 한다면 평화통일에 대한 국가의제를 반드시 갖추고서 노력하는 것이 의무라고 생각했다.

사업가로서의 내 이름과 경륜을 알리고자 나온 것도 아니며 통일에 대한 내 의지를 널리 알리고자 나온 것만도 아니었다. 내 출마는 꾸준한 정치 활동의 연장선에서 나온 자연스러운 것이었고 그래서 정책설명회나 토론회에도 빠짐없이 나갔다. 군소정당이다 보니 그 기회가 많이 주어지지는 않았다. 지속 가능한 정당을 만들고 유지하는 것이 목표였다. 선거공보물도 법으로 허용된 최대치인 16쪽짜리로 정성을 다해 만들었다. 국가의 비전에 관한 생각과 시대에 대한 소명의식은 당의 인지도나 후보의 유명도에 따라 다르지 않다. 국가의 비전이나 정치철학이 군소후보라고 작은 건 아니지만 군소후보가 국민에게 자신의 정책을 알리고 지지를 호소할 공식적 기회는 거의 주어지지 않았다. 스스로 국민과 만나는 장을 마련하고 확대하는 여러 통로를 개발해야 했다.

또 정치 인맥이나 정치 계보가 없는 나와 같은 신인 정치인의 대선 출마는 대한민국의 미래를 바꾸는 새로운 혁명의 시작이기도 하다. 보통

제19대 대통령 후보 등록

때는 정치인을 비판하고 정책에 불만이 많던 유권자들이 선거 때만 되면 그렇게 비판했던 정치인, 성실하지도 않고 유능하지도 않은 기존 정치인에게 관성적으로 투표를 하는 걸 본다. 선택에 대한 고정관념을 떨치지 못하는 유권자의 소극성이 우리나라의 정치발전을 저해하고 유능하고 참신한 정치인의 등장을 어렵게 해왔다. 그래서 우리에게는 새로운 목소리, 새로운 정책이 수용되어지는 정치가 요구된다.

또 하나, 정치적 행위에 대한 사후평가와 단죄의 부분이 확실해져야 한다고 생각한다. 미래를 위해서도 그 부분은 반드시 필요한데, 그 과정을 통해서 사회의 투명성이 높아지고 자정 능력이 높아진다. 그리고 투표는 정치인의 정치 행위에 대한 가장 분명한 평가와 단죄의 기능을 한다.

이젠 기존의 정치인 중에서 소극적 선택을 할 게 아니라 적극적으로 새로운 정치인, 준비된 정치인, 기존 정치카르텔에 얽매이지 않는 투명한 정치인을 선택해야 한다. 차악의 정치인이 아니라 최선의 정치인을 선택할 권리가 국민에게는 있다. 결국, 정치를 만드는 건 유권자인 국민의 선택이 모여서 만들어지기 때문이다. 나는 평소에도 통일을 준비하고 민족통일이라는 큰 맥락 안에서 다양한 정책을 연구하고 고민하는 정치인이 있다는 것을 국민에게 알리고 싶었다. 대선 출마는 이경희라는 정치인을 제대로 알릴 수

통일한국당 창당대회

있는 통로이기도 했지만, 통일이라는 민족의 과제를 함께 생각하자는 나의 호소였다.

　개인적으로 그동안 정책과 정치적 비전에 대한 준비를 충실하게 해왔다는 자긍심도 있었다. 대학원 석, 박사 과정을 통해 통일헌법과 정책에 대한 연구를 집중적으로 했고 정책을 준비하고 추진하는 시스템에 대한 공부도 충분히 축적할 수 있었다. 내 안에서 막연하고 커다란 주제의식으로 머물러 있던 통일문제가 공부과정을 거치면서 구체적인 정책과 정책 추진을 위한 시스템 개발로 확장되고 깊어졌다. 대통령선거 출마는 그렇게 준비된 정책과 시스템을 현실정치에서 구현해보고자 하는 정치적 걸음이었다. 선거 과정에서는 이전 서울시장의 선거 경험이 시행착오를 줄여주기도 했고, 또 정책에 대한 구체적인 공부와 정책을 현실화시킬 수 있는 시스템에 대한 탐구의 경험이 있어 보다 구체적인 정책을 제시할 수 있었다.

02
한국의 정치가 젊어져야 한다

2017년 제19대 대선에 출마한 나는 통일 대통령과 40대 기수론을 모토로 내세웠다. 그건 꿈과 지향의 표현이자 현실적 조건이기도 했다. 통일이 시대정신이라는 점에서, 그리고 그 시대정신을 밀고 나가는 주체로서 40대 정치인의 정체성을 말한 거였다.

변호사나 검사, 언론인, 교수, 의사 등의 전문적 직업 생활을 마치고 현실정치에 진입하는 것이 한국에서는 보편적으로 여겨지지만 사실 정치 선진국에서는 일반적이지 않은 모습이다. 현실정치를 통해서 시민들의 삶과 사회구조를 바꿔보고자 하는 사람들이 일찍부터 정치 현장에서 시민들과 밀착접촉을 하면서 생활 정치를 훈련하고 배우는 것이 보통이다. 그래서 유럽의 정치인 중에는 10대 때부터 자기가 좋아하는 당에 가입해서 시민들에게 홍보물을 나눠주고 일정한 주제에 관해 토론하고 설득하는 정치적인 훈련을 하거나 자신이 지지하는 당의 정체성을 습득하는 것이 일반적이다. 직접 유권자를 만나 대화하고 설득하고 토론하는 선거문화가 일반화된 유럽이나 북미 지역에서는 일일이 유권자의 문을 두드리며 지지를 부탁하는 청소년들 모습도 드물지 않다. 그렇게 풀뿌리의 진정한 의미를 체험해가며 자신이 정치적 주체임을 배워 나간다.

미국의 전당대회나 선거 과정을 보면서 팔딱거리는 생동감을 느낄 때가 있다. 노련하고 경륜이 오래된 거물 정치인들도 물론 카리스마가 있지만, 자신이 좋아하는 후보를 위해 시간과 열정을 쏟으면서 자신이 꿈꾸는 세상을 만들어내는 보통의 시민들 모습은 훌륭한 민주시민의 모습 그 자체이다. 풀뿌리 민주주의의 현장이고 시민이 정치의 주체가 되는 민주주의의 희열이다. 그런 보통의 시민 중에는 할머니와 할아버지, 그리고 평범한 직장인도 있지만 어린 소년, 소녀들도 있다. 그들은 부모의 정치적 지지를 좇아 자연스레 정치 활동에 참여하기도 하지만 스스로 선택해서 자신이 좋아하는 정치인을 돕는 활동에 참여한다. 또 환경이나 어린이 안전, 교육, 총기 문제, 동물보호 등에 대해 자신과 생각이 같은 정치인을 지지하기도 하고 자신이 생각하는 문제를 정치 이슈화하도록 정치인에게 요구하기도 한다. 그런 과정을 통해 자연스레 정치가 현실과 동떨어진 것이 아니고 내 삶과 직결된다는 사실을 체득한다.

반면에 우리는 어떤가.

초등학생이나 중학생이 자신이 좋아하는 정치인의 선거 활동을 하고 정책을 요구하고 친구들과 토론을 하는 모습은 거의 볼 수 없다. 부모들도 적극 말린다. 입시공부를 해야 하기 때문이다. 그건 아무 필요 없는, 가치 없는 일이라 여기기 때문이다. 나중에 변호사가 되고 검사가 되어 활동하다 국회의원으로 가는 길을 추구할지언정 민주주의의 가치를 현장에서 배우고 정치의 주체가 되는 훈련을 하는 것은 저지한다. 그러나 정치가 세상을 바꾸는 일이라면 국민 구성원 모두가 정치의 주체가 될 수 있고 되어야 한다. 그 아이들이 자라서 만들어갈 세상을 향한 꿈이라면 좀 더 일찍 관심을 갖고 자기가 원하는 세상을 만들어가는 일은 언제 시작해도 괜찮다. 모든 어린이는 자신만의 로드맵을 가지고 있기 때문이다. 어린 나이에 그 로드맵이 틀리면 또 어떤가. 얼마든지 수정하고 보완할 유연함과 시간적 기회가 있다.

영국의 보수당이나 노동당, 프랑스의 사회당, 독일의 녹색당이나 기민당,

젊은 정치인, 이경희

사민당 등 서구 정치인들은 대개 일찌감치 자신의 정치적 정체성을 좇아 현실정치에 자연스럽게 진입하는 데 반해 우리는 이해득실에 따라, 혹은 정치적 세력 판도에 따라 보수와 진보를 오가기도 한다. 혹은 별다른 정치적 정체성도 없이 자신을 끌어당기는 정당에 들어가 정치 신인의 삶을 시작하기도 한다. 때에 따라서는 정당을 이리저리 옮겨 다니기도 한다.

생각해보라.

정치적 이념과 경제정책, 복지의 이념, 통일에 대한 원칙, 환경정책이 다른 정당을 이리저리 옮기는 게 어떻게 가능한가?

그건 자신이 아무런 정치적 원칙이나 비전이 없다는 뜻이다. 그의 정치적 정체성은 무엇인가? 오직 국회의원이 유일한 목적이기 때문에 가능한 일이다. 물론 자신이 몸담은 정당의 정치적 판단이 올바르지 않다고 생각해 행동을 달리 하는 건 좀 다른 문제다. 그건 소신의 문제지만 오로지 당선과 의원직 유지를 위해 당적을 바꾸는 건 정치적 코미디다.

통일 대통령과 그걸 실천하는 주체로서 40대 정치인의 정체성을 표방한 나는 무에서 유를 창조하는 책무를 느꼈다. 그리고 유권자로부터 나의 시대정신과 그걸 실천할 수 있는 능력을 확인받고 인정받고 싶었다.

내가 대통령선거에 출마하면서 내건 캐치프레이즈의 하나는 '40대 기수론'이다. 40대 기수론의 유래는 아마 1970년대 김대중, 김영삼 양 김이 정치에서 능력을 발휘하고 정치 구도를 만들어나갈 때 주창했던 것들이다. 현실정치, 민심을 대변하는 정치, 정치인들끼리의 밀실정치가 아니라 광장으로 나와 민심과 직접 교신하는 젊은 정치를 추구하며 40대 기수론을 내세웠고 이는 국민의 열광적인 호응을 받았다.

그러나 이후 한국 정치는 오히려 더 노쇠해지고 젊은 세대의 삶과 생각을 반영하지 못하는 노후화된 구조로 돌아갔다. 유럽 등 젊은 세대의 정치 활동이 활발한 나라들과는 너무나 다른 현상이다. 영국의 노쇠한 보수당 집권을 끝낸 토니 블레어 총리, 의원 1명도 없는 '앙마르슈' 정당을 창당하고 39세에 프랑스의 최연소 대통령으로 당선된 엠마누엘 마크롱, 30대에 캐나다의 총리가 된 튀르도, 오스트리아의 30대 총리, 뉴질랜드의 젊은 여성 총리 등 젊은 정치 지도자들이 무수히 많이 배출되고 활발하게 국정을 이끌어 국민에게 활기를 주는 나라들과는 너무나 다른 현상이다.

물론 젊은 세대면서도 생각이나 가치관은 고루하고 보수적인 사람들도 있겠지만 젊은 지도자는 대체로 새롭게 시도하고 참신한 정책을 많이 끄집어내기 마련이다. 젊다는 건 세계를 해석하는 데 관습이나 기득권의 힘을 빌리지 않고 자신만의 시각을 가지고 세계를 새롭게 바꿔보고자 하는 의욕을 가지고 있다는 뜻이다. 젊은 세대의 가치관과 의지를 현실정치 시스템에서 흡수하고 적극적으로 옹호하고 활용하려는 것이 정치 선진국이라고 나는 생각한다. 민주주의 시스템이 아무리 잘 갖추어져 있다 해도 기존 정치 문법과 관습, 보수적인 정치시스템에 갇혀있는 늙은 정치로는 세상을 변화시키지 못한다.

그리고 또 하나, 정치에 입문하는 방식도 한국의 정치문화를 고인 물로 만드는 한 요인이다. 정치 신인을 발굴할 때 흔히 정치 지도자나 당의

소통하는 정치인, 이경희

책임자가 젊은 피를 수혈하느니, 전문가를 영입하느니 하는 방식으로 정치권에 진입하게 된다. 유권자에게 선택받아 정치로 들어오거나 정당의 풀뿌리운동 과정을 차근차근 거친 그 정당의 정체성을 가진 사람이 아니라 위에서 발탁한 신인이다. 물론 그런 과정을 통해 전문적으로 필요한 능력을 갖춘 사람을 정치적으로 쓰임새 있게, 적절하게 쓰는 것은 좋은 일이다. 그러나 가장 바람직한 것은 정치적 정체성을 충분히 이해하고 습득해온 열정적인 젊은 세대를 당 안으로, 현실정치로 끌어들이는 것이다.

대한민국을 이끌어가기 위해서는 40대 젊은 지도자가 50대 이상의 노 장년 세대의 경험과 경륜을 존중하면서 40대 이하 정치에 무관심한 젊은 세대를 이끌고 국민통합으로 나아가야 한다고 생각한다.

40대는 일단 젊다. 그리고 기성 정치인들에 비해 자유롭다. 정치를 오래 하면 주변에 사람들이 많아지게 되고 신세를 지게 되면 갚아야 한다. 측근 비리나 부패가 그래서 일어난다. 그런 면에서 나는 자유롭다. 젊고 참신한 후보, 때 묻지 않은 후보이다.

정치세대 교체에 대한 나의 주장에 동의하고 동조하는 사람들도 기존 기성 정치인들에 대한 유권자들의 단단한 지지기반을 어떻게 돌파하고 극복할 것인지를 물어온다. 사실 한국의 정치 현실에서 보면 당연한 질문이다.

유난히 대선만 되면 TK니, 호남의 민심이니, 충청 대망론이니 하면서 지역구도에 기반하고 지역을 분열하는 정치적 해석을 내놓고 그걸 선거 내내 끌고 가기 때문이다. 언론도 그렇고 정치인들도 그렇다. 나라를 통합하고 지역적 이질감을 극복하려는 시도를 제시해야 할 언론과 정치권에서 오히려 그런 지역적 구도를 활용하고 이용한다.

보수와 진보, 그리고 중도 혹은 중원으로 국민을 구분하고 그 구분 속에서 자신의 정치적 자산과 세를 넓혀가려는 것도 지역적 구도분할보다는 낫지만 바람직하지는 않다고 본다. 극단적인 보수와 진보를 제외하면 대다수 유권자는 정책에 따라서 정치적인 지지와 반대의 입장을 갖기 때문이다. 결국, 정치인은 정책으로 자신을 설명하고 평가받아야 한다. 지금처럼 특정 정당과 정치인에 대한 무조건적인 지지나 반대가 아니라.

이렇듯 지역으로, 이념으로 나누어지고 분열되는 상황에서 40대 기수론으로 상징되는 젊은 정치의 수혈은 절대적으로 필요하다. 정치에 대한 이분법적인 호불호나 흑백논리를 극복하고 새로운 감각, 신선하고 정책 위주의 정치지형으로 바꾸기 위해서는 기존의 관행과 정치 문법에 익숙한 정치인이 아니라 새로운 정치인이 절대적으로 필요하다.

40대인 대통령이 있으면 역동적이고 활력이 넘치는 대한민국을 만들 수 있다. 정치에 때 묻지 않은 젊은 인재들, 조직이나 연줄이 없어 정치를 못 하는 인재들이 총선을 통해 많이 등장하면 국회의 판갈이를 할 수 있다. 정치세력의 전면 교체가 필요하고, 또 가능하다.

정치인의 세대교체뿐만 아니라 청년청 설치와 청년복지카드 도입, 군 복무 기간을 16개월로 단축하는 등의 공약을 통해 나는 우리 사회가 좀 더 젊어지고 활기차고 청년들의 목소리가 반영되기를 바랐다. 이제는 부패하고 무능한 여야 정치세력들을 교체하고 젊고 패기 있는 40대 기수가 역동적이고 활기찬 대한민국을 만들어나가야 할 때이다.

03
대통령선거의 정책 공약

2017년 대통령선거에 나서면서 최고의 화두는 민생고 해결과 남북관계 개선이었다. 이를 기반으로 나는 통일과 경제, 정치, 일자리, 사회복지 등의 공약을 준비했다. 대통령이 되어 펼치고 싶은 꿈이자 각 부분의 가치를 극대화해 우리 사회 전체의 역량을 높이고 삶의 질을 높이고자 하는 정책이다.

이런 원칙으로 다음과 같은 주요 정책 공약을 내걸었다.

* 군 복무 기간 16개월로 단축
* 기소권과 수사권 분리
* 지방자치제 개혁 및 지방자치 경찰 도입
* 중산층 확대를 통한 양극화 해결
* 임신·출산 의료비 전액 지원, 근로 단축 수당 지급
* 출산장려 지원-셋째 자녀 출산 시 5천만 원. 다섯째 이상 자녀 출산 시 42평 아파트를 막내가 성인이 될 때까지 무상임대.
* 청년청 설치
* 청년 복지(주거비, 교육비, 취업 활동 지원비, 창업지원비)와 임금 개선, 최저 임금 개선, 실업급여 개선을 통한 기본생활 보장과 지원.
* 천만 원 이상의 치료비가 발생하는 모든 질병 지원.

* 무주택자 주거문제 개선 및 공공주택 공급 확대

* 보건의료 분야 영리법인 설립 금지

경제 부분에서는 민간경제 주체가 활성화되고 일자리를 창출할 수 있도록 정부가 정책을 펴야 한다는 게 정책 기조이다. 대기업, 중소기업, 자영업자들은 각각의 역할이 다르다. 대기업은 글로벌경영을 통해서 국부를 최대한 창출할 수 있도록 하고 중소기업은 내수시장을 활성화할 수 있도록 정부에서 세제 혜택, 금융지원을 펴야 한다. 자영업자에 대해서는 소득을 극대화할 수 있도록 세제, 금융, 행정 지원을 해야 한다. 이 정책들을 통해서 경제가 활성화되면 일자리는 저절로 창출된다. 일시적인 공공 일자리 정책은 물론 소비를 진작시키고 경제를 순환시키는 일시적인 역할은 하겠지만 장기적인 경제정책으로 삼기에는 한계가 있다. 이는 세금을 더 걷어야 하고 결과적으로 경제를 침체시켜 지속 가능한 경제정책이 될 수는 없다.

지속 가능한 정책은 대기업, 중소기업, 자영업이 각각의 역할 분담을 통해서 정부 지원 하에 부가가치를 최대한 창출할 수 있도록 도와야 좋은 일자리가 많이 늘어난다. 임시적이고 일시적인 정책이 아니라 지속 가능하고 선순환적인 경제정책이 필요하다.

또 구체적인 법안으로 '어머니 보호법', '비밀출산법', '청년 정치 참여장려법', '세대 공간 놀이터법', '전자건강보험카드·전자주민등록카드의 보급 확산에 관한 법', '감염보호법', '지역경제 구조 보호법', '공무원윤리법', '자동차 신차 결함 보호법' 등 입법을 제안했다. 국민의 삶에 밀착돼있으나 법의 영역 안에서 보호받지 못하는 사항들을 입법으로 제안했다. 국민의 삶을 보호하고 권리와 안전이 보장되며 청년들이 삶을 활짝 펼칠 수 있도록 하는 게 정치의 목적이다. 내 정책은 그것의 구체적인 반영이었다.

04

기성세대는 청년들에게
미래를 선물해야 한다

　현재 대한민국의 부익부 빈익빈 경제구조와 청년들의 힘겨움을 상징하는 말은 금수저, 흙수저일 것이다. 빈부의 격차가 더 극심해지고 청년들의 절망이 더해지면서 이젠 다이아몬드 수저, 금수저, 흙수저로 나누어졌고 자신은 아예 아무것도 없다는 무수저라는 단어까지 등장했다.
　젊은 세대가 아무것도 성취한 게 없는 건 어쩌면 자연스러운 일이다. 우리 때는 그랬다. 젊은 시절은 준비하는 시기, 배우는 시기, 아직은 아무것도 없지만 조금씩 내 인생을 만들어가는 시기였다. 또 우리 때는 그것이 가능했다. 요즘 "우리 때는…"으로 시작하는 얘기는 전형적인 꼰대의 표현이다. 젊은이들이 질색하는 표현이다. 보편적으로 동의하기 어려운 자신만의 경험을 보편적인 진리나 되는 것처럼 설파하고 은근히 강요하는 그 태도와 어법이 젊은이들에겐 거부감을 준다. 나의 "나 때는…" 는 젊은 세대에게, 후배들에 대한 미안함을 담은 말이다. 우리에게 주어졌던 인생의 기회를 얻기 어려워진 청년들에 대한 안타까움이다. 우리 세대는 가질 수 있었던 일할 기회를 아예 처음부터 갖기 어려워진 청년들에게 기성세대가 갖는 미안함이다. 그 구조를 만들어주지 못한 기성세대의 안타까움이다.

연애, 결혼, 출산 이 세 가지를 포기한 '3포 세대, 5포 세대(3포에 인간관계, 내 집 마련 포기), 7포 세대(5포에 취업과 꿈 포기) 등으로 청년들 삶에서 포기하는 것들은 나날이 늘어난다. 현재를 설명하는 수저 이론 만큼이나 미래를 가늠할 꿈의 포기도 갈수록 많아진다. 이래서는 우리 청년들의 미래에 무엇이 남아 있을까?

그들 손에 우리는 무엇을 쥐여줄 수 있을까?

꿈을 포기하는 청년들이 많아지는 사회가 과연 미래가 있을까?

미래가 없다고 느끼는 청년들이 건강하고 행복한 국가의 구성원으로 살아갈 수 있을까?

정치의 기본은 몇천 년 전이나 지금이나 그 본질이 똑같다.

식위민천(食爲民天).

백성은 밥을 하늘로 삼는다. 백성의 하늘은 밥이다.

사람살이와 나라의 근간이 무엇인지를 알려주는 그 단순하고 무거운 진리는 지금도 여전히 통용 가능한 진리다. 청년들이 일할 직장이 주어지고 그래서 연애도, 결혼도, 내 집 마련도 포기하지 않도록 하는 것이 식위민천의 근본이다. 내가 열심히 살아가면 삶이 더 확장되고 좀 더 좋은 미래가 주어질 것이라는 확신이 없다면 청년들의 현재는 얼마나 무거운가!

통치자는 민생고를 살펴야 하고 민생은 일자리와 일자리를 통한 밥벌이의 안정성을 말한다. 사회학적 용어로 여러 설명을 할 수 있겠으나 본질은 먹고 사는 기본적인 삶의 보장이다. 문재인 정부는 청년 일자리 문제와 이로 인한 청년 문제의 심각성을 인지하고 당선되자 '일자리위원회'를 직속으로 만들어 청년 일자리 문제에 전력을 기울였다.

청년들의 일자리 창출은 청년세대 개인의 문제이기도 하지만 나라의 미래와 직결된 문제이다. 그래서 공무원 숫자를 늘리는 등으로 청년들을 흡수하는 정책도 필요하지만, 근본적으로 다양한 일자리 창출이 지속되는

청년들을 위한 정책마련으로 우리의 미래를 함께 도모해야 한다.

시스템을 만드는 게 중요하다. 대기업, 중소기업, 제조업 등에 다양하게 진출할 수 있어야 하며 정규직과 비정규직의 격차가 삶의 질을 위협하지 않아야 한다. 그리고 차별과 불평등의 문제가 청년세대의 미래를 발목 잡아서는 안 된다.

나아가 청년세대가 도전정신으로 미래를 개척하다 실패했을 때 좌절하지 않고 다시 일어설 수 있는 최소한의 제도적 장치와 사회적 안전망을 확보하는 것이 필요하다. 한 번의 실패가 영구적인 인생의 패배를 가져온다면 용기와 패기를 가지고 새로운 세계에 도전할 젊은 세대가 얼마나 있겠는가?

청년청을 설치하고 청년복지카드를 도입해 주거비, 교육비, 취업활동비를 지원하고 창업을 지원하고자 하는 나의 공약은 청년세대를 단순히 지원하는 차원보다는 우리의 미래를 함께 도모한다는 뜻에 가깝다. 최저 임금을 포함한 임금구조를 개선하고 실업급여를 개선하는 정책도 청년세대의 근로 의욕을 높이고 사회의 안전망 안에서 적극적인 경제활동을 하도록 하기 위함이다. 청년세대에 대한 투자는 우리의 미래에 대해 투자하는 것이기 때문이다. 청년에게 희망을 주고 꿈을 실현할 수 있도록 도와주는 대한민국을 만들겠다는 정책 공약이다.

청년청을 통해서 청년의 취업, 복지, 창업, 각종 청년 문제를 해결하려고 한다. 기존의 노동부, 기획재정부, 복지부, 행자부 등 여러 부처가 복지정책을 펴고 있지만 상대적으로 청년 복지는 후퇴하고 있다. 이제 청년 복지, 창업을 전담하는 청년청을 통해서 청년의 취업과 창업, 복지, 다양한 청년 문제가 해결되어야 한다.

군대 전역 시에 전역 수당을 지급하고자 한다. 국가를 위해 헌신한 젊은 군인들의 복지 차원이다. 또 청년금융공사를 설립해 청년취업과 창업을 장기저리로 지원하고자 한다. 군 복무 기간도 단축하는 게 맞다고 생각한다. 첨단 방위체제로 개편하면 현재의 병력을 줄이는 게 문제가 없기 때문에 병사들 복무 기간을 단축하는 데 전혀 무리가 없다. 정치인 중에는 청년층의 표를 의식하거나 필요 병력의 적절함을 들어 모병제를 주장하기도 하지만 난 한국의 상황에서 개병제는 당분간 유지되어야 한다고 생각한다. 청년들의 삶의 기회 균등이라는 의미에서도 그렇고 통일이 되기 전까지는 개병제가 필요하다고 생각하며 대신 복무 기간은 단축할 필요가 있다.

결국, 청년들이 일할 기회를 풍부하게 만들어내는 경제정책, 그리고 청년세대의 삶의 질을 높이는 직접적인 청년 정책의 두 축이 지속해서 이뤄지면 현재의 청년 문제는 해소가 가능하다. 그건 우리 미래사회의 핵심인 청년들의 삶을 열어주는 것이자 동시에 우리 사회의 미래에 대한 투자라는 인식으로 진행되어야 한다.

05
통일은 새로운 성장 동력

　19대 대선에서 각 후보는 현재 한국의 문제를 해결하기 위한 해법, 혹은 자신이 정치를 통해서 구축하고 싶은 가치를 캐치프레이즈로 들고 나왔다. 불공정을 개혁하기 위한 공정, 빈부격차 줄이기, 불안한 청년 문제 등을 내걸고 정치적 지지를 호소했다.

　여러분은 기성 정치권을 얼마나 믿는가?

　기성 정치인들이 주장하고 추진해온 정책들은 물론 그 나름의 현실적인 대안이겠으나 어쩌면 임시방편의 정책적 슬로건에 불과한 점도 있다. 경제, 안보, 복지, 노동, 교육, 주택, 인구문제 등등. 그 정책들은 물론 현실의 필요나 국민적 결핍, 문제의 해결을 위해 제시되었으나 근본적인 해결책이 아닌 임시방편의 정책들인 경우가 많다. 또한 근시안적인 정책들이다.

　나의 키워드는 통일, 민족통일이었다. 통일은 대통령선거에 나서면서 내건 또 하나의 가장 중요한 슬로건이자 공약의 핵이었다. 통일은 한국의 미래사회가 갖춰야 할 청사진을 그리며 경제개혁과 더불어 정치개혁이라는 변화 요구에 모두가 공감할 수 있는 최선의 답이다. 세계적으로 안정된 모범적인 경제모델을 구축하기 위해서 우리가 처한 경제정의와 인구감소 문제도 통일에 의해 우선적으로 어느 정도 해소될 수 있다. 개성공단 사례에서 보듯 만약 정치적인 불안정성이 해소된다면 남측은 경제교류와 협력을 통해 경제적으로 상호 이익이 되며 상생할 수 있는 여러 정책을 시행할 수 있을 것이다.

통일은 우선 대한민국의 저출산과 고령화 문제를 해결할 수 있으며 기업들이 투자하고 도전해볼 가능성을 충분히 제공할 수 있다. 4차산업 중심의 투자는 최신의 기술들과 결합하여 효율성을 극대화할 수 있는 경제모델로서 체계적인 직업교육 시스템을 통해서 북한 지역에도 충분히 잘 이루어질 수 있기 때문이다.

그 모든 정책의 귀결은 통일이어야 한다. 통일이 만병통치약이라고 주장하는 것은 아니다. 그러나 통일은 이 모든 문제를 새롭게, 보다 근원적인 해법을 찾을 수 있도록 해주는 기제이다. 나는 민족의 통일만이 답이라고 생각한다.

분단상황이 오래 계속되면서 마치 지금의 상황이 정상인 것처럼 생각되고 여러 이유로 통일에 대해 회의적인 시각이 존재하는 것이 사실이다. 북한과의 갈등, 상호비방 등 정서적인 이유도 없지 않다. 북한 김정은 정권과 공존이 가능하다고 생각하는지, 공격적인 질문을 하기도 한다. 또 북한의 핵 문제에 대해서도 위기감을 갖는 게 우리의 현실이다. 이런 남북상황에서 통일을 이야기하는 것이 현실의 엄중함을 모르거나 북한의 의도에 말려들거나 비현실적인 이상이라고 비판받기도 한다. 그러나 사실 많은 문제가 통일이 안 됐기 때문에 생긴 것이다. 안보문제도 기본적으로 통일이 안 돼서 생긴 것이다.

제19대 대통령선거에 나선 나 이경희 대표와 한국국민당의 핵심공약은 다음과 같았다.

통합적인 정의는 통일이라는 커다란 주제 하에 구체적으로 정치, 경제, 사회, 교육, 노동, 사회복지 등의 부분에서 추구하는 각각의 목표와 가치를 종합적으로 제시했다. 그리고 그 가치와 목표를 이행하기 위한 구체적인

미래세대를 위해 통일이라는 성장 동력을 기반으로 대한민국을 발전하는 나라로 만들 것이다.

방법과 재원조달에 대해서도 방안을 제시했다. 이를 통해서 인간의 존엄성이 지켜지고 삶의 질을 높이고 사회통합의 힘으로 새로운 통일 한국의 시대를 열고자 했다. 또 남북한 간의 난제인 북핵 문제 해결을 위해 국제 평화도시 건설을 제시했다. 남한과 북한에 각각 3곳씩, 그리고 개성에서 파주에 이르는 구역은 UN 국제평화기구를 설치하고 국제평화회담 도시를 구축하자는 방안이었다. 이를 통해서 자력의 안보체계를 구축하고 북핵 문제를 해결하며 아시아 영세중립국의 지위를 얻는다면 한반도 평화에 기여할 것이라고 보았다.

우리 한민족의 핏속에는 수많은 전쟁과 고통 속에서 살아남는 풀뿌리 근성이 있고, 식민지와 가난 속에서 성공을 이룬 기적의 근성이 있고, 독재와 분열에 대항하여 싸우는 용기의 근성이 있다. 어느 민족도 가지지 못한 이 무한한 에너지를 진정한 통일을 통해 하나로 만들어 낼 수만 있다면, 단군 이래 가장 강력한 세계의 절대강자로 우뚝 서게 될 것이다.

우리 민족이 통일되면, 일본도 중국도 미국도 우습게 넘보지 못하는 강하고 자랑스러운 대한민국이 될 것이다. 우리가 통일해서 힘이 강해지면 일본과의 과거사 문제도 훨씬 협상이 쉬워진다. 통일이 되면 해결할 수 있는 문제가 너무나 많다. 그런데도 기성 정치인들은 통일에 대해서 심각하게 생각하지 않는다. 통일이 너무나 분명한 답인데도 애써 그 답을 무시한 채 좁은 테두리 안에서 좁은 답을 내놓고 있다.

삶의 질을 높이는 통일이 되면 자력 안보가 지속 가능한 세계 일류국가가 된다. 나아가 남북의 작은 통일을 넘어서서 전 세계에 펼쳐져 있는 한민족의 대통합을 이루는 것이 진정한 통일이다.

나는 온 국민과 합심하여 통일을 이루고 국민 삶의 질을 높이고 모든 국민이 편안하고 안심하고 살아가는 세상을 만들고자 한다. 미래세대를 위해 통일이라는 지속 가능한 성장 동력을 기반으로 대한민국을 발전하는 나라로 만들 것이다. 이제 대한민국의 개인 정의·연대 정의·사회 정의·국가 정의를 구현하고 지속 가능한 혁신 사회를 이루기 위해 가짜 정치는 사라지고 물러가야 할 것이다.

또한, 새로운 성장 동력을 찾지 못하면 우리는 무한한 자원과 인구를 가진 개도국에 추월당할지도 모른다. 지금의 정치권은 경제가 답이다, 복지가 답이다, 안보가 우선이다, 노동이 해법이다 등의 근시안적인 시각에 머물러 있지만 나는 이 모든 것을 위한 성장 동력을 '민족의 통일'에서 해답을 찾고자 한다.

06
권력 구조의 분산이 필요하다

　우리나라는 유독 퇴임한 대통령이 평범한 시민으로서의 삶을 살아가는 경우가 드물다. 재임 중 저지른 비리나 탈법 등의 문제로 수사를 받고 구속되는 경우도 드물지 않다. 우리의 정치문화 탓도 있겠으나 근본적으로는 대통령제라는 권력 구조의 특성에서 비롯된 면이 크다고 생각한다. 더 정확하게는 권력이 대통령에게 집중된 정치구조로 인해 파행적인 결과를 맞을 가능성을 제도 안에 이미 내재하고 있다는 점이다.

　그리고 제왕적인 대통령제와 그걸 견제하기에 역부족인 의회제도의 구조도 그런 파행을 반복하게 하는 근본 원인이다. 제헌 헌법의 의회 양원제는 이승만 정권 때 바로 폐기되었고 4·19 혁명 후 제2공화국 때 다시 되돌린 의회 양원제는 10개월 만에 박정희 정권에 의해서 폐기 처분되어 오늘날까지 의회 단원제를 고집해왔다. 그 폐단으로 말미암아 제왕적 대통령제라는 전제주의적이고 권력이 지나치게 집중된 정치제도와 구조의 모순 속에서 비민주적 정치 행태가 행해지기도 했다. 대통령 본인이 민주 의식이 철저하고 민주주의를 행하고자 하는 의식이 투철해도 과하게 집중된 권력과 그걸 제어하지 못하는 의회구조로 인해 결과는 늘 비슷하게 불행한 결과를 보여주었다. 대통령 본인이나 그 가족이 구속되는 비슷한 패턴을 보여왔다.

공산국가나 입헌군주제를 제외하고 민주주의 시스템이 비교적 잘 정비되고 운용되는 국가에서 대통령 일인에게 권력과 권한이 과하게 집중된 나라는 그리 많지 않다. 독재국가는 물론 제외하고 말이다. 미국의 대통령도 막강한 권한을 행사하지만, 미국은 근본적으로 연방제 국가이며 주의 권한이 대단히 독립적이고 막강하다. 또한, 상하 양원의 의회 구성이 갖는 견제의 원리가 잘 작동되는 나라이다. 그에 비해 우리나라는 지나치게 중앙집권적이며 단원제인 의회도 다수당 중심으로 운영되어 상황에 따라서 대통령의 권력이 실제 이상 극대화될 우려가 충분히 있다.

연간 1조가 넘는 대통령 교부금을 집행할 수 있는 전권과 사법부의 수장인 대법원장과 헌법재판소 소장의 임명권과 장,차관을 비롯한 각 공사의 장, 임명권까지 행정과 사법의 수장들을 좌우하는 인사권을 가진 막강한 힘을 가진 자리다. 여기에 더하여 과반수가 넘는 여당을 가진 행정부의 수반이면서 여당의 수장이라면 전횡이 가능하여 삼권을 아우르는 무소불위의 권력자가 되는 것이다.

물론 최근에는 국회 선진화법이 있어서 의회운영의 부적절이 많이 개선되었다고는 하지만 이처럼 견제받지 않는 권력은 그 자체로 위태해질 요소가 다분하다. 그러니 매 정권 때마다 우리 대통령들의 임기 후 말년은 좋지 않은 결과를 초래했다. 그러다 박근혜 대통령은 임기 중에 탄핵당하고 구속까지 되었는데 그것은 우리나라 정치제도와 구조의 모순과 폐습을 악용한 권력자의 전횡이 너무나도 심각했음을 보여주는 예이다. 정치제도와 구조의 모순 속에서 도저히 이를 제어할 방법이 없으니 결국 국민이 촛불로 맞서서 실현한 것이다. 결국, 촛불의 힘이 입법부인 국회를 움직였고 사법부인 헌법재판소와 대법원을 움직여서 민중이 정부를 상대로 가장 비폭력적인 평화시위로 승리한 대표적인 사례로 남아서 우리에게는 아마도 좋은 유산이 될 것으로 본다. 그러나 권력이 과잉대표되는 그 제도적 결함을

반복되는 최고 권력자의 좋지 않은 결과를 극복하기 위해서도 권력의 과도한 집중은 막아야 한다.

바로잡지 않으면 구조를 이용한 권력자의 전횡은 언제든 반복될 수 있다.

반복되는 최고 권력자의 좋지 않은 결과를 극복하기 위해서도 권력의 과도한 집중은 막아야 한다. 또 선출직 공무원들의 인기성 공약 추적 시스템을 만들어서 아니면 말고 식의 과도한 공약으로 피해를 보는 유권자의 권리를 되찾는 방법을 강구해야 된다고 본다. 최고 권력자와 국회의원들의 과도한 선심성 공약과 잘못된 정책은 고스란히 국민이 짊어지게 되고 그 피해와 손실에 누구 하나 책임지고 문제를 바로 잡으려고 하지 않는다. 그 구조에서 비롯되는 문제를 바로잡기 위해 주민 소환제를 확대하여 선출직 공무원들에게 주권자인 국민의 뜻을 반영해야 한다. 대통령을 비롯한 국회의원들에게도 적용되어야 한다. 그것이 극단적인 편 가르기와 정치적 분열을 극복하고 시스템 안에서 주민 주권을 실현할 수 있도록 하는 현실적인 방법이다.

대통령에 대한 권력의 지나친 집중, 그리고 정치제도의 불안과 모순을 극복할 방안은 많은 나라에서 보편적인 의회구조로 채택하고 있는 의회 양원제에서 해답을 찾아볼 수 있다. 대한민국은 의회 양원제를 충분히 경험할 기회가 없었다. 양원제 제도가 갖는 결함 때문이 아니라 정치 지도자 개인의 의도가 작용한 결과였다. 삼권 분립과 권력의 견제와 균형이라는 민주제정신을 부정하고 일인에게 권력이 집중되는 정치 역사를 걸어온 우리의 부끄러운 모습이다. 민주주의의 제도적 절차와 구조가 완성된 이후에도 의회 형태는 단원제를 유지하고 있다. 이는 정권을 어느 당이 잡느냐, 누가 대통령을 배출하고 의회의 다수당이 되는가에 따라서 그 대상이 바뀔 뿐 권력의 집중으로 인한 폐해라는 근본적인 문제를 비껴가지 못했다.

  민주정치의 기본과 핵심은 의회구조이고 그 의회구조를 양원제로 하여 그 밑바탕 위에서 행정부를 구성하는 것이야말로 집중된 대통령의 권력을 견제할 수 있는 정치제도로 탈바꿈시키는 방법이겠기에 입법, 행정, 사법 삼권의 균형과 견제의 원칙을 바로 세울 수 있을 것으로 보인다.

07

실리적인 외교와
중국의 역사 왜곡에 대하여

전통적으로 한미관계는 우방이며 한국의 대외정책의 중심은 여전히 미국이다. 그러나 전략적으로 핵 안보나 사드 배치 그리고 FTA까지 많은 현안이 다 국익에 부합되는 것은 아니다. 그리고 우리가 대북정책을 취할 때 사안에 따라 미국과의 갈등이 있을 수 있다는 점도 엄연한 현실이다. 우리는 북한과 대치상황에서 확고한 안보를 위해 미국과 협력하는 동시에 미국의 강경한 대북정책에 대한 문제가 공존하는 상황이다. 마찬가지로 한일관계는 우방이면서도 역사적으로 풀어야 할 숙제가 있으며 중국도 마찬가지다.

실리적인 외교와 자주국방이라는 큰 틀에서 이 문제를 다루어야 한다. 현안마다 우리의 입장을 상대방에게 정확히 전달하고 그것을 기반으로 주변국들과 서로 함께 협력하면서 자주국방의 기틀을 만들어가야 한다. 우리가 주변의 열강들과 동등한 국력을 가진 강한 나라로 발돋움하는데 적절한 견제와 타협이라는 두 가지 전략으로 이 문제를 풀어가야 한다.

한편 중국의 힘이 강해질수록, 국제무대에서의 발언권이 커질수록 한국에 대한 중국의 욕심은 노골화되는 경향을 보인다. 특히 한국의 역사와 문화를 향한 억지스러운 주장을 가차 없이 내보인다.

동북공정, 한복, 김치, 고대사 등 중국은 전방위적으로 한국의 역사를 중국의 일부로 폄하하고 한국의 문화를 자신들의 것이라고 우긴다. 힘을 가진 자가 우기니 국제적 역학관계에서 일방적인 주장이 사실로 굳어질까 두렵다. 우리 국민으로서는 애초에 말이 안 되는 주장이니 중국이 한 번씩 해보는 억지소리라 여기고 무시하거나 아니면 중국과의 경제 관계 등을 고려해 최소한의 할 말도 안 하고 그냥 지나가는 식이다. 또 국민이 느끼는 분노를 정치인들은 느끼지 못하는 건지 국민의 분노를 정치적으로 담아내는 데에도, 목소리를 중국 측에 전달하는 데도 미흡하다. 정치인이라면 국민이 느끼는 분노를 정치적으로 담아내거나 필요하다면 외교적인 조치를 취해야 마땅한데도 말이다.

대선이 진행되던 2017년 4월 초에도 중국의 역사 왜곡과 억지 주장이 불거졌다. 미국 마러라고에서 열린 미·중 정상회담에서 시진핑 중국 국가주석은 트럼프 미국 대통령에게 한국 역사가 중국 역사의 일부라고 발언했다고 알려졌다. 세계 최강대국인 두 나라 정상회담에서 한국의 역사를 중국에 편입시키는 억지 주장을 역사적 사실인 것처럼 발언하면서 마치 공식화하는 듯한 폭력을 보였다. 그건 힘을 가진 중국의 현실을 이용해서 한중 역사를 왜곡시키고자 하는 정치적인 행위다. 그것이 계획된 발언이든, 평소의 생각을 반영한 것이든 그건 명확한 폭력이다. 강대국의 현실을 이용해서 과거의 역사까지도 적극적으로 왜곡하는 폭력이다.

이러한 중국의 왜곡된 역사 인식과 억지 주장에 대해 우리 정치권은 제대로 된 대응이나 해결책을 제시하지 못하고 넘어왔다. 중국의 억지와 왜곡이 근본 문제지만 거기에 적절하고 단호한 대응을 하지 않는 건 우리의 문제다. 이는 중국의 동북공정, 다시 말해 고구려와 발해의 역사를 중국 역사에 편입시키려는 지난 20년 이상 작업의 일환이라고 본다. 어차피 트럼프는 잘 모르는 일이니 그냥 넘어갔다고 본다. 하지만 이건 생각보다 심각한 문제다. 북한 체제가 무너질 경우 중국은 조·중 상호방위조약에 따라 자동개입하게 된다. 북한 지역을 중국이 점령할 수도 있다는 얘기다. 이런 위험성을 시진핑의 발언을 통해 다시 알게 된 것이다. 그래서 우리는 미국과의 한·미동맹을 더욱 굳건히 해야 한다. 동시에 미국만을 믿고 있을 것이 아니라 유사시 중국군이 개입할 경우에도 우리 스스로 격퇴할 수 있을 만한 자주국방력을 갖춰야 한다.

한국국민당은 4월 21일 여의도 당사에서 기자회견을 갖고 중국 시진핑 주석의 발언을 규탄하는 성명을 발표했다.

지난 미·중 정상회담에서 중국 시진핑 주석이 미국의 트럼프 대통령에게 "한국은 사실상 중국의 일부였다(Korea actually used to be a part of China)"라고 말한 역사 왜곡 망언에 대해 한국국민당 이경희 후보와 범민족통일대통령추대위원회(범통위)는 입장을 같이하며 이에 대해 강력히 규탄한다.

지금 현재 중국의 땅인 동북 3성은 사실 대한민국의 땅이다. 우리 선조들이 세우신 자랑스러운 나라인 고조선을 비롯하여 부여와 고구려가 터를 잡았던 우리 한민족의 영토로 오히려 중국이 우리 영토의 일부를 점거하고 있다. 중국은 동북공정이란 말도 안 되는 소리로 고구려와 발해 등을 자신들의 역사에 편입시키고 일제 항일 운동가들을 중국 조선족이란 이름으로 중국인에 편입시키는 몰상식한 행위를 일삼아 온 것도 모자라 최근에는 사드 배치 문제로 한국의 내정에 간섭하며 한국제품 불매운동을 조장하는 등 비상식적인 행위를 일삼아 왔다. 게다가 이번엔 한국이 중국의 일부라는 말도 안 되는 파렴치한 망언을 했다. 중국은 호시탐탐 북한을 자국에 편입시킬 기회를 엿보며 북한에 영향력을 행사하는 것은 아닌지 또한 더 나아가 남한까지 침범할 엉뚱한 상상을 하는 것은 아닌지 묻고 싶다.

정부는 '일고의 가치도 없는 망발'이라고만 말할 게 아니라 중국대사를 초치하여 중국 정부에 강력히 항의해 재발 방지 약속을 받아내고 다시는 이런 일이 발생하지 않도록 해야 한다. 선조들이 물려주신 거룩한 땅을 중국에 빼앗기고 남과 북으로 갈라져 사는 현실이 통탄스럽고 선조들에게 부끄럽다. 우리는 반드시 민족통일을 이룩하여 중국을 비롯한 다른 나라들이 이러한 망언을 다시는 하지 못하도록 해야 한다. 중국 시진핑 주석은 자신이 한 망언을 즉시 취소하고 대한민국과 대한민국 국민에게 즉각 사죄하라.

2017. 4. 21.
한국국민당 대통령 후보 이경희. 범민족통일대통령추대위원회

   한국이 중국의 일부였다는 시진핑의 망언은 우리 정부와 역사학자에게도 큰 책임이 있다고 본다. 우리 역사학자들이 그동안 역사를 제대로 정립해 놓았다면 이런 황당한 일이 일어날 수 있었겠나? 이런 사단이 생겼다는 것 자체가 우리 정부나 역사학자들에게 큰 책임이 있다. 역사 정립이 잘못되었기 때문에 화를 자초한 측면이 있다. 또 한 나라의 대통령이라면 먼저 민족사에 깊은 관심을 가져야 한다는 점에서 정치권의 잘못도 크다.
   역사를 외면하면 미래가 없다는 간명한 사실을 우리는 식민지와 분단의 시기를 겪으며 처절하게 경험했다. 결국, 과거의 역사를 지적하고 바로잡는 일은 우리의 미래를 정확하게 자리매김하는 일이다. 그것은 동북아 역사를 왜곡하는 중국에 대해서도, 식민지 역사를 왜곡하는 일본에 대해서도, 그리고 우리 역사를 바로 세우려는 노력을 게을리하는 우리 자신에게도 해당하는 말이다.

08

19대 대선에 나서면서
국민께 드리는 글

존경하는 국민께 드리는 글

국민 모두가 세계 최고의 자유와 인권, 복지가 보장되는 통일 대한민국 공동체에서 새롭게 출발하기를 간절히 원해
.... 현재 대한민국은 주변 강대국들과 경쟁해서 더 발전하고 통일 대한민국으로 나아가느냐 아니면 더 쇠퇴하고 국가의 존립이 위협받느냐의 일대 기로에 서 있습니다. 남북 분단으로 전쟁의 위기가 도사리고 있으며 이념, 지역, 계층, 세대 등의 남남갈등으로 대한민국 내부의 대립으로 치닫고 있습니다.
정치 지도자들이 남남갈등을 극복해서 국민통합을 이루고 통일 대한민국으로 발전시켜 나아가야 함에도 불구하고 정치적 안위와 당리당략에 빠져서 국민통합은커녕 반복적인 싸움만을 일삼고 있고 국민갈등을 조장하고 있습니다. 현재 대한민국의 정치 상황은 진보 대 보수, 좌와 우의 갈등으로 사회갈등이 극단으로 치닫고 있으며 이 갈등을 치유하고 국민 대통합을 가져와야 하는 정치 지도자와 정치세력은 전무한 상황입니다.
... 광복 후 지난 70년 이상 우리 대한민국은 남북 분단과 전쟁을 겪으면서도 포기하지 않고 꿋꿋이 노력해서 우리의 시간을 세계의 시간에

맞추었습니다. 대한민국은 인류 역사상 최단 시간에 산업화, 민주화와 선진화를 이룬 경험이 있습니다. 우리 국민 모두는 자긍심을 가지고 서로 격려해주고 칭찬해줘야 합니다. 모든 국민이 격려와 칭찬을 통해서 상처를 치유하고 삶의 질을 누려야 함에도 불구하고 아직도 남남갈등과 국제적 위기상황으로 우리가 누려야 할 삶의 질을 제대로 못 누리고 있습니다. 객관적으로 대한민국의 상황을 조망해보면 지금의 글로벌 상황은 대한민국과 한민족이 세계에 웅비할 최적의 상황입니다. 자원도 없고 국토도 작은 대한민국은 세계 10위권 경제 대국이며 통일 대한민국은 세계 3위권 경제 대국으로 성장할 수 있는 기반을 갖추고 있습니다. 통일 대한민국은 UN을 통해서 기존 강대국들이 자국의 이익만 추구하면서 해결하지 못했던 전 세계 시민의 보편적 자유와 인권, 복지의 확산도 이뤄낼 것입니다. 우리는 명분과 실천력을 가지고 있습니다.

대한민국 공동체는 인구 감소문제, 청년 문제, 통일문제를 해결해야지만 지속 가능한 안정적인 국가를 만들 수 있어

우리 모두가 국민 대통합을 이루어 대한민국의 부국강병, 통일 대한민국을 성취하여 국가가 국민 모두에게 최대의 자유와 인권, 복지를 보장하고 혜택을 누리게 하고 통일 대한민국이 전 세계 시민의 인류 보편적 자유, 인권, 복지를 향상시켜 홍익인간 이념을 전 세계에 확산시켜 나가야 합니다. 이것을 위해서 대한민국 공동체가 반드시 해결해야 할 7대 국정 수행 과제가 있습니다. 교육개혁, 정치개혁, 경제정의, 인구문제, 청년 문제, 복지문제, 통일문제가 그것입니다.

인구문제 해결을 위해 국민 인식의 대전환이 필요

첫째, 인구문제 해결은 지속 가능한 국가의 토대입니다. 현재 대한민국

다른 이념, 세대, 계층, 지역을 서로 인정해주면서 국민 대통합 시대를 만들어 갑시다.

출산율은 세계 최저 수준입니다. 젊은 세대의 결혼 시기는 계속해서 늦어지고 있으며 젊은 세대는 경제적 부담 등 다양한 이유로 아이를 낳아서 키우는 것을 부담스러워합니다. 전국의 초, 중, 고등학교에서 해를 거듭할수록 신입생도 없는 학교가 매년 증가하고 있습니다. 역대 정부에서 지난 20년간 매년 10조 원 정도의 예산을 영, 유아 보육 및 출산장려를 위하여 사용했지만, 출산율은 계속해서 감소하고 있는 실정입니다. 인구정책 실패는 지난 20년간 역대 정부의 무능력을 여실히 보여주고 있으며 역대 정부는 지속 가능한 대한민국을 만드는데 집중된 노력을 기울이지 않았습니다. 이제 국민이 지속 가능한 대한민국을 만들기 위해서 이러한 문제를 해결해야 하는 상황에 이르렀습니다.

출산율을 끌어올리기 위해 국민 인식의 대전환이 필요합니다. 대한민국의 아이들을 우리 모두의 아이들로 생각하는 인식의 대전환이 필요합니다. 한 예로, 초, 중, 고등학교에서 무상급식을 시행할 때 부모의 경제적 능력에 따라 차등 혜택을 주는 것이 아니라 모든 아이들은 대한민국의 아이들이니 당연히 국가에서 무상급식을 제공해야 합니다. 영, 유아 및 초, 중, 고등학생에 대해서는 선별적 복지가 아니라 보편적 복지를 시행하는 게 옳다고 확신합니다. 대한민국의 국민으로 태어나면 부모의 경제력과 무관하게 성년이 될 때까지는 국가에서 보편적 복지를 제공하는 것이 당연하다는 인식을 우리 모두가 가질 때입니다. 영, 유아에 대한 보육과 교육을 국가에서 책임지면 젊은 세대는 아이를 낳고 키우는 것에 대한 부담과 두려움을 떨쳐낼 수 있을 것입니다.

또한, 다자녀 출산장려 정책을 시행할 경우 출산율이 증가할 뿐만 아니라 젊은 세대가 경제적 자립을 하는 데도 큰 도움을 줄 것입니다. 출산장려금과 주택 무상임대 정책 등 다자녀 출산장려 정책은 출산율을 증가시키고 지속 가능한 대한민국을 만드는 데 중요한 역할을 할 것이고 역대 정부가 매년 지출했던 예산 규모로도 충분히 감당할 수 있습니다. 대한민국의 모든 아이를 내 아이로 보는 인식의 대전환과 교육에 대한 보편적 복지가 확장되는 대한민국, 다자녀 출산장려정책으로 인구가 늘어나는 대한민국, 그래서 희망이 넘쳐나는 대한민국, 지속 가능한 대한민국, 통일 대한민국을 반드시 만들 수 있습니다. 끝을 시작으로 전환하는 정책의 성과를 우리는 만들 수 있습니다.

대한민국은 청년들에게 창업지원, 취업 지원, 금융지원, 생활 지원을 전격적이고 직접적으로 실행하고 실천해야 하며 실패를 두려워하지 않고 끊임없이 도전할 수 있도록 청년사회 안전망을 확충해야 해

둘째, 청년 문제 해결은 대한민국의 지속 가능한 미래를 위한 토대입니다.

현재 우리나라 청년 문제는 심각합니다. 청년들의 실업률은 늘어가고 있으며 미래에 대한 불확실성이 확대되고 금수저, 흙수저 등 사회적 불평등에 대한 불평과 불만이 커지고 있습니다. 청년들은 불공정한 사회시스템에 좌절하고 있으며 국가와 기성세대에 대해서 불평과 불만을 토로하고 있습니다. 공정 경쟁시험으로 선발하는 공무원과 공기업 시험에 수많은 대한민국 청년들이 몰리고 있습니다.

대한민국 청년들에게 미래에 대한 불확실성이 커지고 있습니다. 자신감을 갖고 미래를 개척해 나아가야 할 청년들이 미래를 두려워하고 있습니다. 우리 청년들은 미래 대한민국을 이끌어갈 차세대 대한민국의 동력입니다. 우리 기성세대는 청년들이 자존감을 가지고 다양한 적재적소의 분야에서 미래 대한민국을 이끌어 갈 실력을 키울 수 있도록 이끌어주고 보호해주고 훈련해줘야 합니다.

강대국들은 자국 청년들에게 무한 투자를 하고 있는데 우리는 차세대 주역인 청년들에게 좌절감만 안겨주고 있어서 너무나 안타깝습니다. 정치권과 정부, 기성세대는 청년들에게 자존감을 높여주고 실력을 키워주는 실질적인 정책을 입안하고 강력히 추진해야 하며 우리 청년들에게 무한 투자를 해서 글로벌 시장에 진출하고 성공할 수 있도록 지원해야 합니다. "내 아이만 취직시키면 된다"가 아니라 "우리 대한민국의 전체 청년들을 적재적소에 취직시키고 지원해줘야 한다"로 인식의 대전환이 필요한 때입니다. 청년들에게 창업지원, 취업 지원, 생활 지원 등을 전격적이고 직접적으로 실행하고 실천해야 하며 실패를 두려워하지 않고 끊임없이 도전할 수 있도록 청년사회 안전망을 확충해야 합니다.

우리 청년들의 자존감이 우리 대한민국의 자존감이며, 우리 청년들의 성공이 우리 대한민국의 성공이라는 진리를 깨닫고 청년 지원을 극대화해야 합니다.

통일을 완성하기 위해서는 대화 중시 정책과 힘의 우위 정책을 동시에 추진해야 해

셋째, 통일문제 해결은 대한민국이 세계사의 주역이 되는 토대입니다. 통일은 대한민국 헌법 전문, 헌법 제4조, 헌법 제 66조 제3항, 헌법 제69조에 명시되어 있는 헌법적 명령이고 국민적 의무입니다. 또한, 통일은 미래 대한민국이 생존하기 위한 국가전략이면서 미래 한민족이 번영하기 위한 민족전략입니다. 역대 정치권이 국가전략과 민족전략의 흐름을 읽으면서 통일정책을 추진했다면 통일이 성취되었거나 많이 진척되었을 거라 저는 확신합니다.

대한민국은 북핵 및 장거리 미사일의 위협 속에서 전쟁의 위험에 노출되어 있으며 주변국들의 자국 이익 우선 정책에 의해서 대한민국의 외교적, 경제적 이권이 계속 침해받고 있는 상황입니다. 또한, 우리 국민은 당연히 더 누릴 수 있는 자유와 인권, 복지를 현저하게 침해받고 있습니다. 대한민국의 국가전략은 통일을 해서 현재의 4강(미, 중, 일, 러)과 남북체제를 5강 체제로 만드는 것이어야 합니다. 통일을 해서 5강 체제를 구축하면 주변 4강에 침해받아온 외교적, 경제적 이권을 지킬 수 있으며 남북한의 대립과 대결에서 파생되는 민족적 기회비용과 전쟁의 위험을 종식할 수 있습니다. 대한민국 국민이 세계 최고의 자유와 인권, 복지를 누릴 수 있습니다. 더 나아가 한민족 구성원 모두가 최고의 자유와 인권, 복지를 누릴 수 있는 통일 대한민국 국가공동체를 건설할 수 있습니다.

국가전략이고 민족전략인 통일을 어떻게 성취해야 할까요?

통일을 성취하기 위해서는 남북한이 끊임없이 대화를 해야 합니다. 관계가 안 좋을 때도 대화는 항상 지속해야 합니다. 통일을 현실적으로 이루기 위해서 남북정상회담은 일주일에 한 번씩 정례화하고 남북 당국자 회담과 실무자 회담은 매일 만나서 대화할 정도가 되어야 합니다. 이렇게 정례적으로 대화를 지속할 때 통일을 성취하기 위한 기초가 마련되는 것입니다.

또한, 대한민국은 경제력과 국방력을 계속 키워서 북한과의 격차를 현재의 65배가 아닌 100배, 200배로 늘려야 합니다. 대한민국의 국력이 커질수록 북한이 대화의 장으로 적극 나오도록 할 수 있으며 북한은 통일을 하는 것이 안전하다고 생각하게 만들 수 있습니다. 통일의 형식은 통일조약이나

통일 대한민국은 세계 시민의 보편적 자유와 인권 및 복지 확장에 기여할 수 있다.

통일합의서를 통해서 합의적 통일을 이루어야 하지만 내용은 흡수통일을 성취할 수 있어야 합니다.

남북대화의 정례화, 대한민국 국방력과 경제력의 강화인 투 트랙 정책을 통해서 우리는 머지않아 통일을 성취할 수 있습니다. 역대 정치권은 보수와 진보, 우파와 좌파로 나뉘어 "대화 중시 정책이 옳다", "대결 및 힘의 우위 정책이 옳다"고 하면서 남남갈등만 조장해 왔습니다. 그러나 통일을 완성하기 위해서는 대화 중시정책과 힘의 우위 정책을 동시에 추진해야 합니다. 이러한 투 트랙 정책은 가장 안전하면서도 가장 확실한 통일정책이며 국민통합을 가져올 수 있는 통일정책입니다.

통일이 되면 우리 국민은 세계 최고의 자유와 인권, 복지를 누릴 수 있어

통일이 되면 우리는 인구 1억의 대국으로 우뚝 서고 국민 소득 5만 달러를 성취하고 세계 3위의 경제 대국으로 발전할 수 있는 잠재력과 역량을 갖추게 됩니다. 통일이 되면 교육환경이 바뀌게 되고 우리 아이들을 세계 최고의 글로벌 인재로 키울 수 있습니다. 통일이 되면 분단 현실에서 주변 강대국들에 빼앗겼던 민족적 기회비용과 남북한 군사비용을 우리 국민의 자유와 인권 및 복지를 개선하는데 사용할 수 있습니다. 통일이 되면 통일 대한민국은 UN을 통해서 세계 시민의 보편적 자유와 인권 및 복지의 확장도 이뤄낼 것 같습니다. 강대국들은 자국 이익 우선주의를 내세우면서 식민지를 착취하거나 저개발국가의 시민 자유와 인권을 억압해왔으나 통일 대한민국은 세계 시민의 보편적 자유와 인권을 보장하고 지켜주는 동시에 한민족의 홍익인간 이념을 실천하는 역할도 수행할 것입니다.

정치권은 모든 국민이 국론을 통합할 수 있도록 국민 대통합 정치와 국민 감동정치를 실천해야 해

 광복 후 지난 70여 년의 여정은 기적이었습니다. 그 기적의 이면에 대한민국 국민, 역대 대통령, 순국선열들이 있습니다. 지난 역사 속에서 이념, 계층, 지역, 세대가 다를지라도 우리는 칭찬과 격려를 아끼지 말아야 합니다. 70여 년의 역사 속에서 대한민국의 발전을 위해서 역할을 해 온 모든 국민, 모든 대통령, 모든 순국선열과 호국영령에 대해서 존중하고 상처를 치유해 줍시다.
 다른 이념, 세대, 계층, 지역을 서로 인정해주면서 국민 대통합 시대를 만들어갑시다. 그렇지 않아도 국민 각자는 힘들고 지치고 외로운데 정치권은 언제까지 국민의 삶의 질을 떨어뜨리고만 있어야 합니까? 이제 정치권이 각성해서 분열의 정치가 아닌 국민통합정치를, 국민 싫증정치가 아닌 국민 감동정치를 펼쳐야 합니다. 내 편이 아니면 적폐라는 이분법적인 단세포정치는 중단되어야 합니다. 모든 국민이 협력해서 인구문제, 청년문제와 통일문제를 해결하며 통일 대한민국으로 나아가야 합니다. 저 역시 통일 대한민국 시대를 여는 데 미력하나마 주도적인 역할로서 최선을 다하겠습니다.

 대한민국 파이팅! 한민족 파이팅!

제19대 대통령 후보
'통일이 답이다' 국민운동본부 중앙회장 **이경희**

09
대통령선거를 치르면서

선거를 치르면서 난 법적으로 정해진 선거공보물 16쪽을 모두 활용했다. 통일 한국으로 나아가기 위한 7대 수행 과제를 내걸고 정책 공약을 제시했다.

첫째 교육개혁을 통해 미래사회를 구축하는 대한민국, 둘째 정치개혁, 셋째 경제정의 실현을 통해 국민을 위해 삶의 질을 높이는 대한민국, 넷째 인구문제 해결을 통해 지속 가능한 발전과 미래성장 동력을 확보하는 대한민국, 다섯째 청년에게 희망을 주고 꿈을 실현할 수 있도록 도와주는 대한민국, 여섯째 사회복지개선을 통해 미래가 있는 삶으로 바꾸는 대한민국, 일곱째 통일을 성취하여 세계 일류국가 공동체로 도약하는 대한민국을 제시했다. 또 이를 위해 시스템 사회, 소통사회, 공정사회, 통합사회의 구축을 약속했다.

정책검증을 통해 제시한 그 공약들은 나 자신과의 약속이자 유권자와의 약속이다. 공약과 정책을 알리고 내 의지를 호소하고 내 삶을 알리는 것이자 유권자에 대한 예의이기도 했다. 이름이 알려지지 않은 군소후보자가 정책공약을 꼼꼼히 제시하고 설득력 있게 후보의 정치적 견해와 의지를 피력한 것은 드문 일이었는지 언론에서도 그 부분은 높은 점수를 주었다. 거대정당의 지원을 받지 않는 군소후보가 선거공보물을 채우지 못하는 가장 큰 이유는 일차적으로 재정 부담 때문이다. 선거에서 일정한 득표를 하지 못하면 국가로부터의 선거비용보전을 받지 못하기 때문에 경제적 부담을 생각하지 않을 수 없다.

이래저래 우리나라처럼 양당정치가 확고한 정치지형에서는 참신하고 젊은 정치 신인이 선거를 통해 유권자로부터 직접 선택을 받기는 참으로 어려운 구조다. 젊은 정치 신인이 자신의 정치적 식견과 능력을 유권자로부터 직접 평가받고 소통하면서 현실정치에 뛰어들 수 있어야 한다. 그런데 우리는 기득권이 꽉 움켜쥐고 있는 정치구조, 정당 구도라 신인이 진입하기는 어렵다. 또한, 군소후보나 신인에게 참으로 인색한 언론지형도 거대 양당에 속하지 않은 정치 신인에겐 불리한 조건이다. 이렇게 폐쇄적인 정치구조와 익숙한 정치 세력에게만 언로를 제공하는 언론의 성격은 정치 신인이 정치권에 진입하기도 힘들지만, 유권자가 좀 더 참신하고 능력 있는 정치 신인을 발견하고 지지할 기회를 박탈함으로써 국민 전체의 손해이다.

통일을 정치의 아젠다로 내걸고 정치 활동을 하는 우리 당뿐만 아니라 그때그때 시대정신을 흡수해서 정당정치로 담아내고자 하는 새로운 정치세력들은 우리나라에서 매우 불리한 싸움을 하고 있다. 예를 들어 똑같은 정치색과 강령을 가진 건 아닐지라도 어쨌든 환경문제에 관한 관심과 정치환경의 개혁을 외치는 녹색당도 유럽의 경우와 우리는 아주 다르다. 시대정신을 창출하고 그 가치를 정치적으로 펼치고자 하는 신인 정치인에게 우리 정치환경과 언론은 대단히 인색하다는 건 분명하다.

또 유권자들도 비슷한 맥락에서 거대 양당에 속하지 않은 정치 신인을 잘 선택하지 않는다. 우리 유권자들은 선거에서 이길 사람, 현 정권을 심판할 정치세력, 나의 정치적 색깔에 부합되는 친근한 정당을 관성적으로 선택한다. 그 몇 겹의 벽을 뚫고 군소정당의 후보가 유권자에게 자신의 정치적 식견과 정책을 알리고 선택을 받으려면 참으로 거대 정당 후보의 몇 배의 노력을 해야 한다. 내가 법적인 공보물을 꽉 채운 것도 그런 노력의 하나였다. 그

하나하나, 한걸음 한걸음이 결국은 유권자에게, 국민에게 가닿는 길이라 여겼기 때문이다.

정치지형이 변하고 좀 더 참신하고 부패하지 않은 정치인이 많아져야 한다는 것엔 누구나 공감한다. 진보도 욕망의 카르텔로부터 자유롭지 못하고 부패했지만, 유능으로 덮어주던 보수의 능력도 전혀 국민의 기대치에 이르지 못하고 있다. 최근 이명박, 박근혜 보수 정권에서 드러낸 경제 저조와 안보의 퇴보 현상을 저지시키고 신흥 경제부흥과 평화유지의 안전보장을 앞당기는 길은 부패하고 무능한 기성 정치권의 물갈이를 통해서 세대교체, 정치교체를 통한 대한민국 정치권의 혁신만이 한국이 앞으로 나아가는 길이다.

통일이 답이다!

대선에서 나와 우리 당이 내 건 슬로건이다.

사실 얼마나 명쾌한 해법이고 단순한 진리인가.

우리 삶의 해법은 어렵고 멀리 있는 경우보다 본질에 있는 경우가 더 많다. 가까이에 존재하는 진실, 애써 외면하거나 저 멀리 있다는 모호한 외면 대신 가까이에 해법이 있다는 사실을 받아들이기만 하면 의외로 우리를 옭아매고 있는 문제는 명쾌하게 해결되는 경우가 많다.

통일이 그런 경우다. 많은 경우 통일은 진보적인 일부 국민이나 민족주의에 사로잡힌 사람들의 무조건적인 염원이라고 치부되는 경우가 많다. 비현실적이라고, 그저 이상적인 염원이라고 생각하는 젊은 세대도 많다. 그러나 고정관념이나 선입견을 들어내고 우리의 사안을 본다면 통일은 명쾌한, 그리고 어쩌면 유일한 해법이다.

우리는, 우리 정치권은 애써 그 해법을 무시하고 현실의 제반 문제들을 복잡하게 보거나 혹은 에둘러 간다. 그러나 어쩌면 통일이나 민족에 가장 관심이 없고 거리감을 느끼는 젊은 세대가 통일을 해법으로 선호할 수도 있다. 그들은 기성세대보다 고정관념에서 자유롭고 편견과 거리가 있다.

통일의 다짐과 각오는 현재의 분단상황을 충분히 인식하고 느끼는 것에서 출발한다.

무엇보다 젊은 세대는 합리적이다. 현실의 여러 문제를 해결할 합리적인 해법이 있다면 그들은 고루한 고정관념이나 완강한 고집 대신 흔쾌하게 받아들인다.

나는 선거가 아닌 보통 때도 회사 직원들과 임진각을 일 년에 한 번씩 찾는다. 사실 마지못해 따라나서는 직원들도 있으리라. 그러나 그건 색다른 경험이자 마음의 다짐을 확인하는 시간이기도 하다.

미래에 대한 다짐이나 결의, 해법은 지금 현실을 정확하게 알고 보는 것에서 출발한다. 통일의 다짐과 각오는 현재의 분단상황을, 그 실체와 정서를, 역사적 결함을 충분히 인식하고 느끼는 것에서 출발한다. 통일에 대한 별다른 관심이 없던 사람들에게 임진각이나 통일전망대의 경험은 그 관심을 불러일으키는 데 적절하고 사실적이다. 그곳에서 바라보는 북한의 땅과 삶의 모습들, 그리고 임진각에서 알게 되는 분단의 구체적인 파편들. 그 앞에서 누구나 이전과는 다른 감정과 인식의 변화를 느낀다.

그건 막연히 아는 분단의 교과서적인 사실과는 아주 다르다. 망원경으로 보는 북한 땅과 허술한 주택들, 그리고 들판에서 일하는 주민들…. 처음 드는 느낌은 저곳에도 사람이 살고 있다는 단순하고 명확한 실재감이다. 하물며 그들은 우리와 같은 민족이다. 그 느낌은 교과서나 텔레비전 뉴스로 보는 북한의 이미지와는 다르다. 뉴스 속에서 북한은 주로 핵무기 발사, 딱딱한 군대 사열, 우리는 이해할 수 없지만 지도자에게 광적인 환호를 하는 주민 등등의 모습으로 출현하곤 한다. 우리와 많이 다른 모습으로 만나는 북한 주민들에 대해 이질감을 갖는 건 어쩌면 자연스럽다. 하지만 그 이질감이 배척이나 불편함이 되어서는 안 된다. 거기에는 교육의 힘과 언론의 역할이 중요하다. 그리고 그들을 있는 그대로 볼 기회를 자주 가져야 한다. 그래서 정부든 민간이든 정례화된 교류가 있어야 한다. 통일전망대에서 북한 주민들을 보는 경험은 확실히 다른 감정을 준다. 적어도 나는 그렇다고 생각했기에 가까운 사람들과 함께 임진각이나 통일전망대를 찾곤 한다. 또한, 그 경험은 나 자신에게도 새로운 다짐을 주었다.

통일이 저 멀리 나와 무관한 세상에 뚝 떨어진 허구의 명제가 아니라 우리의 삶, 바로 옆에 존재하는 삶 그 자체라는 것. 결국, 통일은 우리의 삶을 좀 더 유익하고 풍요롭게, 자유롭게 하기 위한 우리 스스로의 결단이어야 한다는 것을.

통일은 결국 우리 민족의 삶을 좀 더 낫게 만들기 위한 구도이지만 현실의 문제를 해결하기 위한 정치적 결단이기도 하다.

선거 과정에서 나는 '통일맨'이라는 별명을 얻었다. 통일을 출마의 키워드로 삼아 정치 공약을 설명하고 정치적 정체성을 통일 대통령에서 찾으려는 나에게 그 별명은 반가운 별명이다. 동시에 뛰어넘어야 하는 별명이기도 하다. 통일은 우리 민족의 생존과 삶에서 최선의 상황을 창출하기 위한 과정이지 최후의 목적은 아니기 때문이다. 그러나 통일맨이라는 별명은 지금의 나, 그리고 내 정치적 정체성을 가장 잘 표현한 말이다.

선거유세 기간에 나는 통일 국민회의와 통일 원탁회의 개최를 제안했다. 5월 7일 서울역광장에서 열 것을 제안한 통일 국민회의는 한마디로 촛불 시민과 태극기 시민이 함께하자는 것이다. 통일을 지향하는 모든 국민과 정치세력이 함께 모이자는 것이다. 그리고 통일 원탁회의는 통일을 지향하는 모든 후보가 참여하여 하루속히 단일후보 선출을 위한 방법을 강구하기를 제안한 행사이다.

혹자는 이런 제안들이 비현실적이거나 너무 이상적이고 추상적이라고 비판할 수도 있다. 그러나 통일이라는 거대한 문제도 남과 북의 통치자가 서로 만나고, 헤어진 가족들이 수십 년 만에 얼굴을 보는 등의 만남에서 시작된다. 남한에서도 마찬가지다. 서로 다른 생각과 정치적 신념을 가진 국민이 서로 만나 대화를 하고 통일을 이야기하고 통일방안을 고민하는 것은 그것이 아무리 사소한 만남이라도 안 하는 것보다는 훨씬 좋다.

남한 내에서도, 그리고 남과 북 사이에도 만나지 않으면 오해와 적대감만 쌓인다. 그리고 만남의 자리는, 대화는 자주 일상적으로 많이 할수록 좋다. 단순한 진리이자 통일문제에도 적용되는 명쾌한 사실이다.

19대 대통령선거는 통일을 원하는 세력과 분단 현상 유지와 분단관리를 원하는 세력 간의 대결이 되어야 한다고 생각했다. 기존의 정치인들은 대개 자신의 기득권을 유지하기 위해 늘 국민을 분열시키고 남북 갈등을 조장해왔다. 혹은 통일을 향한 움직임을 억압하고 방해해왔다. 이러한 정치세력을 청산하지 않으면 대한민국과 한민족의 통일을 향한 꿈은 이루어지지 못할 것이 자명하다. 그래서 통일 국민회의와 통일 원탁회의 개최를 제안했으나 이루어지지 않았다.

CHAPTER. 5

통일의 집,
상량을 기다리며

01
한국의 통일방안, 그 진행 과정

　남과 북으로 분단된 초기에 우리의 통일정책은 스스로의 힘보다는 유엔의 의지와 정책 구도를 빌려왔다. 남한이 대한민국의 법통을 계승했으며 1948년 12월 12일 유엔총회 결의로 인정받은 유일한 합법 정부라는 점을 강조했다. 이 근거는 유엔총회가 1947년 11월 14일 유엔 감시 하의 자유 선거를 한반도 전역에 실시해 인구 비례에 입각한 의회를 구성하고 이 국회가 통일 정부를 구성하며 이 총선거를 감시하기 위해 UN 한국 임시위원단을 구성한다는 유엔 결의 제112조에 있다. 그리고 1950년 한국전쟁이 발발하자 유엔은 북한을 평화 파괴자로 규정하고 유엔군을 파병했다. 한반도에 대한 단독대표권을 주장하며 할슈타인 원칙에 따라 북한과 관계를 갖는 행위를 비우호적 행위로 규정했다.

　이렇게 유엔에 의존하던 통일방식은 1960년 제2공화국 들어서도 계속되었고 5·16 이후 들어선 제3공화국도 제2공화국의 평화통일과 유엔 감시 하의 남북한 자유 총선거 정책을 그대로 계승할 것을 천명했다. 이와 더불어 민간 차원의 통일논의가 사회 혼란을 야기시킬 수 있다는 이유로 통일논의를 금지했다. 박정희 정권은 철저하게 반공을 내세웠고 이에 따라 통일논의는 배척했다.

1970년대 들어 한반도를 둘러싼 국제 정세는 닉슨독트린을 계기로 탈냉전화, 다원화 현상에 힘입어 '한국 문제의 한국화'로 기조가 바뀌었다. 한국의 문제는 한국의 상황에 따라, 한국인이 주체가 되어 해결하라는 뜻이었다. 미국의 세계전략 구도가 변화하기도 했지만 미·소 관계, 미·중 관계의 변화도 한반도 문제에 대해 이전과는 다른 시각을 요구했다.

이에 박정희 대통령은 북한을 '미수복지구'로 보던 대북정책에서 탈피해 1970년 8월 15일 북한에 대해 "개발과 건설과 창조를 향한 선의의 경쟁에 나설 것"을 촉구하는 '평화통일구상'을 제시했다. 이 선언은 최초로 한반도에 대한 한국의 단독 대표성을 포기하고 북한의 실체를 인정했으며 또 통일을 유엔 의존에서 남북한 당사자 간의 협상 방안으로 전환했다는 점에서 의미가 크다. 그리고 1972년에는 남북한이 자주, 평화, 민족대단결의 3대 통일원칙에 합의한 '7.4 남북 공동성명'을 발표한다. 이어 1973년에는 이제까지의 외교정책인 할슈타인 원칙을 사실상 포기하는 6.23 선언을 통해서 국제무대에서 한반도의 2개 국가를 인정하기 위한 남북한 유엔 동시 가입을 제안했다.

한편 제5공화국에서는 1982년 '민족화합 민주통일 방안'을 새로운 통일방안으로 제시했다. 이 방안은 우선 남북한의 통일 장애 요인 제거와 신뢰 조성을 위해 과도기적 조치로 휴전협정 체제를 유지하면서 '남북한 기본관계에 관한 잠정협정'을 체결하며, 이를 위해 남북한 당국 최고책임자 회의, 20개 시범 실천사업, 공산권 거주 동포의 자유로운 모국 방문 등을 제의했다. 그 이후 민족통일협의회를 구성해서 통일헌법을 채택하고 이를 바탕으로 자유 총선거를 통한 통일국가를 완성할 것을 제안했다.

노태우 정권의 제6공화국에서는 1988년 '7.7 특별선언'을 통해 북한을 민족 공동체의 차원에서 인식하고 남북관계를 적대적 관계에서 신뢰 관계로, 대결에서 협조로, 경쟁에서 동반관계로 전환할 것을 선언했다. 1989년에는

'한민족 공동체 통일방안'을 제시하고 이를 위한 공동위원회 구성과 남북연락사무소 설치에 합의했다.

한민족 공동체 통일방안은 자주, 평화, 민주를 통일의 3대 원칙으로 제시하고 있다. 한민족 공동체 통일방안의 기본 골격은 1, 남북대화의 추진으로 신뢰 회복을 해나가는 가운데 남북정상회담을 통해 '민족공동체 헌장'을 채택하고 2, 남북의 공존공영과 민족사회의 동질화, 민족공동생활권의 형성 등을 추구하는 과도적 통일체제인 '남북연합'(The Korean Commonwealth)을 거쳐 3, 통일헌법이 정하는 바에 따라 총선거를 하여 통일 국회와 통일 정부를 구성함으로써 완전한 통일국가인 통일민주공화국을 수립하는 내용으로 돼 있다. 한민족 공동체 안의 특징은 과도적 통일체제의 중간 단계로 남북연합을 상정하고 있는 점이다. 남북연합은 남북정상회의, 남북각료회의, 남북평의회, 공동사무처 등의 기구 설치를 합의했다.

한민족 공동체 통일방안에서 볼 때 남북연합은 통일국가가 실현될 때까지 잠정적으로 남북한 2개 국가로 이루어지는 복합국가형태의 과도적 통일체제이다. 남북연합은 1민족 2국가를 의미하는 엄격한 의미의 국가연합이나 지방 정부의 주권이 부분적으로 제한되는 연방제와는 다른 형태로 역사적, 정치적 배경이 비슷한 주권 국가들이 공동의 이익이나 이상을 추구하기 위하여 연합하는 과도기적 결합형태이다. 남북연합의 틀 안에서 남과 북은 잠정적으로 각각 외교, 군사권을 그대로 가지고 독립된 주권국가로 남는다.

한민족 공동체 통일방안은 남북관계와 통일정책의 진전이라는 평가를 할 수 있으나 동시에 현실적 한계도 남겨두었다. 남북 간의 교류와 협력을 내세우고 있을 뿐, 남북 간에 존재하는 정치적 대결상태, 군사적 대치상태, 전쟁 위협의 제거를 위한 어떠한 실질적 조치도 제시하지 않고 있다. 남북한

통일 대한민국을 이루기 위해 대통령 선거에 도전하다.

간의 민감한 문제들, 예를 들어 핵무기 철거와 불가침선언, 주한미군, 국가보안법 등 남북 간의 대결체제를 허물고 전쟁 위험을 제거하며 평화구조를 정착시키기 위한 대안을 제시하지 않고 있다.

한민족 공동체 통일방안이 지닌 또 하나의 문제점은 통일국가에 이르는 현실적 경로에 대한 제시가 부족하다는 점이다. 이 방안은 통일의 실현을 위해 해결해야 할 모든 문제에 대해 실제적인 조치나 해결 전망을 제시하는 대신 남북연합기구의 논의사항으로 미루고 있다.

노태우 정부는 1990년부터 남북고위급회담을 몇 차례 열고 1991년 12월 남북 간에 '남북기본합의서'를 이끌어내는 성과를 보였다. 그 직전에는 남북한이 유엔 동시 가입을 이루어 적대관계 해소를 위한 또 하나의 절차를 마련했다. 남북기본합의서에서 남과 북은 서로를 주권국가로 인정하며 "통일을 지향하는 과정에서 잠정적으로 형성되는 특수 관계"로 규정하고 평화통일을 성취하기 위해 공동의 노력을 경주할 것을 다짐했다. 이후 김영삼 정부의 '민족공동체 통일방안'은 이제까지의 통일에 대한 기본적인 틀을 유지한 바탕 위에서 통일을 위한 실질적 대비책 마련을 강조했다.

김대중 정부는 '햇볕정책'의 통일방안을 통해서 북한의 개방을 이끌어내고 남북 경제협력의 토대를 닦고 주민 교류가 활성화되는 등의 실질적인 진전을 보였다. 남북정상회담도 이루어졌다. 김대중 대통령은 2000년 독일 베를린에서 행한 연설에서 '베를린선언'을 발표했다. 그 내용은 한반도 냉전 구도의 해체와 항구적 평화, 그리고 남북 간 화해와 협력에 관한 것으로 기본은 대북 포용정책이었다. 2000년 6월 북한의 김정일 국방위원장은 김대중 대통령을 초청했고 평양에서 분단 이래 첫 남북정상회담을 가졌다. 그리고 '6.15 남북공동성명'을 발표했는데, 6.15 남북공동선언문의 근본 의의는 "통일문제를 그 주인인 우리 민족끼리 서로 힘을 합쳐 자주적으로 해결할 것"을 선언한 데에 있다.

'6.15 남북공동성명'의 내용은 다음과 같다.

1. 남과 북은 나라의 통일문제를 그 주인인 우리 민족끼리 서로 힘을 합쳐 해결해 나가기로 하였다.
2. 남과 북은 나라의 통일을 위한 남측의 연합제 안과 북측의 낮은 단계의 연방제 안이 서로 공통성이 있다고 인정하고 앞으로 이 방향에서 통일을 지향시켜 나가기로 하였다.
3. 남과 북은 흩어진 가족·친척 방문단을 교환하며 비전향 장기수 문제를 해결하는 등 인도적 문제를 조속히 풀어나가기로 합의하였다.
4. 남과 북은 경제협력을 통하여 민족경제를 균형적으로 발전시키고 사회, 문화, 체육, 보건, 환경 등 제반 분야의 협력과 교류를 활성화한다.
5. 이상과 같은 합의사항을 조속히 실천에 옮기기 위하여 빠른 시일 안에 당국 사이의 대화를 개최하기로 한다.

6.15 남북공동성명 이후 경의선 등 철도 연결과 개성공단 등 남북 경제협력의 확대, 이산가족 상봉과 금강산 관광 등을 통해 남북관계는 화해와 협력의 틀을 한동안 유지했다. 2007년 10월 노무현 대통령과 김정일 국방위원장 사이에 평양에서 2차 남북정상회담이 열렸다. '남북관계

발전과 평화번영을 위한 10.4 공동선언'을 통해서 6.15 남북공동선언을 재확인하고 군사적 신뢰 구축과 남북경협의 확대 등 협력사업에 합의했다. 10.4 공동선언은 남북한 간의 경제협력 확대와 한반도의 비핵화, 평화문제를 포괄적으로 다루었으나 이후 이명박 정권에서 합의 내용이 이어지지 못했으며 박근혜 정권을 거치면서 남북관계는 긴장과 경색국면으로 회귀했다.

2018년에 문재인 대통령과 김정은 북한 국무위원장 사이에 제3차 남북정상회담이 열렸다. 한반도의 비핵화, 평화 정착을 주요 의제로 논의한 결과 '한반도의 평화와 번영, 통일을 위한 판문점 선언'을 발표했다. 이후 판문점 선언의 합의사항 실행을 위한 성격의 4차, 5차 남북정상회담이 열렸으며 성공적으로 남북정상회담이 진행되면서 북한과 미국 사이에 북미정상회담이 추진되었다.

6.15 남북공동성명과 10.4 공동선언의 정신과 내용을 잇는 판문점 선언에서 특히 중요한 부분은 한반도의 비핵화 문제와 종전선언에 대한 것이다. 그 부분의 대략적인 내용은 다음과 같다.

남과 북은 한반도의 항구적이며 공고한 평화체제 구축을 위하여 적극 협력해 나갈 것이다. 한반도에서 비정상적인 현재의 정전상태를 종식시키고 확고한 평화체제를 수립하는 것은 더 이상 미룰 수 없는 역사적 과제이다.

* 남과 북은 정전협정 체결 65년이 되는 올해에 종전을 선언하고 정전협정을 평화협정으로 전환하며 항구적이고 공고한 평화체제 구축을 위한 남·북·미 3자 또는 남·북·미·중 4자 회담 개최를 적극 추진해 나가기로 하였다.
* 남과 북은 군사적 긴장이 해소되고 서로의 군사적 신뢰가 실질적으로 구축되는 데 따라 단계적으로 군축을 실현해 나가기로 하였다.
* 남과 북은 완전한 비핵화를 통해 핵 없는 한반도를 실현한다는 공동의 목표를 확인하였다.

북한과 미국은 3차에 걸쳐 북미회담을 진행했다. 이 가운데 2018년 6월 싱가포르에서 진행된 1차 회담에서 새로운 북미 관계 수립과 한반도 평화체제 구축, 판문점 선언의 재확인과 한반도의 완전한 비핵화와 전쟁 포로 및 전쟁 실종자의 유해 송환 등 4개 항에 합의했다. 이 회담 이후 북미 관계의 진전을 기대하게 했으나 2차 하노이회담에서는 별다른 합의를 이끌어내지 못했으며 이후 북미 관계를 포함한 남북관계는 경색되고 경제협력 등 제반 합의사항도 북한의 일방적 파기로 지켜지지 못했다.

일단은 통일방안을 위한 남북 간의 합의와 노력이 상징적인 선언의 단계에서 경제협력과 문화교류, 그리고 군사적 합의와 종전선언으로 진행해 나간 그 흐름은 민족 통일을 위해 꾸준히 노력해온 우리의 결실이자 긍정적인 신호이다. 그러나 남북정상회담 이후 한국 정부는 구체적인 협력작업의 진행에 답보적이거나 유보적인 태도를 취했고 이에 대한 북측의 감정 섞인 대응에 유연한 태도를 보여주지 못했다. 북한의 남북관계 정책이 흔들리는 건 북한의 삶이 대단히 어렵다는 시그널의 표현이다. 그 신호를 유연하고 포괄적으로 풀어가야 할 한국 정부는 북미관계의 난항 국면에서도, 남북관계의 경색국면에서도 역할을 제대로 하지 못했다. 북미회담의 결렬 이후에 한국 정부가 보였어야 하고 취했어야 하는 태도는 북한과 미국의 협상을 끌어내고 긍정적인 결과물을 만들어내야 했다. 한국 정부가 훨씬 주도적인 입장을 취했어야 하는데 그러지 못했다. 이 결과는 문재인 정부의 통일에 대한 의지와 역량의 한계를 보여주었다고 생각한다.

02
통일은
경제적 기회를 확대한다

 통일을 하려면 분단세대가 살아있을 때 하던가, 아니면 우리나라가 더 강해져서 북한을 전혀 무리 없이 흡수할 수 있을 때 하는 것이 좋지 않아요?
 남한이 북쪽보다 잘 살고 강하긴 하지만 굳이 지금 막대한 통일비용까지 부담하면서 통일을 추진할 필요가 있나요? 우리의 경제력이 훨씬 더 커져서 북한을 흡수하는 게 우리 경제에 전혀 불안요소가 아니게 될 그때에 통일을 하면 되죠….
 통일에 대한 큰 틀에서의 동의를 하는 젊은 세대도 통일의 시기에 대해서는 지금이 아니었으면 좋겠다는 말을 한다. 그들에게 그 이유를 물어보면 비슷한 답이 돌아왔다.
 지금도 젊은 세대가 취업도 어렵고 집 사는 것도 어렵고 살기가 팍팍한데 여기에 북한의 젊은 세대까지 뛰어들면 기회시장이 더 좁아지지 않겠느냐고 말한다. 또 약자와 소수자에게 우선적인 기회를 주어야 하니 남쪽의 청년들이 북쪽 청년들보다 더 불리한 여건에서 경쟁을 하고 결국 더 밀리지 않을까, 기회가 더 축소되지 않을까를 염려한다.
 어쩌면 일리 있는 정서적 반응이다. 내 몫이, 내 기회가 더 줄어들 거라는 염려가 통일에 관한 생각을 머뭇거리게 만든다. 그리고 그건 통일비용이라는

통일은 융합에서 나오는 시너지를 극대화하는 장치다.

용어로 통일이 우리에게 가져다줄 막대한 사회적, 경제적, 민족적 이익을 짐짓 모른 체하고 현재의 분단상황을 유지하려는 세력들이 만들어낸 허구에서 비롯된 논리다. 통일문제를 실제로, 냉정하게 분석해보면 그런 인식이 얼마나 현실과 동떨어진 것인지 금방 확인할 수 있다. 경제적으로 검증되지 않은 "통일비용"이라는 말로 통일문제와 의지를 왜곡시키고 젊은 세대를 겁에 질리게 하고 냉담하게 만드는 것은 기성세대의 할 일이 아니다.

그러면 반대로 북쪽의 젊은 세대는 어떤 생각을 가지고 있을까? 아마 그들은 남쪽의 청년들보다 더 불안하고 더 불리하다고 생각하지 않을까? 교육의 질이나 교육환경, 높은 수준의 교육을 가능하게 하는 경제적 여건, 문화적 경험 등이 남쪽의 청년들보다 많이 부족하고 결핍되고 열악한 그들은 남쪽의 젊은 세대와 경쟁해야 한다는 것만으로도 불안을 느낄 것이다.

결국, 통일은 누가 더 많이 갖고 누가 누구의 일자리와 기회를 빼앗고 어느 지역이 다른 지역보다 독점적 위치에 서는 문제가 아니다. 통일은 융합에서 오는 시너지를 극대화하는 장치이다. 남쪽과 북쪽의 우월적 기능을 융합하고 거기에서 오는 결과물을 나누는 것이다. 당연히 각자 일할 때보다도 효율이나 결과의 질이 뛰어날 수밖에 없다. 양쪽 모두에게 더 많은 기회, 더 많은 일자리, 더 많은 경험이 주어진다.

일자리의 수급, 일자리의 성격에 따라서는 남쪽의 경제력이 북쪽의 젊은 세대를 착취하는 것으로 보일 위험이 우선은 있을 수도 있겠으나 그건 짧은 시기의 경험이 될 것이다. 동시에 남북한의 교육격차, 교육환경 등을 균등하게 개선하고 보완해갈 것이기에 양쪽 모두에게 기회의 문이 넓어질 것이 확실하다.

통일이 가져올 경제적 성장과 남북한 전체의 경제 규모 확대는 막연한 상상 이상일 것이다. 갖추어지지 못한 북한 지역의 공공 인프라를 구축하는 거대한 프로젝트 자체가 경제적 활력을 가져온다. 도로, 전기, 주택, 철도, 병원 등등 공공 인프라를 건설하는 일은 그 자체로 막대한 경제적 효과를 가져오지만 그로 인한 내수시장의 확대, 인구의 적절한 분산, 지역 격차의 해소 등 사회적 효과도 적지 않다.

또한, 통일이 가져올 좀 더 거시적인 경제 효과는 중국과 러시아 등 주변국들과의 경제교류 확대와 시장 확대를 통해 우리의 경제 규모가 확장되고 동북아 지역 경제활동의 주체로 좀 더 확고한 위치와 역할을 갖게 된다는 점이다. 경제적으로 낙후되고 경제체제가 이질적인 북한의 지역적 장벽을 통일을 통해 극복하고 나면 한국은 국내 경제활동을 뛰어넘어 이 지역의 경제적 협력체의 주도적 역할을 하게 된다. 상대적으로 중국 내에서도 낙후된 북동부 지역의 공업기반과 대규모의 농업용 토지, 그리고 시베리아의 자원에 우리의 기술과 인력이 투자해 만들어낼 경제 가치는 상당하다.

그렇게 전체 시장이 확대되고 경제활동 인구가 제한 없이 이동하고 인근 국가에 대한 민간 투자가 활성화되는 등 통일이 가져다줄 경제적 기회 확대와 효과는 열거할 수 없을 정도이다. 골드만 삭스 등 세계적인 투자은행과 투자자들은 한결같이 남한의 경제개발 경험과 자본이 북한의 자원과 인력과 결합해 통일 한국이 아시아를 넘어 세계 경제 대국이 될 것이라는 예측을 내놓고 있다.

03
통일의 사회적 효용

　사실 남북관계는, 그리고 나아가 남북통일은 어느 한 체제가 다른 체제를 집어삼키거나 일방적으로 지원하는 식으로는 될 수 없다. 남북한 간의 경제적 힘, 인구, 체제에 대한 자신감, 정치적 목적은 달라도 궁극적으로는 서로가 상생하는 결과를 얻기 위해서 통일을 추구하기 때문이다. 남한의 기술력과 자본, 그리고 북한의 인력이 결합하였던 개성공단처럼 남북한의 다양한 자원을 적절하고 효율적으로 결합하면 그 파급력은 상상 이상이다.
　그러므로 통일은 한국의 미래사회가 갖춰야 할 청사진을 그리며 경제개혁과 더불어 정치개혁이라는 변화요구에 공감할 수 있는 최선의 답이다. 안정적인 경제모델을 구축하기 위해서 우리의 경제정의와 인구 감소 문제도 통일에 의해 우선적으로 어느 정도 해소될 수 있다. 개성공단 사례에서 보듯 정치적인 불안정성이 해소된다면 남북은 경제교류와 협력을 통해 경제적으로 상호이익이 되며 상생의 정책들을 마음 놓고 안전하게 추진할 수 있을 것이다.
　통일은 우선 대한민국의 저출산과 고령화 문제를 해결할 수 있으며 기업들이 투자하고 도전할 가능성을 충분히 제공한다. 4차산업 중심의 투자는 인공지능 기술이 다양한 정보통신기술들과 접목하여 효율성을 극대화할 수 있는 경제모델로서 체계적인 기술교육 시스템을 통해서 북한

남북한의 다양한 자원을 적절하고 효율적으로 결합하면 그 파급력은 상상 이상이다.

지역에도 충분히 잘 이루어질 수 있다고 본다.

통일 독일의 경우 민주화를 요구하는 동독 주민들이 처음에 주장한 슬로건은 "우리는 국민이다"였으나 이는 점차 "우리는 한민족이다", "통일된 조국"으로 옮겨가고 확장되었다. 전후 분단체제에 익숙한 젊은 세대, 혹은 더이상 통일을 원하지 않는 세대가 현실적으로 존재했을지라도 통일에 대한 욕구와 희망은 대부분의 독일인에게 상존하고 있었다. 민족의 관념이 상대적으로 더 강렬하고 우리의 책임이 아닌 강대국에 의해 분단이 강요된 한반도의 상황에서 통일 이후의 사회적 통합과 융화는 독일의 경우보다 한결 빠르게 진행될 것이다.

통합이 완성되기까지 시행착오와 사회·경제적으로 소외된 계층이나 세대의 공격적인 반응을 예상할 수는 있다. 통일 독일이 그랬듯 이데올로기가 사라진 진공의 상태, 상대적 박탈감을 공격적으로 표출하는 문제가 있을 수 있다. 네오 나치처럼 우리는 외국인 노동자나 소수 인종을 향한 배타성이 표출될 가능성도 있다. 과도기에 발생할 수 있는 그런 문제는 경제적 기회의 균등함과 문화 격차의 해소 등을 통해 해결되어야 하며 통일의 사회적 효용은 좁은 의미의 민족주의적 환상이 아니라 경제 논리와 보편적 자유의 확대에서 찾아야 한다. 따라서 통일의 과정부터 사람 중심, 인권 중심, 보편적 가치 중심으로 준비되어야 한다.

04

통일은 4차 산업혁명 시기의 새로운 교육 패러다임을 가능하게 한다

대한민국이 세계에서 드물게 한국전쟁의 폐허 상태에서 현재와 같이 경이로운 발전과 성장을 이루는데 교육이 지대한 역할과 기여를 했다는 것은 부인할 수 없다. 또한, 현재 실행되고 있는 교육제도가 국민 각자가 개인적으로 자아를 실현하고 사회적으로 자유, 평등, 정의와 복지 같은 가치를 실현하는데 기여한 것도 사실이다. 하지만 4차 산업혁명이 가져올 미래사회 변화와 도전에 학교 교육이 충분히 대처할 수 있는지 의문이 있기에 교육 현실의 위기감과 다가올 미래사회를 위해 교육 혁신이 반드시 필요하다.

새로운 기술의 발달은 직업 구조, 부의 재분배뿐만 아니라 학교 교육에도 커다란 영향을 미칠 수밖에 없다. 교육개혁은 미래사회 구성원이 갖추어야 할 개인 역량 강화, 인성 개발, 그리고 세계 시민의식을 갖춘 인재 육성을 목표로 한다. 하지만 대한민국이 처한 현실은 분단상황으로 인한 상시적 갈등으로 막대한 민족적 기회비용을 지출하고 있으며 또한 사드 배치와 같은 문제로 주변국들과의 외교갈등을 겪으며 힘을 소진하고 있다. 이런 의미에서 통일은 4차 산업혁명 시대를 맞아 교육 혁신에 좀 더 정부와 국민의 역량을 집중할 수 있다는 의미에서 중요한 요소이다.

남북한 간의 경제적 차이에서 발생하는 통일비용 때문에 오히려 정부가

4차 산업혁명이 가져올 미래사회 변화와 도전에 학교교육이 충분히 대처할 수 있어야 한다.

연간 직접 지불해야 하는 재정적 부담이 커짐으로써 4차 산업혁명 시대에 적합한 교육개혁을 추진할 수 없다고 우려하는 목소리도 있다. 물론 남북통일과 동시에 추진되는 경제 통합의 속도와 방식이 점진적으로 이루어질지 또는 급진적으로 마무리될 수밖에 없어 직접적인 정부재정지출을 초래할지 예단할 수는 없지만, 독일의 경우에서 보듯 성공한 통일은 미래 세대에게 4차 산업혁명 시기에 필요한 역량을 구비할 수 있는 새로운 교육 패러다임을 제공하고 기술시대에 적합한 경쟁력을 갖춘 토대로 전환할 기회이다.

통일이 가져올 새로운 교육 패러다임을 위해서 남북한 학문 분야별 현황을 철저히 파악하여 새로운 산업혁명구조에 적합한 교육 혁신이 이루어질 수 있도록 교류가 확대되고 공동연구 주제를 발굴하려는 의지와 노력이 수반되어야 한다. 이념적 경직성에서 벗어나 자율적, 창의적 문제해결 역량을 갖춘 인재들의 교류가 무엇보다 더 활발히 이루어져야 한다.

05

통일이 가져올 인권,
복지의 확장

　우리는 산업화와 민주화의 과정을 거치면서 보편적 인권, 권리, 노동자의 권리, 민주적 절차, 법적인 보호망 등 시민의 삶을 보장하는 다양한 권리를 확대해왔다. 한편으로는 분단상황에서 비롯된 인권의 제한, 부당한 억압, 자유의 제한도 적지 않았다. 정치세력에 따라서는 분단상황을 적극 이용하기도 했고 인권을 제한하는 이유로 활용되기도 했다.

　이 점은 북한도 마찬가지다. 북한의 권력층 역시 남한을 정치적 긴장을 높이고 권력자의 권력집중을 정당화하고 인권을 억압하는 상징 존재로 활용했다. 남북한 이산가족 상봉 그 한편으로는 핵실험을 통한 긴장을 조성하는 등 냉온을 오가는 남북관계의 불안정성은 양쪽 국민의 의사나 의지가 아니다.

　우리의 경우 자유와 인권이 많이 확장됐지만, 통일을 통해서 그것의 근본적인 확장이 가능하다. 현재의 남북한 국민이 누리는 인권보다는 한 단계 높은 인권을 누릴 수 있다. 여전히 북한의 존재가 주는 자유의 제한, 인권의 제한이 있다. 북한의 핵실험이나 북한의 동정 등등에 따라 여전히 남한은 억압된, 불완전한 인권과 자유를 누린다고 볼 수 있다. 국민을 동질적인 가치관과 행동 규범으로 강제하는 북한의 경우는 그 억압의 정도가 훨씬

통일 상황은 현재의 남북한 국민이 누리는 인권보다는 한 단계 높은 인권을 누릴 수 있다.

극심하다. 지금의 분단상태가 유지된다면 영원히 제약된 자유, 부족한 인권의 상태에 머무르게 된다.

　북한의 경우 일차적으로 정치적 민주주의의 확대를 통해서 주민들이 경험하게 될 자유와 사법체계의 정당한 운용을 통해서 얻게 되는 평등과 정의의 보편적 적용이 가장 커다란 인권 확대가 될 것이다. 아울러 남한에 대한 적대적 긴장 관계가 해소됨으로 해서 제한적으로 적용되던 인권의 문제는 아무런 제약 없이 본연의 가치 그대로 적용될 수 있게 된다.

　당연히, 그 모든 긍정적인 효과를 얻기 위해서는 시간과 경험의 축적이 필요하다. 자유와 보편적 인권의 추구, 법 집행과정에서의 인권, 개인주의로 표방되는 남쪽의 방식과 통제, 집단의 가치, 국가 소속감으로 표방되는 북쪽의 사고방식이 충돌하고 가시적인 불공평함이 나타날 가능성이 크다. 그러나 통일 상황이 가져다주는 전반적인 인권의 확대는 개개인의 영역에서, 그리고 사회 전체에서 자유와 복지를 한 차원 높게 추진할 힘과 내적 근거를 제공한다.

06
통일은 인구 문제와
청년 문제의 해법

지금 우리가 겪고 있는 인구 문제는 출산율 감소문제와 인구의 도시집중이라는 두 가지로 나타난다. 우리보다 먼저 통일을 경험한 독일의 경우 통일 직후에는 동독의 젊은 세대가 일자리를 찾아 서독으로 많이 이동했지만 이후 구동독 지역에 대한 공공 인프라가 확장되고 정부투자, 민간투자가 진행되면서 많은 숫자가 다시 돌아갔다. 통일과정에서 우리도 비슷한 경험을 예측할 수 있다. 통일 이후 북한의 대대적인 공공 인프라 구축사업을 통한 노동인구의 확장, 인구 분산 효과가 기대된다.

인구를 집중시키는 것도, 적절하게 분산시키는 것도 공공 인프라와 일자리다. 통일 이후의 독일이 그 전례를 보였듯이 공공 사회시설이 적절하게 분산되고 인프라가 골고루 확충되며 일자리가 많아지면 청년 문제와 인구문제의 해결은 자연스럽게 이루어진다. 삶의 질과 기회 제공이라는 두 가지 요소를 충족시킨다면 청년들이 굳이 좁은 세계, 한정된 직업만을 고집하지는 않을 것이다.

또 하나 현재 우리가 직면하고 있는 인구 문제의 하나는 고령화이다. 경제활동 인구가 감소하고 사회가 감당해야 할 노령인구의 비율이 높아지는 건 국가의 부담인 동시에 미래 세대의 부담이기도 하다. 사회 인프라 확충을

통일과정에서 발생하는 막대한 투자와 일자리 창출은 젊은 층의 경제활동과 삶을 근본적으로 변화시킬 것이다.

통한 인구의 적절한 분산 효과와 일자리의 확대를 통한 경제활동 인구의 증가도 통일이 가져올 긍정적 현상이다. 젊은 층의 일자리가 부족한 이유는 경제 성장의 동력이 떨어진 이유가 크다. 그건 결혼과 출산의 기피, 상대적인 노령인구 비율의 증가 등으로 이어진다.

  통일과정에서 발생하는 막대한 투자와 일자리 창출은 새로운 형태의 경제 규모와 시장의 확대를 가져오고 젊은 층의 경제활동과 삶을 근본적으로 변화시킬 것이다. 경제 규모의 확대가 빈부격차의 확대를 가져올 것을 염려하는 의견도 있지만, 전체적으로 중산층의 확대를 가져올 것은 분명하다. 통일은 저출산과 그로 인한 인구 감소, 경제활동 인구의 감소, 노령인구 비율의 증가와 사회적 비용의 증대 등 우리가 마주하고 있는 문제의 해결에 안정적이고 지속적인 돌파구 마련을 예측할 수 있게 한다.

07

통일비용에 숨은 사회, 경제의 원리

통일을 반대하는 사람들이 흔히 내세우는 근거 중의 하나는 통일비용이다. 그리고 그 근거는 정확히 말하면 경제적 근거라기보다는 이데올로기를 앞세운 정서적 근거에 가깝다. 한마디로 실체를 정확히 알 수 없는 막연한 추론이라는 얘기다. 몇천억 달러에서 약 3조에 이르는 등 통일비용을 산출하고 예측하는 기준도 명확하지 않다.

가장 근본적으로 통일비용은 투자비용이다. 즉 미래를 위한 투자이다. 독일의 경우 통일 이후 동독에 투자한 비용의 약 95%는 공공 인프라를 구축하는 비용이었으며 이 점은 북한의 열악한 도로, 공공시설, 에너지산업을 생각하면 우리는 상대적으로 더 많은 비율의 공공 투자를 할 가능성이 있다. 그것의 결과물인 공공시설, 도로, 철도, 항만, 학교, 에너지는 소비재가 아니라 투자재다. 북한지역만의 재산도 아니며 북한 주민만 이용하는 제한적인 투자가 아니다. 우리 국민 모두의 재산이며 결국 통일비용이라는 것의 정확한 실체는 우리 국토, 사회 전체의 간접시설을 확대하고 수준을 높이는 우리 스스로에 대한 투자인 셈이다.

통일비용을 주장하는 사람들이 간과하거나 혹은 일부러 외면하는 부분이 있다. 그건 분단비용이다. 통일비용이 있다면 현재의 분단상태를

근본적으로 통일비용은 투자비용이다. 즉 미래를 위한 투자이다.

유지하는 비용도 당연히 있을 것이다. 그들은 통일비용이라는 미래의 투자를 공격하지만, 현재 투입되고 있는 막대한 분단비용에 대해서는 말하지 않고 있다. 스톡홀름국제평화연구소가 발표한 <2019년 세계 군사비 지출보고서>를 보면 한국은 2020년에 국방비로 50조 1527억 원을 책정했다. 군사비 지출 세계 10위, 무기 수입은 세계 7위이다.

국가를 유지하는 군대의 비용은 국가가 존립하기 위해 절대적으로 필요한 기본 비용이다. 통일 이후에도 군사비 지출은 당연히 존재한다. 그러나 지금 우리가 지출하는 막대한 군비는 대부분이 분단상태로 인해 발생하는 비용이다. 또 막대한 군대를 유지하기 위한 비용도 적지 않고 많은 젊은이가 군대에서 보내는 복무 기간 또한 넓은 의미로 사회적 비용이다. 국가 경제 규모가 우리처럼 크지 않은 북한에서 지출하는 군사비의 비율은 더 치명적이다. 많은 주민이 기본생존을 위협하는 삶의 질을 유지하는 반면 핵 개발이나 무기 관련 비용은 어마어마하다. 대북제재의 어려움과 세계전략 구도에서 나름의 생존을 추구하려는 북한 지도층의 판단은 논외로 하더라도 현실적으로 사용되는 군비의 비율은 북한 주민들에게, 그리고 북한 경제에 치명적인 부담이다.

남과 북 모두에게 막대한 군비 지출은 국가 경제와 국민의 삶에 부담이다.

한편으로는 막대한 예산과 권한을 행사하는 군부 엘리트들이 현재의 기득권을 잃는 것에 대한 저항감과 그로 인한 현 체제의 유지를 욕망하는 구조도 있을 것이며, 이 점은 군의 위상과 권력이 절대적인 북한 체제에서 주로 발생하는 문제이다.

무엇보다 분단상황에서 발생하는 그 비용들은 시설에 대한 공공 투자나 미래의 삶을 위한 비용이 아니라 소멸하는 비용이다. 통일이 되면 미래 세대를 위한 교육 투자, 공공의료를 위한 시설 투자, 첨단산업을 위한 투자, 감염병 퇴치를 위한 투자 등으로 전환될 수 있는 비용이다. 같은 비용이지만 그 투자의 방향이 가져올 효과는 국민의 삶의 질에 엄청난 차이를 가져온다.

불완전한 현재의 분단상황을 유지하는 데 들어가는 막대한 비용을 정확하게, 냉정하게 계산해서 그 비용을 우리의 미래를 위한 비용으로 전환해야 한다. 그건 현재 세금과 군 복무 등으로 국가의 존립을 지탱하는 우리 세대 스스로를 위한 일이자 나라의 미래를 감당할 미래 세대를 위한 일이기도 하다.

그리고 통일을 주도적으로 관리하고자 하는 한국이 염두에 두어야 하는 또 하나의 문제는 북한이 통일을 감당할 수 있을 정도의 경제적인 발전 수준을 보여야 한다는 점이다. 북한이 개혁을 통해 경제를 발전시키도록 하는 남한의 대북정책은 통일에 대한 관리이며 통일비용을 미리 부담하는 뜻도 있다.

CHAPTER. 6

통일 한국의 로드맵

01
통일은 우리의 헌법과제이다

지극히 개인적인 소망 하나를 달성하는 데에도 계획을 짜고 구체적인 지점에 적합한 전략이 무엇인지를 고민하고 최선을 다해 전력 질주를 한다. 민족 통일이라는 절대 목표와 지극함을 가진 나에게 통일을 향한 준비는 단지 경제적인 토대를 구축하는 데에서 끝나지 않았다. 어쩌면 그건 시작이었다. 민족 통일이라는 큰 집을 짓기 위한 주춧돌 하나를 놓은 것이었다. 그 기반 위에, 혹은 그것과 함께 차곡차곡, 꾸준히 통일의 구체적인 준비를 해나가는 것이 필요했다. 그중의 하나로 난 통일과 관련된 국가구조를 공부하는 것이 절실히 필요한 일이라고 생각했고 그 중에서도 가장 본질적이고 중요하다고 생각되는 통일헌법에 대해 제대로 공부하고 싶었다. 열일곱 살 이후 민족 통일, 통일 대통령이 내 인생의 화두이자 구체적인 목표가 되었으며 대학에서 법을 전공한 것도 법이 잘 운용되는 법치주의의 국가, 역동성 있는 강한 대한민국을 만드는 데 일조를 하고 싶어서였다.

난 한국외국어대학에서 <통일헌법상 통치구조에 관한 연구>로 석사 논문을 썼다. 이후 통일국가의 권력 구조를 주제로 박사 논문을 썼는데, 약 8년의 시간 동안 통일헌법과 통일국가 구조를 집중적으로 공부했다.

통일이 됐을 때, 아니 통일을 준비하면서 새로운 헌법을 만들어야 하는데 그 헌법에 어떤 내용을 담을 것인지, 미리 준비하자는 뜻이었다. 실제적인 주춧돌을 놓는 심정이었다. 그리고 그건 대학교 2학년 때 『선전포고』라는 책을 통해서 내놓았던 통일에 대한 열망과 방법론에 대한 고민과 공부의 연장선에서 이루어진 일이었다. 고등학교 1학년 국민윤리 수업시간에 통일이라는 일생의 주제, 나 자신과 우리 민족의 주제를 찾아낸 이후 통일은 계속 나의 머리와 몸을 움직이게 한 명제였다. 대학 2학년생의 서투른 『선전포고』도, 대학원에서의 통일헌법과 통일국가에 관한 본격적인 연구도 같은 맥락이었다.

통일은 민족의 완전체이지만 그 과정은 단순하지 않고 복잡할 수 있다. 어쩌면 어느 정도의 혼돈과 혼란을 거쳐야 할 수도 있다. 통일의 형태가 어떠하든 통일 후 국가의 권력 구조는 어느 한 체제나 정부를 존속하고 다른 체제를 완벽하게 무화시키는 것은 불가능하다. 그건 현실적으로도 불가능하고 통일의 의미에도 부합되지 않는다. 그래서 통일을 준비하는 과정은 국가의 권력 구조를 재편성하는 일이 일차적으로 고민되고 포함되어야 한다. 그건 통일에 대한 준비이자 통일 이후의 혼란을 최소화할 수 있는 구체적이고 안전한 조치이다.

난 통일 완성을 향한 정석과 비전을 제시하고 싶었다. 2016년 법학박사 학위 논문은 <통일단계별 국가권력구조의 체계에 관한 연구>였다. 통일헌법이 어떤 국가권력구조를 실현해야 하는지, 어떤 단계로 통일이 실현되어야 하는지를 고찰했고, 단계별로 어떤 권력구조가 적합한지, 또 가장 바람직한 모델과 대안을 제시하고 그 근거들을 설득력 있게 전달하려 시도했다. 이것은 통일헌법에 적합한 국가 형태, 정부 형태, 의회 형태, 사법부와 기타 국가조직의 유기적 연관성을 살펴보는 것이고 한반도의 주역인 미래 세대에게 각자의 자유와 권리를 보장해주는 터전을 마련해주는 것이다. 통일헌법의 국가권력구조를 연구함으로써 통일을 준비하는 주춧돌을 마련하려는 것이다.

통일은 여러 가지 방법으로 실현될 수 있다. 단기간에 실현될 수도 있고 오랜 시간을 두고 점진적으로 실현될 수도 있다. 남·북한 간의 합의 형식에 의한 방법도 있고 우리나라 법체계 내에서의 동의에 의해 통일이 실현될 수도 있다. 가능성이 희박하지만, 동북아공동체 실현을 통해 이루어질 수도 있다. 통일을 준비하고 대비하지만, 미리 준비된 방식대로 통일이 완성되기보다는 갑자기 다가올 통일 완성의 가능성도 배제하기 어렵다. 그래서 가장 기본적인 국가구조에 대한 부분을 미리 연구하고 준비하는 것이 어떤 통일의 형태가 와도 당황하지 않고 탄탄한 국가구조를 만들어갈 힘을 준다. 즉 어떻게 통일헌법을 제정하고 그 헌법에 규정된 국가권력구조를 어떻게 재편할 것인지 세심하게 연구하고 준비해야 한다.

그동안의 통일헌법 논의는 주로 정치적 논의에 집중하였으나 통일은 가장 기본적인 국가권력구조에 대한 문제로서 헌법적 측면의 준비가 가장 중요하다. 그러므로 통일대비는 준비된 통일방식의 로드맵에 따라 통일헌법의 제정 방향을 조사, 분석, 연구하여 실질적으로 검토할 필요가 있다고 보았다. 통일은 사람 중심, 인권 중심, 보편적 가치 중심으로 준비되어야 한다. 그리고 남북통일, 경제 통합 그리고 제 4차 산업혁명에 적합한 교육개혁이 성공적으로 실현되기 위해서 궁극적으로 법질서 통합이 전제되어야 한다.

통일은 우리의 선택적 과제가 아니라 반드시 이루어야 할 헌법적 과제인 동시에 확실한 국가목표이다. 그렇다 할지라도 통일에 대한 철저한 준비 없이 통일의 전제조건도 고려하지 않고 성급하게 통일이 이루어질 경우 통일은 정치, 경제, 사회, 문화 등에서 민족 내부의 혼돈과 갈등을 일으킬 수도 있으므로 "통일만 되면 모든 것이 해결된다", 혹은 "통일이 최고의 선이다"는 통일만능주의는 철저히 경계해야 한다. 그리고 무엇보다 준비된 상황에서 통일을 맞이해야 한다.

통일은 우리의 선택적 과제가 아니라 반드시 이루어야 할 헌법적 과제인 동시에 확실한 국가목표이다.

   나는 논문에서 통일헌법의 국가권력구조를 중심으로 통일 완성의 정석과 비전을 제시하고자 했다. 통일과정, 조건, 방식 등에 관한 통일정책의 정당성을 확보하면서 법적인 통일이 실현된 이후 통일 한국의 계속성, 안정성, 예측 가능성을 확보하기 위해서 통일 토대 구축을 위한 법과 법률통합을 실현할 수 있도록 체계적 준비가 필요하다고 보았다. 따라서 통일문제를 논함에 있어 정치 경제, 사회문화적 접근뿐만 아니라 법과 제도의 접근, 특히 남북통일의 출발점이 될 통일헌법의 제정 논의는 의미가 크다. 통일의 최종 목적지는 남북한의 법제통합으로 귀결되므로 한반도의 통일은 헌법에 기초하기 위해서 통일헌법의 제정이 필요하다.

   남북한의 통일헌법 초안은 통일이 어떤 방식으로 이루어지는가의 문제와 밀접한 관계가 있다. 남북한의 합의에 의한 통합을 전제로 하는 경우 통일헌법 제정은 특히 의미가 크다. 우리 법체계 내에서 통일을 완성해야 하는 모델이라면 최소한의 규정만으로 통일을 실현할 수 있다. 평화적 합의에 의해 완성되는 통일이란 일방의 힘에 의한 흡수통일을 배제하고 남북한이 법제 통일을 완성하는 것을 의미한다. 통일은 하나의 국가를 형성하는 것이기에 제도적으로 새로운 헌법을 제정하여 통일을 완성하는 것이 바람직하다.

따라서 통일 준비의 중요한 부분은 통일에 대한 법제 측면에서의 대비이고 통일의 실현과정 역시 통일합의서의 방식, 또는 법률통합, 나아가 통일헌법의 제정을 통해 이루어진다는 현실 상황에 대한 확실한 인식이다. 그러나 우리는 사실 이런 부분에 대한 인식의 공유는 조악한 수준이다. 대학원에서도 북한학 전공의 소수자가 북한의 법이나 권력 구조를 연구하거나 정치학이나 법학을 공부하는 이들 중에 통일을 준비하는 차원에서 통일헌법을 연구하는 정도이다. 학문적 관심도, 인기도 없는 분야이다. 그러나 통일국가의 권력 구조를 미리 고민하고 법제를 준비하는 것은 통일 이후의 혼란을 단축하고자 하는 실제적인 이유이자 통일은 우리가 주체가 되어 준비해야 한다는 당위의 표현이기도 하다.

02
산업화, 민주화.
그 다음은 통일이다

　우리나라에 산업다운 산업이 없고 소득도 낮고 국민의 생활 수준이 낮을 때는 산업을 일으켜 일자리를 만들고 소득을 높이는 게 가장 우선적인 목표가 되어야 했다. 그리고 그다음엔 억눌려있던 민주주의를 되살리고 인권을 회복하는 일이 시대적 명제였다. 우리가 빠른 시간에 산업화를 이루고 또 민주주의를 향한 소수의 헌신에 힘입어 민주주의를 완성한 것은 자연스러운 일이 아니다. 그건 열악한 노동환경에서 희생한 노동자들, 그리고 민주주의를 위해 목숨까지 바친 학생과 젊은이들, 또 점점 깨어나는 시민의식의 결과였다. 고통의 한 가운데 있을 때는 그것이 정말 이루어질까 의심하고 주저하기도 했으나 결국 우리는 그 모든 걸 해냈다. 빈부격차와 주택문제, 젊은 세대의 취업, 출산율 저하 등의 많은 문제가 여전히 있지만, 국제무대에서 경제적 힘을 가진 나라가 되었고 민주주의와 인권이 빠른 시간에 놀랄 만큼 진전한 나라가 됐다.
　산업화의 시기에도, 민주화를 위한 투쟁의 시기에도 늘 의심과 주저함은 존재했다.
　그게 되겠어?
　그러나 시대적 소명은 걸리는 시간의 차이는 있을지라도 반드시 달성된다는 게 역사의 증언이다. 그리고 이제는 통일이 시대적 명제이다. 통일에 대한 의구심과 불안, 반대의 목소리가 있는 것도 자연스럽고 그것 또한 우리의 한 모습이다. 그러나 통일이 도덕적 명제나 정치적 명제가 아니라 시대적 소명이기 때문에 통일은 된다.

그렇다면 우리는 통일을 준비하고 통일에 따르는 비용을 절감하고 정서적 이질감을 완만하게 극복해서 통일의 목적이었던 원대한 통일 한국을 만드는 일을 생각해야 할 때이다. 그런데도 현실의 정치인들은 너무나도 근시안적인 정치적 계파나 이해관계, 낡고 또 낡은 이념, 지역감정, 구태의연한 인신공격 등으로 정치를 옹졸하게 만들고 국민으로 하여금 현실에 과몰입하도록 한다. 정치는 국민에게 미래의 비전을 제시하고 국민과 함께 미래를 준비해야 하는데 얼마나 많은 정치인이 미래를 생각하고 걱정하고 준비하는지 모르겠다.

특히 통일에 대해서는 분단구조가 주는 정략적 이해관계 때문인지는 몰라도 정치적, 정략적으로 접근하는 어리석음에 사로잡힌 정치세력들이 많다. 여기에는 남한과의 관계에서 신뢰를 유지하지 못하는 북한의 태도도 한몫한다. 남한의 진보정권들이 남북한 화해와 평화, 왕래, 교류에 대해 지속적인 노력을 했으나 자주 원칙과 약속을 저버리는 북한의 태도와 그걸 빌미로 남북교류와 평화정책을 비난하는 보수세력의 공격으로 남북관계는 진전과 퇴보를 되풀이하고 있다.

통일?
좋아요! 그런데 꼭 억지로 해야 하나요?
난 지금 이대로 사는 게 더 좋은데….
이미 많이 멀어졌는데 굳이 통일을 해서 불편하게 같이 살아야 하나요?
내가 만나본 젊은 세대 중에도 이렇게 말하는 사람들이 있다. 처음엔 강제로 별거를 했지만 별거가 길어지고 각자의 경제활동을 영위하고 각자의

통일이 가져다줄 결과물을 있는 그대로 설득한다면 합리적인 젊은 세대는 흔쾌히 동의할 것이다.

삶을 꾸려간 시간이 길어지면서 만나는 관계들도 달라졌고 문화적 이질감도 커진 부부처럼 남북관계를 본다. 그래서 새삼 다시 합치는 것이 불편하지 않겠느냐고 말이다.

물론 비교적 단순한 개인의 별거와 한 민족의 분단을 비교할 수는 없으나 아마 정서상으로는 그런 감정과 비슷하지 않을까. 분단상황과 그 안에서의 삶이 익숙해지다 보니 분단상황이 애초에 비정상이었다는 깨달음을 잊는 것이다. 생각과 삶의 관성이 당위와 가치보다 앞서는 경우겠다. 통일전망대에서 분단상황을 실감해도, 북한 주민의 팍팍한 삶을 뉴스로 봐도 생각의 변화가 없다. 북한이 우리와 경제 격차가 더 벌어질수록 아마 이런 생각을 하는 젊은 세대가 많아질 수도 있다.

통일과정에서 우리가 부담해야 하는 막대한 통일비용을 걱정하기도 하고 많이 달라진 문화적 차이로 이질감이 커진 탓이다. 때로는 서구의 어떤 나라보다 더 멀게, 이질적으로 느껴지는 북한과 꼭 다시 통일을 해서 같은 나라의 국민으로 사는 게 감정적으로 싫은 젊은 세대도 있다. 또 왜곡된 이념 탓에 무조건적인 적대감을 갖고 있기도 하다. 북한이 우리보다 잘 산다면 통일을 하겠지만 굳이 북한과 통일을 해서 내가 지금보다 더 못살고 세금을 더 내야 하고 이질적인 생각과 문화를 가진 사람들과 함께 살아야 하는 게

통일 한국의 집을 짓다   169

싫다고 솔직하게 말하기도 한다.

　물론 분단이 강대국들에 의해 강제되고 같은 민족이 억지로 나뉘게 된 이 상황이 비정상적이어서 통일을 해야 하는 역사적 당위도 있다. 어쩌면 통일은 선택이 아니라 민족적 당위이다. 그러나 더 근본적이고 중요한 이유는 통일이 우리에게 더 나은 삶을 가져다주기 때문이다. 그리고 후손들에게 더 나은 미래를 주기 때문이다. 통일비용이 아까워 분단을 지속하겠다는 건 투자비용이 아까워 사업 확장을 하지 않겠다는 것과 같다. 투자비용은 버리는 돈이 아니라 더 많은 생산과 이익을 가져다주고 더 많은 사람에게 고용기회가 열리고 기업이 성장하는 선순환의 첫 단추다. 이 경제구조를 이해하는 사업가라면 당연히 투자를 할 것이다.

　통일 또한 그런 선순환과 성장을 가져오기 위한 투자이다. 분단으로 인한 막대한 군사비용과 안보비용을 줄일 수 있으며 남과 북의 조건들을 최적화해서 경제적 로드맵을 이룬다면 지금과는 비교할 수 없는 경제대국이 된다. 또한, 통일 이후의 막대한 투자비용은 말 그대로 투자비용이다. 인프라를 구축하고 기반시설들을 확장하고 관광산업의 범위가 넓어지고 노동시장이 확대되고 이질적이었던 두 문화의 융합과정에서 더 활달한 문화의 팽창이 일어난다. 그러니 통일은 남과 북, 모두에게 거대한 기회다.

　국가는, 그리고 정치권은 분단체제가 익숙해진 젊은 세대에게 통일의 당위성을 알려주어야 한다. 민족적 책무나 이념적 당위의 차원에서가 아니라 기회라는 측면에서 설득해야 한다. 우리 민족의 삶을 한 단계 더 확장할 기회, 나와 내 후손의 삶에 더 많은 기회를 가져다주는 동력으로써의 통일을 이야기해야 한다. 통일은 정치, 군사문제이기도 하지만 경제와 문화의 기회 확대이기도 하다. 통일이 가져다줄 결과물을 있는 그대로 설득한다면 합리적인 젊은 세대는 흔쾌히 동의할 것이다.

03

통일의 단계

대한민국 헌법 4조는 '대한민국은 통일을 지향하며, 자유민주적 기본질서에 입각한 평화적 통일정책을 수립하고 이를 추진한다' 고 명시하고 있다. 그러나 통일 실현의 구체적인 방안이나 과정, 통일 이후 대한민국의 정부 형태, 조직 등에 관해 구체적으로 규정하고 있지 않다. 우리는 우선 우리나라의 헌법 질서의 범위 내에서 통일에 대한 논의를 진행할 필요가 있다. 중장기적인 관점에서 북한의 체제변화에 따른 남북한 간의 화합적 통일의 경우 국가권력 구조는 남북한 당사자 간의 합의 내용에 따라 다양한 형태를 구성하게 될 것이며, 바람직한 통치구조를 선택할 여지가 발생할 것이다.

나는 <통일단계별 국가권력구조의 체계에 관한 연구>에서 통일헌법의 국가권력 구조에 기초한 통일을 세 단계로 구분했다. 제1단계는 통일 준비 단계이며 제2단계는 과도기적 통일형성 단계이고 제3단계는 통일 실현 및 완성단계이다.

2000년 김대중 대통령과 북한의 김정일 국방위원장은 평양에서 남북정상회담을 갖고 한반도 평화와 평화통일의 원칙을 밝힌 '6.15 공동선언문'을 발표했다. 선언문의 2항에서 "남측의 연합제 안과 북측의 낮은 단계의 연방제 안이 서로 공통성이 있다고 인정"하고 앞으로 이 방향에서 통일을 지향해 나가기로 합의했다. 그러나 이후 남북관계는 경직되고 6.15 공동선언문의 구체적인 내용은 퇴보한 상태이다. 남북한은 통일 준비단계에서 오랫동안 지체하고 있는 셈이다.

통일형성 과정에 있어 통일헌법의 국가권력 구조에 관한 논의는 남북한 간의 통일 환경의 변화를 감안하고 독일과 예멘의 사례를 참고할 필요가 있다. 독일은 장기간이 소요되는 통일헌법 제정이라는 이상적인 형태의 통일에 집착하지 않고 정치인, 관료, 국민이 조약형태의 계약방식을 활용하여 효율적이면서 신속한 통일을 달성하였으므로 우리나라의 통일과정에 훌륭한 모델로 작용할 수 있다. 예멘의 사례는 통일 이후에 대립과 갈등이 가속화되었다는 부정적 측면이 있으나 서로 이질적인 이념과 체제임에도 지속적인 합의를 통해서 통일을 이룩했다는 사실은 높이 평가할 만하다. 통일은 북한의 붕괴 등 우리가 예상하지 못한 순간에 다가올 수 있으므로 통일 환경에 대비하여 단계별 통일 로드맵을 염두에 두면서 통일헌법의 구상과 이에 상응하는 국가권력 구조의 바람직한 체계를 형성하여 대응방안을 구축할 필요가 있다.

따라서 통일 한국의 바람직한 통치구조에 관한 분석은 북한 체제가 붕괴하는 등 급변상황이 발생하는 경우 또한 염두에 두고 효율적으로 통일을 대비할 수 있어야 한다. 합의통일에 의해 남북통일이 이루어질 경우 통일헌법의 국가조직은 남북한 당사자 간의 통일합의서의 내용에 따라 그 형태가 상이하겠지만, 남북한의 어느 당사자도 자기 일방의 기존 통치구조를 완전히 포기하거나 무시하면서 통일 후의 국가권력 구조의 형성을 협상하지 않을 것이기 때문에 그러한 협의서의 내용은 남북한의 기존 헌법 질서에 의해 근본적으로 제한될 것이다. 따라서 합의통일이 이루어지면 통일헌법의 국가조직은 양 당사자의 기존 통치조직의 적응 또는 상호 수용의 양상을 나타내게 되고 기존의 헌법 질서 내에서 허용 가능한 국가권력 구조의 형태가

예상치 못한 통일 환경에 대비하여 단계별 통일 로드맵을 염두에 두면서 대응방안을 구축할 필요가 있다.

되어야 한다.

 통일은 기본적으로 흡수통일과 합의통일로 구분되는데 우리나라는 헌법에 따라 자유민주주의 기본 질서에 의한 평화통일을 지향하고 있다. 그러나 통일은 예기치 못한 북한의 정치적 결단으로 인해 통일 합의서를 체결하거나 또는 남북연합의 단계를 거쳐 완성될 수도 있다. 또 남북연합 단계에서 북한 체제의 변화에 따라 이런 단계를 거치지 않고 합의 형식에 의해 통일이 달성될 수도 있다. 북한의 급격한 변화에 따라 평화적 흡수방식으로 통일이 완성될 수도 있다. 어떤 로드맵으로 통일이 완성될지는 누구도 섣불리 예단하기 어렵다. 하지만 통일의 실현·완성단계에서 국가권력 구조의 통합은 통일을 남·북한 기존 권력의 승자독식 구조로 이해하는 것이 아니라 민주적인 새로운 국가공동체 조직을 형성하는 것을 의미한다.

04
통일 한국의 미래 국가형태

통일국가의 모델로는 국가연합 모델, 연방제 모델, 단일국가 모델이 있으나 우리나라 헌법은 통일국가의 형태를 별도로 특정하고 있지 않다.

연방제는 국가의 주권에 대한 집행권이 연방을 구성하는 각 단위의 정부인 지방정부와 연방정부인 중앙정부 간에 분점되어 있어서 연방정부와 구성단위 정부 간에 통치의 역할 분담이 확실하게 이루어지고 중앙과 지방의 각 정부가 수직적으로 분할된 각자의 통치영역에서 완전한 최종결정권을 행사하는 국가구성 형태이다. 연방제에서는 1국 2체제를 인정하지 않으며 공동 통치기구인 중앙정부 또는 연방정부가 국가연합에서보다 광범한 영역에서 강한 권한을 보유하며 연방에 참여하는 단위들에 대한 기속력을 강하게 행사한다.

헌법에서 통일국가의 형태를 별도로 특정하고 있지 않기 때문에 연방국가 형식으로 통일을 달성하는 것이 대한민국 헌법에 반하는 것은 아니다. 그러나 연방제는 구성원인 지방이 최소한 동일한 헌법적 가치와 정치이념을 공유하고 경제적으로 동일한 가치를 지향할 때 실현될 수 있는데 상이한 두 체제 간에 과도기적 형태로 연방제를 시행하는 것은 적절하지 않다. 남북관계의 이질성과 단절, 체제의 이념과 상이함을 극복하지 않은 채 연방제로 나아갈 경우에는 주권의 행사방식과 문제해결에 대한 상이함으로 어려움에 처할 수 있다. 일방에 의한 다른 일방의 흡수가 효율적인 정치시스템의 운영을 방해할 수도 있다.

국가연합은 별도의 주권을 가진 남과 북이 하나의 국가로 결합하는 방식이다. 상이한 체제와 생활방식을 그대로 유지한 채 남북한의 이질성을 넓게 상호용인 하면서 최소한의 교집합을 매개로 두 개의 국가가 협력하는 통치구조이다. 그러나 현실적으로 남북한이 별도의 주권과 이질성이 매우 큰 통치구조를 가진 채 결합력이 느슨한 국가연합으로 통일된 상태는 불완전한 통일이다. 이 불완전한 통일이 완전한 통일로 가기 위해서는 국가연합의 국가구성 형태가 국가연합에서 단일국가로 발전해 나가야 한다.

통일 한국의 국가형태는 통일 한국의 헌법적 가치와 통일헌법의 기본원리에 반하지 않는 한 단일국가든 연방제이든 상관없다 할 것이다. 통일 환경의 변화에 따라 연방국가도 검토할 수 있으나 우리나라의 경우 연방 국가 경험이 없고 북한이 주장하는 연방제 개념과 독일이나 미국의 연방 국가 개념의 차이가 있다. 그리고 연방과 지방 또는 각 지방 간에 동질적인 기반이 조성되지 않는다면 성공하기 어려운 제도임을 생각할 때 우선은 단일국가 모델로 통일을 이루는 것이 필요하다.

통일의 실현과정에서 일시적으로 국가연합이나 연방제 모델을 취할 수는 있으나 결과적인 국가 모델은 단일국가 형태여야 한다. 우선은 남북연합 단계를 취할 수 있으나 남북한이 별도의 주권과 별도의 통치구조를 유지한 채 결합력이 느슨한 국가연합으로 통일된 상태는 민족통일이 이루어진 것이 아니다. 그러한 불완전한 통일이 완전한 통일이 되기 위해서는 남북한의 통일상태가 분단으로 역전되기 어렵도록 국가구성 형태가 국가연합체에서 단일국가 모델로 발전해 나가야 한다.

단일국가를 이루는 방식의 전 단계로 연방제를 설정하는 통일접근방식이 있을 수 있으나 연방제를 반드시 거쳐야 하는 건 아니다. 한반도의 지정학적 특수성, 한민족 국가의 특수성, 점진적으로 진행되어온 화합적 평화통일을

통일의 실현과정에서 일시적으로 국가연합이나 연방제 모델을 취할 수는 있으나 결과적인 국가 모델은 단일국가 형태여야 한다.

고려할 때 남북한의 통일이 보다 완전하고 남북한 주민들이 국민적 동질성을 보다 높은 수준으로 확대하려면 통일 한국의 통치구조는 연방제보다는 단일국가 모델이 바람직하다.

   연방제 단계를 설정하게 되면 통일실현과정에서 충분한 혜택을 누리지 못한 지역 주민들은 다시 분단상태를 동경하고 지향하며 고착시키려 할 것이다. 하지만 남북한의 이질적인 체제를 수용하는 점진적 합의 평화통일 과정의 특성상 연방제 단계에서 남과 북 지역이 갖는 이질성이 완전히 해소되기 어렵기 때문에 이러한 이질성을 전제하고 인정하면서 연방제로 나아가는 것은 불안요인을 갖고 있다. 남북한 양 지역 간 정책적 이질성이 항구적으로 지속된다면, 또한 남북한 구성원들 간 이념적 이질성이 지속되어 국민통합이 공고해지지 않는다면 주변국들은 한반도에 대한 자신들의 이해관계 때문에 남북한의 분단을 원해 정치적 영향력을 발휘할 수 있다. 단일국가는 하나의 국가에 주권이 귀속되고 집행권을 중앙정부가 가지고 모든 국가 구성단위들을 중앙정부에 종속시키고 국경 내의 모든 지역이 완전히 동일한 통치구조와 단일한 정책에 의해 일원적으로 통치되는 국가이다. 단일국가에서는 획일적으로 적용되는 하나의 헌법만 존재하며 중앙정부와 지방정부의 행정권을 장악하는 정당이 서로 다를 수는 있어도 정책 원리는 동일한 공동체를 말한다.

단일국가 체제에서는 남북한의 구성원은 완전한 하나의 국민이 되고 남북한 지역에서 지역 헤게모니를 장악했던 정치세력은 남북한 전체 지역을 하나의 경쟁 무대로 하는 복수 정당으로 전환된다. 그리고 이러한 정당들에 의한 정치 경쟁의 결과에 따라 남북한 전체 지역은 하나의 정당 또는 하나의 정책 원리를 가진 정당 연합에 의해 통일적으로 또는 일관성 있게 통치될 것이다.

이러한 단일국가 모델은 통일 실현과 완성단계에서 합의제 민주주의의 요소에 따라 이루어질 필요성이 있다. 이러한 통일을 위해 우리 정부는 '민족공동체 통일방안'을 지속해서 추진하면서 자유민주공화국으로 '1민족-1국가-1체제'의 통일을 완성해야 한다.

남북한이 단일국가로 발전함에 있어서 당면하게 되는 최대의 어려움은 경제, 사회제도의 차이를 해소하는 것이다. 남북한의 정치제도는 의회민주주의로 동질화되었겠으나 각 단위의 경제, 사회제도는 아직도 이질성을 유지하고 있을 것이기 때문이다. 이러한 경제, 사회제도의 이질성은 주민들의 일상 생활방식과 밀접하게 연관되어 있어서 쉽게 동질화하기 어렵지만 불가능한 해결과제는 아니다. 통일의 가장 낮은 단계인 남북연합단계에서부터 출발하여 북한 지역에 오늘날 중국과 유사한 정치시스템을 발전시켜 다양한 사적 소유형태가 진전되면 남북의 경제, 사회제도가 갖는 이질성은 극복될 수 있다.

통일 한국의 국가형태는 통일 한국의 헌법적 가치와 통일헌법의 기본원리에 반하지 않는 한 그것이 단일국가이든 연방제이든 대한민국 헌법에도 반하지 않는다. 그러나 남과 북이 각기 다른 체제를 운영해온 경험과 연방제 국가로의 통합이 현실적으로 갖는 한계 등을 고려할 때 단일국가 모델로 통일을 이루는 것이 필요하다.

05
통일 한국의 국가 권력 구조, 그 기본원리

　통일에서는 남북 두 체제 간 이질성과 단절을 극복하고 통합된 단일국가를 완성하는 것이 중요하므로 통일 한국의 미래 국가형태를 고민하고 준비하며 정부 형태와 행정부 구성, 국회 구성, 사법부 등 전체적이고 통합적인 국가의 모델을 고민하고 구체화 시키는 노력을 해야 한다.

　통일헌법의 국가 권력 구조는 개인과 국가, 자유와 평등, 자율과 통제 등이 적절히 조화되도록 구성되어야 하고 새로운 민족공동체의 삶에 필요한 가치체계가 반영될 수 있어야 한다. 또한, 통일 한국의 국가 권력 구조는 국민적 합의에 따른 정통성이 확보되어야 하고 남·북한의 정치적 지역적 토대 위에 구축되어 남북한의 정치적 지역적 갈등을 해소할 수 있는 화합적이고 안정적인 국가를 도모할 수 있어야 한다.

　통일헌법은 국가 권력 구조, 또는 국가조직의 원리에 속하는 권력분립주의, 국민주권의 원리와 대의제 원리의 관철, 지방분권의 실현과 통합의 원칙을 충실히 담아내고 수행할 수 있는 형태가 바람직할 것이다. 통일의 실현이 합의 방식인지 아니면 흡수통일 방식인지에 따라 통일헌법을 제정할 것인지 또는 헌법의 개정에 그칠 것인지가 달라지며 그러므로 다양한 국내외의 통일 환경에 부합하도록 지속적인 대응방안과 준비가 필요하다. 남한의 자본주의 헌법과 북한의 사회주의 헌법의 기계적 통합과 절충은 우리나라 헌법이 예정하고 있는 통일의 방법과는 거리가 있으므로 대안을 모색해야 한다.

국민주권, 대의제의 원칙 :

통일 한국의 국가 권력 구조는 남북한 전체 구성원의 의사가 반영되는 국민주권주의에 기초해야 한다. 주권재민에 의한 국민주권의 원칙은 통일헌법의 기초원리이면서 국가 권력 구조의 근본원리이다. 즉 통일헌법의 국가 권력 구조는 국가권력의 정당성이 국민에게 있고 국가 내의 모든 권력 행사를 국민의 의사에 귀결시키는 국민주권의 원리가 반영되어야 한다.

권력분립의 원칙 :

권력분립의 원칙은 국가기관 상호 간에 견제와 균형을 주된 가치로 추구하는 원리이다. 통일헌법은 무엇보다 권력 간의 견제와 균형을 요구하는 권력분립의 원리를 전제로 추진되기 때문에 권력분립주의의 틀을 넘어설 수 없다.

북한의 경우 권력이 소수에 집중 또는 독점되어 있기 때문에 통일과정에서 특히 권력분립의 필요성이 강조될 수밖에 없다. 우리나라의 경우 그동안의 민주화 과정과 지방자치 실현과정을 통해 권력의 오남용을 억제하기 위한 일련의 과정을 겪었다. 하지만 여전히 권력분립을 입법, 행정, 사법 간의 수평적 권력분립 형태뿐만 아니라 국가와 지방자치단체 간의 수직적 권력분립 형태로 발전시킬 필요가 있다.

이처럼 권력분립이나 권력의 독점 또는 집중을 방지하는 원리를 통일헌법의 기본원리로 간주하지만 반대로 통일 이후의 안정을 위해 중앙집중화된 권력을 행사할 필요가 있다는 견해도 있다. 우리의 경우 지방자치의 의결기관으로 각급 지방의회가 있으며 북한의 경우는 지방

남북한 간의 통일에서 두 체제 간 서로 이질적이고 단절적인 현상을 극복하고 통합하는 노력이 필요하다.

인민회의를 두고 있다. 북한의 지방자치는 최고 국가 권력기관과 지방권력기관을 비롯한 모든 국가기관의 구성원을 민주적 선거에 의해 선출하는 방식과 하부 조직인 지방이 상부조직인 중앙에 복종해야 하는 집단지도체제 방식의 중앙집권제 원칙이 결합한 것이다.

통일 한국은 북한의 획일적이며 통제적인 행정체제를 극복하고 개방적 지방분권 모델을 채택하여 중앙정부와 지방정부 간의 수직적 권력분립의 조화가 이루어지도록 할 필요가 있다.

자유민주주의와 복수정당제 :

통일 한국의 통치구조에 있어서 복수 정당을 통한 경쟁의 원리는 대한민국 헌법 제8조에 근거하고 있다. 남북통일은 자유민주적 기본질서에 바탕을 두고 완성되어야 하며 통일 한국의 국가 권력 구조 역시 자유민주주의를 실현할 수 있는 조직이어야 한다.

지방분권화 :

통일 후 지방조직을 어떻게 형성하고, 중앙정부와 지방조직 간의 관계 설정을 어떻게 할 것인가의 문제는 통일의 방식이 북한 체제의 몰락이나 흡수통일의 형태로 급속하게 이루어질 경우인지 아니면 합의통일 형식에 의해 점진적으로 이루어지는가에 따라 그 내용이 다르다. 북한 체제의 몰락으로 통일이 되는 경우 남한의 지방조직이나 지방자치제를 북한에 그대로 이식할 가능성이 높다.

독일의 경우 통일 후 동서독 간의 사회통합에 긍정적 역할을 한 것은 지방자치단체 간의 동맹형태인 자매결연 관계였다. 남북통일은 기본적으로 이질적인 두 체제가 통합하는 것이므로 통일 한국의 초기 단계에서는 남북한 간의 지역갈등이 노출될 가능성이 매우 크다. 따라서 초기에는 중앙집권제를 시행해서 남북한을 일관성 있고 효율적으로 통치할 수 있다. 주의할 점은 일방적인 중앙정부 통치형태로 권력이 집중될 때 각 지방의 환경과 여건이 충분히 고려되며 행정의 효율성도 증대시킬 방법으로 지방분권 정책도 효율적으로 시행될 수 있도록 해야 한다는 점이다. 북한이 지역 비례를 중심으로 만들어놓은 지방 행정 단위는 인구수 등을 고려해 재조정될 필요가 있으며 지방자치단체의 권한과 한계는 확실하게 명시하고 중앙정부와 지방자치단체 간은 물론 지방자치단체 간의 역할과 기능은 철저하게 점검하여 지방재정 자립에 중앙정부의 지원이 가능하도록 시스템을 정비할 필요가 있다.

통일 한국은 남북의 이질성을 고려하고 각 지역의 특수성을 고려하여 중앙정부에 의한 획일적인 행정보다 지방정부에 의한 지역의 다양성 또는 분권화에 기초한 지방 행정의 강화가 타당하다. 또한, 지역 간의 갈등 해소 및 균형 발전을 위해 분권 형태의 국가를 운영함으로써 지방의 발전과 인구 분산의 효과가 확산될 수 있다.

통합 :
통일 이후 승자독식의 구조가 될 경우 사회불안은 높아진다. 통일 이후

동독 출신의 메르켈 총리가 성공적인 정치 지도자로 등장하여 산적한 통일 이후의 난제를 해결한 독일의 경우도 참고할 만하다.

　남북한 간의 통일에서 두 체제 간 서로 이질적이고 단절적인 현상을 극복하고 통합된 단일국가를 완성하는 것이 중요하므로 남북한 간의 지역적 불평등과 경제적 불균형을 해소하는 통합노력이 필요하다. 통합의 원리는 남북한 간의 화합을 위해서도 필요하지만, 무엇보다도 권력 구조의 조직구성에 있어 필요한 항목이다. 다만 통합의 원리로 남한의 자본주의 체제와 북한의 사회주의 체제를 결합한 제3의 방향과 대안을 모색하는 것은 주의할 필요가 있다. 현실적으로 수정자본주의는 가능하지만, 자본주의 헌법과 사회주의 헌법의 기계적 통합과 절충은 우리나라 헌법이 예정하고 있는 통일의 방법과는 거리가 있다.

06 통일 한국의 행정부

통일 한국에서 바람직한 정부 형태가 어떠한 것인가에 대하여 대통령제, 의원내각제, 이원집정부제, 회의정부제 등을 비교해서 합리적으로 결정할 필요가 있다. 어떤 정부 형태가 남북통일을 완성하는 데 바람직할 것인가의 문제로서 이는 남북한의 동질성 확보, 사회통합, 북한 지역의 체제 정착, 경제발전과 통일국가에 대한 국민의 기대와 이익 등을 종합적으로 판단하여 남북한 전체의 의사를 반영하는 형태로 결정하는 것이 바람직하다.

대통령제는 대통령이 국정의 최고책임자임과 동시에 행정부의 수반으로 존재하는 형태로 대통령제하에서 입법부와 행정부의 최고책임자가 각각 국민에 의하여 직접 선출되어 독자적인 민주적 정당성을 갖는 정부 형태이다. 대통령제가 통일 한국의 정부 형태로 바람직한 이유는 다음과 같다. 오랜 기간의 분단을 극복하여 남북통일을 완성했을 때 정치적 안정과 리더십이 필요하다. 아울러 통일 이후의 산적한 과제를 추진함에 있어 대통령에게 집행권이 집중되는 것이 보다 효율적일 수 있다. 또한, 남북한 간 갈등을 치유하고 봉합하기 위해서 대통령과 부통령에게 적절하게 역할을 분담함으로써 상이한 정치세력의 타협을 도출해낼 수 있는 장점이 있다. 한편 인구수가 많은 남한이 권력을 독점하게 되어 사회통합에 걸림돌로 작용하여 갈등을 초래할 여지도 있다.

대통령제는 남북통일 상황에서 강력한 리더십으로 책임감을 갖고 산적한 문제를 해결해나갈 수 있다.

　의원내각제를 고려할 때, 남북한은 남북한 정당 상호 간의 역사적, 이념적 연대성이 없다. 독일의 경우 정당제도가 발전했고 의원내각제의 경험이 있는 반면 우리는 의원내각제의 경험이 미흡하고 다수 정당이 난립할 경우 통일 환경에 적절하게 대처하는 데에도 어려움이 있다.

　이원집정부제는 대통령제와 의원내각제의 장점을 선택하여 절충한 제3의 정부 형태로 대통령과 국회는 모두 국민에 의해 직접 구성하는 것이 원칙이다. 이원집정부제는 대통령의 권력 집중과 의원내각제의 혼란을 방지할 수 있다는 점이 장점이기는 하다. 그러나 합의통일 과정에서 남북한의 상호협의가 가능한 형태의 정부 형태를 모색할 때 남한은 강력한 권한을 행사할 수 있는 대통령제나 인구 비례에 따른 선거를 통해 의회와 행정부를 실질적으로 지배할 수 있는 의원내각제를 선호하게 될 가능성이 크다. 반면 북한은 인민민주주의의 회의제 정부 형태인 사회주의 정부 형태의 구성을 주장하게 될 가능성이 높다. 이원집정부제는 일정한 권력 분배를 통해 상호 견제와 균형의 관계를 유지하고 직선 대통령에 의한 일관성 있는 국정운영의 방향성을 잘 유지할 수 있다는 관점에서 의원내각제의 장점과 대통령제의 장점이 있을 수 있으나 대통령과 국무총리가 소속 정당을 달리할 경우는 정국의 불안정을 초래할 수 있고 그 반대의 경우에는 권력 독점으로 독재의 우려가 있다.

통일헌법에 의한 정부 형태의 구성은 통일헌법의 제정과정에 있어 매우 중요한 문제이기 때문에 우리가 직면하고 있는 통일 상황과 통일 후의 갈등구조를 해결하기 위해서는 대통령제로서의 정부 형태는 문제점의 개선을 통한 확실한 제도정착이 필요하다. 통일헌법에 의한 행정부는 대통령제를 중심으로 하지만 부통령제를 채택하여 북한을 배려하고, 남북한 국민이 직접선거를 통해 대통령을 선출해서 정당성을 확보해야 한다.

대통령제는 남북통일 상황에서 강력한 리더십으로 책임감을 갖고 산적한 문제를 해결해나갈 수 있다. 대통령제에서 대통령 후보나 대통령은 국민에게 직접 통일 환경의 새로운 국가적 과제를 강력한 리더십을 발휘하여 임기 내에 자신의 책임하에서 국민에 의해 검증된 공약을 추진할 수 있게 된다. 즉 통일문제와 관련하여 대통령은 부통령과 더불어 역할 분담을 할 수 있으며 북한 체제에 익숙한 북한 주민을 설득하여 국민통합을 실현하기 위해서도 의원내각제 등 친숙하지 않은 정부 형태의 선택은 바람직하지 않다. 따라서 통일의 과정, 통일 실현과 완성단계에서 대통령제가 통일 한국의 바람직한 정부 형태라고 판단된다. 통일 이후 오랜 기간의 분단을 극복한 통일 한국에서 강력한 리더십을 발휘하여 선결한 과제를 해결하기 위해서 대통령에게 권한이 집중되는 것이 무엇보다 필요하다.

07

통일 한국의 입법부

　남북한 간 통일이 이루어지면 통일 의회를 구성할 대표를 선출하게 된다. 통일국가에서 대의 기능과 합의 기능을 보장하기 위해 국회의 구성은 매우 중요하다. 통일 의회를 구성하기 위해 어떤 의회제도를 채택하는지의 문제는 정부 형태, 정당 체계, 선거제도 등 제반 정치제도와의 연관성 속에서 합리적으로 선택하여 결정할 문제이다.

　통일 후 쉽게 예측할 수 있는 상황은 사회적 갈등이 다양한 방식으로 표출될 거라는 사실이다. 다양한 갈등과 이해관계를 합리적이며 균형 있게 조정하고 국민통합과 실질적 남북통합에 기여할 수 있는 국회 제도의 구성이 필요하다. 의회 구성은 국민의 대표성과 인구 비례를 합리적으로 조화시키면서 안정적인 의회제도를 구축함으로써 통일 한국이 연착륙할 수 있도록 해야 한다.

　국가권력 구조의 통합과 관련하여 통일헌법의 의회제도는 대의민주주의 실현의 가치를 극대화하고 입법부, 행정부의 견제와 균형유지를 통해 권력분립을 실현해야 한다. 의회를 구성하면서 단원제, 양원제 중 어느 제도를 선택할 것인가의 문제는 대통령제, 의원내각제 등의 정부 형태 문제와 상호 연계하여 논의할 수 있다.

　단원제는 국회 운영의 신속성과 효율성이라는 장점이 있으나 통일 한국의 인구가 7천만 명 이상인 점을 고려하면 대표기능 수행에 부적합하고 인구 비례에 의해 국회를 구성할 때 남북한의 지역적 불균형을 해소하기 어려운 측면이 있다. 따라서 인구 비례에 의해 대표성을 가지는 하원과 지역 대표성을 가지는 상원으로 구성되는 양원제 국회가 바람직하다.

인구와 경제력의 차이가 큰 남북한의 지역갈등을 완화할 수 있다는 점에서, 그리고 중앙정부와 지방간의 긴장 관계에 완충 역할을 수행할 수 있다는 점에서 양원제의 의회 형태가 통일 한국의 국회 구성으로 긍정적인 기능을 하리라 본다. 또 상원과 하원의 권한 배분은 상원이 하원보다 우월한 권한을 행사하도록 권한의 범위를 구체화해야 한다. 행정부와 사법부에 대한 통제권, 탄핵소추권, 인사권 등은 상·하 양원이 적절하게 배분하되 남북한 권력 구조의 균형이라는 측면도 고려한다.

결론적으로 통일헌법의 의회 형태는 양원제가 적절하며 양원은 국민 대표성에 의한 하원과 지역 대표성에 따라 남북 50인씩 균등 분배하는 상원으로 구성한다. 하원과 상원의 숫자 비율은 3:1 또는 4:1로 하지만 하원이 우월한 권력을 행사하기보다는 상원과 하원이 균등하게 권한을 행사하도록 한다.

08 통일 한국의 사법부

　남북한 간의 통일에 있어서 헌법에 국가조직의 근간에 관한 사항이 포함될 수밖에 없는데 사법부에 관한 사항은 헌법 제도 가운데 핵심사항이다. 통일 한국의 사법제도를 형성함에 있어서는 인권의 사법적 보장, 권력분립의 확립, 행정에 대한 사법적 통제, 법관의 신분 보장, 심급제도와 영장주의의 확립, 검사 권한의 합리적 축소, 법조 인력의 공정한 선발과 양성제도의 확립 등이 기초가 되어야 한다. 그리고 북한의 사법제도 가운데 형 집행 절차에서 법원의 관여, 변호사 업무의 공익성 강조 등 국민의 사법 참여를 고양하거나 인권보장을 강화할 수 있는 제도 등은 통일 한국의 사법제도의 요소로 고려될 수 있을 것이다. 그러나 기본적으로 법치국가 절차를 위해서는 한국의 사법제도가 북한에까지 확대되어 적용될 가능성이 크다고 판단된다.

　또 통일헌법에 따른 사법제도는 기본적인 독립성 보장과 역할 외에도 특별법원의 설치를 통해 불법청산과 토지 소유에 관한 문제 등에 대해서 법적 안정성과 통일 한국의 신뢰를 높일 필요가 있다. 헌법재판 제도를 규정해 헌법재판소가 명실상부한 최고 권위를 갖춘 최상위 헌법재판 기관이 되도록 해야 한다. 독일의 경우 통독의 기본원리인 자유, 민주의 기본질서를 확립하기 위해 독자적인 정치적 사법 기능을 활성화하려고 헌법재판소를 구 동독지역으로 확대, 발전하여 설치하였다.

09

국가 권력 구조.체계 구축의
새로운 과제

 통일 완성단계는 통일 한국이 법적인 통합을 이루고 통일헌법이 제정되거나 남한의 헌법이 개정되는 형태로 국가 권력조직이 통합되어 운영되는 단계를 말한다. 통일이 된 이후에도 주변국과의 관계 개선을 위한 평화헌법 제정, 북한 지역에 대한 과도기적 조치, 지방분권의 문제, 특별구역의 설정, 특별법원 신설 등의 문제가 있다.

 주변국과의 관계 개선을 위한 평화헌법 제정 :
 독일이 통일을 성공적으로 완성할 수 있었던 이유는 민주정치 문화에 기초한 안정된 국정운영과 서독의 다양한 교육 분야의 기초위에서 지속적인 통일 노력과 더불어 민주주의의 우위성이 입증된 것도 있지만 무엇보다 대외관계에서 인접 국가와의 신뢰 관계를 구축하였기 때문이다. 독일은 대외적 문제인 베를린과 전 독일에 대한 전승 4개국과의 권리와 책임을 2+4 조약을 통해 국제법적으로 그리고 합리적으로 해결했다.
 우리도 한반도의 지정학적 중요성에 비추어 미국, 일본, 중국, 러시아와의 6자 회담의 틀 속에서 한반도의 통일이 주변 지역에 미치는 영향을 최소화하고 주변국의 외교적인 지지를 얻을 수 있도록 균형 정책과 다자주의적 관점에서 노력을 기울여 나감과 동시에 군비 축소와 비핵화 선언 등 국제평화헌법을 통해 주변국들의 전략적 협력을 얻어낼 필요가 있다. 통일과정에서는 주변국들과의 조약의 승인, 국경선의 문제 등 외교 관계를 통해 통일 환경을 조성해나갈 필요가 있다. 아울러 동북아시아의 안정을 위해 한·중·일 3국의 긴밀한 공동체 모델도 통일을 앞당기는 데 도움을 줄 것이다.

북한지역에 대한 특별법원 신설과 기능:

통일 이후 통일 한국의 사회통합을 신속하게 진행하기 위해 통상의 사법체계로는 그 기능을 온전히 수행하기 어렵다. 과도기적 통일형성 단계에서 통일 이후 북한 내의 특수한 문제를 처리하기 위해 특별사법 제도를 운용할 필요성이 있다. 특별법원에서 처리해야 할 사항으로는 체제 불법청산에 관한 문제와 몰수된 재산의 원상회복과 관련된 사안이 핵심사항이 되어야 할 것이다.

통일 후 구 동독지역에서 법치 국가적 질서와 민주주의를 정착시키는 과정에서 대두된 중요한 문제는 반 법치 국가적 행위를 한 가해자들의 처벌과 정치적 피해자들의 복권과 보상을 통해 구 동독체제의 불법적인 잔재를 어떻게 청산하는지에 대한 세부적 사항이었다. 국가권력에 의해 시행된 것으로 그 체제 안에서는 불법으로 평가받지 않았지만, 그 체제의 붕괴로 인해 가치 질서와 법률체계의 전환으로 인해 비로소 불법으로 평가받는 체제 불법에 관한 문제는 인간의 존엄성과 가치 등의 입헌주의 원리에 반하므로 이를 청산하지 않으면 사회통합을 완전히 실행할 수 없다.

이처럼 독일의 경우에는 체제 불법의 청산과정이 엄격한 법치국가 원칙에 따라 이루어졌으며 이를 통해 불법행위자에 대한 형사 처분과 피해자에 대한 보상을 함께 실행하여 진정한 내적 통합을 시도했다. 불법청산과 관련하여 화합이라는 측면에서 정치적 처리나 사면을 통해 해결해야 한다는 견해도

단순히 통일에 대한 정서적인 접근이나 정치적인 관념성으로 접근하지 않고 현실적이고 실질적인 준비와 대비가 필요하다.

있을 수 있으나 진정한 내적 통합을 위해서는 정확한 청산과정이 필요하다. 다만 정치적 고려는 할 수 있겠다.

몰수재산의 처리문제도 비슷한 맥락이다. 북한지역에서 행해진 사유재산의 무상몰수조치에 대한 법적인 정리는 법적으로는 원소유자의 소유권을 보호해야 하지만 현실적으로는 북한 주민의 생존과 생활이익도 고려해서 결정할 필요가 있다. 북한에서 토지이용권의 설정은 토지임대차로서 인정되어 있고 그 존속기간도 최장 50년으로 하고 있어 남북한 통일 완성 시기에 고려해야 할 법 이외의 요소가 적지 않지만, 기본적으로 법치국가의 원리로 통일 이후의 몰수재산 처리문제를 해결해야 한다.

통일국가에서 몰수재산의 처리 방안은 대략 세 가지 정도이다.

1. 원래 소유권자의 권리를 회복시키는 방안
2. 원래 소유권자의 권리를 회복하지 않고 금전적으로 보상하는 방안
3. 현재의 상태를 그대로 인정하여 몰수 상태를 그대로 인정해 몰수재산에 아무런 조치를 하지 않는 방안

북한 정권은 1953년 한국전쟁 직후부터 1960년대까지 생산수단의 사유를 철폐하고 1972년 사회주의 헌법에 따라 사회주의적 국유와 협동단체의 소유를 확정했다. 이에 따라 통일 후 북한 지역의 원소유자의 몰수된 재산의

반환에 관한 문제가 새로운 법적 문제로 대두될 것이다.

구동독에서 몰수된 재산의 원소유자에 대한 반환의 문제는 통일조약 가운데 가장 다툼의 여지가 있는 주제에 속했다. 독일의 경우 정의와 법적 안정성의 원칙 사이에서 원상회복의 원칙을 채택하였으나 이로 인한 엄청난 소유권의 분쟁으로 인하여 구 동독지역의 투자가 지연되는 등의 문제가 심각해지자 통일 독일의 정부는 몰수재산에 대한 원상회복에서 금전보상으로 전환했다.

독일처럼 우리도 통일과정에서 유사한 문제가 야기될 수 있다. 불법으로 인한 취득은 원상회복이 원칙이겠으나 원상회복이라는 원칙보다 상황을 종합적으로 고려해서 보상할 필요가 있다. 사법의 원리보다는 사회법의 원리에 따라 조화롭고 적정하게 보상을 책정해야 한다. 우리나라의 경우 토지공개념을 도입하여 북한 지역의 토지제도는 종래와 같이 국유제를 유지하는 것이 통일비용의 과다 지출을 방지 또는 제거할 수 있고 통일을 성공적으로 수행할 수 있게 한다. 독일의 신탁관리청과 같이 몰수재산에 관한 처리업무와 국유재산의 사유화 업무를 관장하기 위한 재산관리청 신설도 고려할 만하다.

모두가 통일을 말하고 또 통일을 원한다고 하지만 그것에 대한 구체적인 준비는 소홀한 편이다. 남북한 정치 지도자의 만남과 갈등에 대한 정치적 해법은 그때그때 정부의 성격과 지도자의 이념적 성향에 따라 원칙 없이 흔들렸으며 부분적인 경제협력은 비교적 꾸준히 진전해왔으나 그 또한 정권의 성격에 따라 부침이 심했다. 남한뿐만 아니라 북한의 정책 또한 일관성을 보여주지 않았다.

난 국내외의 통일 환경이나 정부의 이념적 성향과 무관하게 통일에 대한 준비와 대비는 꾸준히 진행돼야 한다고 생각했고 국가권력구조를 만들어가는 일 또한 지극히 중요한 현실적 대비라고 보았다. 그 중의 핵심은 국가권력구조를 결정하는 헌법의 내용이며 통일에 대비한 통일헌법은 그래서 매우 중요했다.

단순히 통일에 대한 정서적인 접근이나 정치적인 관념성으로 접근하지 않고 현실적이고 실질적인 준비와 대비를 하는 것이 필요했고 내가 공부하고 마무리한 통일헌법에 관한 내용은 국가 권력 구조와 방향을 고민한다는 점에서 나에게는 매우 의미깊었다. 진지하게든 피상적이든 통일을 이야기하는 사람들에게 통일헌법은 통일 한국의 지향을 설명하는 키워드라고 할 만했다.

나는 하나하나, 차근차근 준비를 해나갔고 조금씩 다가가는 느낌이었다. 물질과 정신, 양쪽의 준비를 차근차근 갖춰갔다. 그리고 또 하나의 새로운 도전에 몸을 던졌다.

10
통일 이후를 준비하다

 일부 국민이 통일에 대한 막연한 거부감과 조심스러운 태도를 보이는 것은 통일비용에 대한 부담과 일시적으로 진행될 혼란 때문이라고 생각한다. 통일비용에 대해서는 통일과정, 그리고 통일 이후의 경제적 확장이 가져올 민족 전체의 이익이 월등히 크다는 합리적 추론을 앞에서 얘기했다. 또 우리의 복지가 축소되는 통일이라면 하지 않겠다는 심리적 저항감이 있을 수 있으나 통일은 한국의 헌법체계를 확장하는 방향으로 이루어질 것이므로 통일의 올바른 지향을 이해한다면 누구나 적극적으로 수용하리라 믿는다.
 통일에 대해 실제적인 저항을 갖는 것은 오히려 북한의 지배계층, 엘리트이다. 정치구조, 경제력, 인구 구성 등 거의 모든 분야에서 월등한 우위를 점하는 남한 주도의 통일이 되었을 때 그들이 잃게 될 기득권을 두려워하는 것이다. 또한, 정치보복에 대한 두려움도 그들이 통일을 추구하는 데 걸림돌로 작용한다. 군의 엘리트 또한 마찬가지다.
 북한의 체제를 유지하는 통치행위는 군과 정치 엘리트, 상층부에 의해서 이루어지지만 북한의 체제 그 자체는 그들이 선택한 것이 아니다. 물론 북한은 '선군정치'를 내세우는 나라다. 군이 국가의 운명을 좌우한다고 해도 과언이 아니며 최고 통치자는 군의 운명과 이해를 같이 한다. 대부분의 나라에서 군의 최고 통수권자가 대통령 등의 최고 지도자로 규정되어 있다.

통일국가의 기본은 통일된 국가의 국민임으로 국민을 통합하고 융화하는 일이 가장 중요한 정책으로 다루어져야 한다.

우리나라도 마찬가지다. 그러나 폐쇄적이고 권력이 최고통치자 한 사람에게 집중된 북한의 선군정치에서 군의 위상과 역할은 통상적인 민주주의 국가들과는 다르다. 남과 북이 가장 첨예하게 부딪치는 문제도 군사적 충돌, 북한의 무력도발 등이다. 북한 체제의 최전선에서 체제 유지를 책임지는 것도 군이다. 그래서 남북 간의 군사회담은 정상회담만큼이나 남북관계의 진행에 큰 영향을 미치고 북한의 군 엘리트들에게 주는 메시지의 파급력도 크다. 우리가 남북군사회담의 메시지에 좀 더 적극적일 필요가 있는 대목이다.

북한의 군과 정치 엘리트들을 통일 추진과정에 참여시킬 수 있어야 한다. 그러기 위해서는 두 가지 전제가 필요한데 하나는 통일 이후 정치보복이 없을 거라는 확신, 그리고 한반도의 통일이 지금 현재의 북한 체제를 유지하는 것보다는 이익이라는 정치적 판단이다. 체제 유지를 위해 핵무기로 무장하고 폐쇄적인 통치를 유지하는 것보다는 통일과 그것이 가져올 한반도 전체의 힘의 확장이 더 안전하다는 확신을 갖게 할 필요가 있다. 또 군과 정치 엘리트들이 통일 이후에 보복이나 불이익을 받을 거라는 우려를 거두어줄 필요도 있다. 물론 사법적인 판단과 단죄의 행위가 필요한 부분들이 있겠지만 통일은 과거를 향한 보복이 아니라 미래를 향한 통합이라는 기본 전제를 행위의 바탕에 깔고 있다면 통일과정에서, 그리고 통일 이후에 무리한 보복행위는 없어야 한다.

   통일과정에서뿐만 아니라 통일 이후의 통합국가를 운영하는 과정에도 북한의 군과 정치 엘리트를 적극적으로 참여시켜야 한다. 독일의 경우 통일 이후 두 체제가 통합하고 나서 광범위한 사면이 단행되었고 동독의 지배 엘리트들에게 새로운 국가에 봉사할 기회가 주어졌다.

   새로운 통일국가를 건설하는 과정에 요구되는 통치행위에 한해서 설명했지만 통일국가의 기본은 통일된 나라의 국민이므로 국민을 통합하고 융화하는 일이 가장 중요한 정책으로 다루어져야 한다. 독일의 경우 통일 이후에도 동서독 출신에 따라 갈등하거나 소외되고 배척하는 사회 분위기가 오랫동안 지속됐다. 여기에는 경제적 격차와 사회적 소외가 겹쳐져 있다. 분단의 시간이 더 길고 북한 체제의 폐쇄성이 더 심했던 우리가 통일을 한다면 그 과정에서 발생하는 경제적 격차, 정치적 이해관계의 충돌, 사회적 소외, 문화적 갈등의 문제가 만만치 않을 것이다. 그 갈등의 시간을 가능한 줄이고 격차를 좁히고 동질성을 확대해가는 것이 통일 이후의 중요한 일이 될 것이다. 그것은 정책으로, 동시에 사회 시스템으로, 그리고 교육과 매스컴을 통해서 전방위적으로 풀어나가야 할 문제이다. 또 국민 모두의 의식적인 노력과 이해도 필요하다. 남북한 주민들은 스스로 체제를 선택해서 살아오지 않았다. 그 체제가 주어졌고 그 안에서 자신의 삶을 살았을 뿐이다. 그러니 통일 이후 북한 주민이 남한의 경제와 사회, 문화에 종속된다는 소외감이 갈등 요인이 되지 않도록 다양한 방식의 해소가 필요하다.

CHAPTER. 7

통일의 시작은 지금 여기에서

01
통일을 새롭게 사유하다

　구체적인 통일 준비의 첫 삽은 대한민국이 가지고 있는 현안들과 그 해결책을 거시적 관점에서 통일과 연계시키는 작업이다. 통일을 새롭게 사유하기 위해서 오늘날의 대한민국이 처한 현실을 올바로 이해하고 우리 사회가 아직 해결하지 못하고 있는 교육개혁, 정치개혁, 경제정의, 인구문제, 청년 문제, 사회복지문제를 통일문제와 같은 맥락에 놓고 성공적으로 해결하는 것이 필요하다.
　국정과제에 대한 적극적 실천은 우리 사회가 직면한 문제와 위기를 극복할 것이며 동시에 통일을 가장 잘 준비하는 길이 될 것이다. 또한, 국정과제 가운데 통일의 완성은 궁극적으로 국내문제들을 가잘 잘 해결할 방법에 속한다. 2017년 대선에서 7대 국정과제로 내놓은 사항들, 통일 한반도를 위한 정책 연구 · 통일헌법이 담아내야 하는 국가 권력 구조·교육개혁·경제정의·인구문제·청년 문제·사회복지 등에 대한 숙고는 통일의 로드맵을 그려 분단을 극복하기 위한 시도이다. 이것은 현실에서 분단의 역사를 미래지향적인 관점에서 새롭게 기억하기 위한 시도이며 새로운 산업혁명의 시대에 한국이 어떻게 대응해야 하는지 끊임없이 성찰하고자 하는 시도이다.
　역사적으로 이미 남한과 북한은 소통을 통해 4번에 걸쳐 통일에 대한 원칙을 만들어왔다. 1972년 7.4 남북공동성명, 1991년 남북기본합의서, 2000년의 6.15 공동선언과 2007년 10.4 선언이다. 지난 20여 년 동안 대한민국 정부의 통일정책은 일관성 있게 진행되지 못했다. 김대중, 노무현 정권은 유화적인 햇볕정책으로 북한과의 유연한 공존을 추진했고 이명박, 박근혜 정권은 강경한 북한 봉쇄정책을 진행했다. 통일은 대박이라고 박근혜 대통령은 말하기도 했지만 그건 구체적인 남북관계에 대한 비전이나 정책에 근거했다기보다는 상징적인 선언에 머물렀고 그 선언 이후에도 남북관계 개선을 위한 구체적이고 지속적인 정책을 제시하거나 시행하지는 않았다. 남북관계는 극도의 경색국면에 머물렀다.

통일을 방해하는 가장 큰 적은 아마 통일 회의론일 것이다. 청년들과 얘기를 하다 보면 꼭 통일을 해야 하느냐, 굳이 막대한 통일비용을 들이면서까지 통일을 해야 하느냐고 묻기도 한다. 통일에 대한 젊은 세대의 무관심과 북한에 대한 지나친 불신의 배후에는 여전히 통일 회의론이 자리 잡고 있다. 이질적인 두 체제가 평화롭게 공존하는 것에 만족해야 한다는 논리이다. 이는 체제의 이질성이 평화적으로 극복될 수 없다고 하는 불신에 근거하고 있다. 또 분단상황이 길어지고 고착되면서 정서적, 문화적으로 이질감과 불편함이 커지는 것도 한 이유이다. 또 탈북자들을 통해서만 북한의 주민들을 알게 되고 어느 정도 탈색되거나 채색된 북한의 삶을 알게 되는 폐쇄적인 구조도 북한에 대한 정서적 이질감을 더 크게 만든다.

이를 극복하기 위해서는 통일에 대한 원론적인 선언이나 민족에 근거한 감성적 호소 이상의 실제적, 현실적, 보편적인 이유와 철학이 필요하다. 통일에 대한 새로운 접근과 발상, 그리고 현실성 있는 접근이 계속 요구되는 이유이다. 지금처럼 통일을 둘러싸고 국내 정치권에서, 혹은 국민끼리 정략적인 목적이나 비현실적인 이념 갈등의 맥락에서 갈등을 부추기고 지속하는 것은 백해무익하다. 미래지향적인 철학과 방법론을 가지고

정부와 민간이 협력하여 경제교류, 문화, 스포츠 등의 다각도 교류협력을 통해 통일의 기반을 조속히 만들어가야 한다.

접근해야 할 민족통일의 주제와 맞지 않는 태도이다.

통일에 대해서 실질적이고 경제적인, 그리고 지극히 현실적인 접근을 하는 것이 필요하며 이는 김대중 정권의 국민의 정부에서 시작된 민족화해협력범국민협의회를 통한 방식도 좋고 대한적십자사를 통한 방식도 좋다. 어쨌든 정부와 민간이 협력하여 경제교류, 문화, 스포츠 등의 다각도 교류협력을 통해 통일의 기반을 조속히 만들어가야 한다. 개성공단의 회복도 필요하다.

지금까지 만들어진 통일 원칙들이 잘 실행되어 민족 번영의 도정에 들어서야 한다. 분단이 만든 의식의 분열을 극복하기 위해서 남북통일이 최선의 답이다. 통일은 반드시 이루어야 할 민족의 사명이며 헌법적 목표이다.

일관된 통일정책은 남북이 공감할 수 있는 통일헌법 제정을 위해 끊임없이 대화와 교류를 추진하면서 남북 간 전략적 우위를 차지하기 위해서 국력을 신장시키는 것이다. 아울러 4차산업혁명 시대에 적합한 창의적 역량을 갖춘 미래세대의 자유와 복지를 증진하고 보장하기 위해서 남북통일을 준비해야 한다. 또한, 정책적으로 미래를 통일·청년 시대로 이끌기 위해서는 대한민국을 시스템 사회, 소통사회, 공정사회, 통합사회로 혁신해야 한다.

이러한 우리나라의 체질 개선과 혁신으로 우리는 이질적인 두 체제의 통합이라는 협의적인 통일개념을 보완할 수 있다.

통일은 일관성 있는 대화를 통해 추진해야 하고 또한 북한 변수에 대해 스스로 통제할 힘을 키워야 한다고 본다. 경제력과 국방력을 최대한 키워 북한과의 격차를 더욱 크게 하여 북한이 협상테이블에 나오도록 하여 대화를 진행해야 한다. 즉 북한이 통일을 하는 것이 전략적으로 생존을 위하여 필요하다고 느낄 정도로 우리의 국력을 키워야 하고 대화는 일관성 있게 진행해야 한다.

나는 이 방식이 통일을 위한 가장 안전하고 확실한 방법이라고 본다. 통일이 점진적인 남북 합의 방식에 의해서 이루어지든 또는 갑자기 우리에게 다가오든 중요한 것은 통일의 단계별 방법에 따른 통일헌법과 국가조직체계에 대해 다각적으로 분석하고 준비하는 것이다.

사람 중심의 통일은 동족 간 전쟁과 분단에 의해 형성된 상처를 보듬고 치유하며 상대방의 의식과 생활방식에 다가가서 이질적인 이유를 진단하고 이해하며 서로를 공감하는 토대 위에서 마련된다. 이는 서로의 차이를 인정하고 남북한 언어생활의 독특함을 배우고 정치 경제 사회 문화 영역에서 나타나는 차이들을 객관화하고 사회적 담론의 한 주체로 삼아 역사화하는 것이다. 남북의 차이는 상호 이해와 민간교류의 확대를 통해 소통되고 통합될 수 있을 것이다.

02

통일의 주체는 우리 민족

 우리가 아무리 통일을 하고 싶다고 한들, 남북한이 마음과 조건이 맞아 통일을 원한다 한들 어차피 강대국들 때문에 우리 맘대로 못 할 거 아닌가? 우리는 미국의 허락 없이 통일을 못 하고 또 북한은 중국의 허락 없이 통일을 못 할 테니 우리끼리 아무리 준비하고 대비한들 현실적으로 통일은 전혀 다른 문제가 아닌가요?
 분단이 우리가 원해서 된 게 아니듯 통일도 강대국들의 이해관계 속에서 이루어질 테니 우리는 이 안에서 잘 사는 게 최선이지 않은가?
 이렇게 말하는 젊은 세대들이 있다. 우리가 원하지 않은 분단이 된 건 맞다. 우리가 역사적으로 책임을 질 부분도 없다. 강대국들의 힘의 논리, 승전국과 패전국의 전리품 논리로 한 나라를 두 동강이 내고 민족을 찢어놓은 미국과 소련의 책임이다. 지금은 중국의 영향력이 북한에 작용하고 있다.
 우리 민족의 운명은 우리 손으로 결정하자는 순수한 원칙주의 만으로 현실의 국제관계 논리를 뚫을 수 있을지 장담할 수는 없다. 그러나 기본적으로는 우리 민족의 운명을 우리 스스로 결정하고 추진해나가는 게 맞다. 여기에 더해서 국제관계를 읽고 적용하고 이용하는 정치적 노련함과 추진력이 필요하다.
 통일을 가장 간절하게 원하고 준비하는 것은 미국이나 중국, 일본이 아니라 우리 민족이다. 그 절박함은 우리의 무기이기도 하다. 우리가 스스로를 강하게 만들 무기. 주변의 이해당사자들을 설득시킬 무기….

분단이 우리 의지가 아니었듯 통일 또한 우리의 의지와 상관없이 되든 안 되든 할 거라는 인식은 우리 삶과 미래 세대에게 무책임한 태도이다. 이 땅의 주인은 미국이나 중국이 아니고 이곳에서 살아가고 있는 남한과 북한의 주민들이다. 당연히 우리 스스로의 운명을 결정할 가장 큰 결정권은 우리에게 있다. 그 권리와 책임을 스스로 포기해서는 안 된다. 통일이라는 명제와 목표를 설정하고 강대국들의 상황을 그 목표에 활용해야 한다. 적극적으로 그들을 조율하고 이용할 수 있으면 이용해야 한다. 결국, 가장 중요한 것은 우리 민족의 운명을 우리 스스로 결정하고 추진할 수 있어야 하며 통일은 그중에서 가장 큰 민족프로젝트이다.

일부 젊은 층은 민족이라는 개념 자체를 거부하기도 하고 민족의 개념으로 통일을 바라보는 것에 거부감을 갖기도 한다.

민족은 21세기에는 소멸된 개념이 아닌가?

민족의 개념이나 국가주의가 쇠퇴하고 대신 유럽연합처럼 정치, 경제적 통합기구를 만들어 서로 협력하는 것이 세계의 올바른 방향이 아닌가? 유럽의 젊은이들을 봐라! 그들은 국경이나 민족에 전혀 구애됨 없이 유럽 어디든 자유롭게 다니고 원하는 곳에서 대학을 다닐 수 있고 유럽 어디든 자유롭게 원하는 도시에서 일할 수 있다. 그들은 어느 나라 사람이 아니라 유럽 공동체의 구성원으로 살아간다. 그런 시대에 우리는 철 지난 민족의 이데올로기에 갇혀있어야 하는가….

민족이란 무엇인가?

셰이퍼(Boyd C. Shafer)에 따르면 민족을 형성하는 요소는 다음과 같다.

통일적인 영토 및 언어, 문예 · 풍속 같은 공통적 특징, 최소한의 사회 · 경제 제도 공유, 공동의 주권 정부, 공동의 역사와 혈통에 대한 믿음,

민족 구성원들 사이에 서로를 상대적으로 높이 평가하는 것, 전체에 대한 헌신, 이룬 업적에 대한 긍지, 민족적 불행에 대한 슬픔 등이다. 셰이퍼에 의하면 민족의 결정적인 요소는 어떤 사회집단이 그 스스로를 단일체로서 조직하려는 의도를 가지고 하나의 민족이 되기를 원할 때 민족이 구성된다고 보았다.

민족과 영토가 늘 일치하는 건 아니다. 한 민족이 여러 국가로 나뉘어 살기도 하고 하나의 국가 안에 여러 민족이 살기도 한다. 다민족 국가이다. 한국은 하나의 민족이 두 개의 영토로 나누어진 경우이다. 유럽의 경우 하나의 민족이 몇 개의 국가를 구성하기도 하고 여러 민족이 하나의 나라를 구성하기도 한다. 그래서 민족주의가 득세하고 강렬한 힘을 발휘할 때는 민족 간 분쟁과 유혈 투쟁이 발생하는 경우가 많다. 발칸반도에서의 민족 간 분쟁과 갈등이 그 예이다.

그렇다고 해서 영토를 함께 하는 하나의 민족이 꼭 같은 역사의 길을 가는 것도 아니다. 한반도의 경우 하나의 민족이 외세에 의해 강제분단되었고 더 나아가 민족끼리 전쟁을 치렀다. 그래서 상처가 더 깊은지도 모른다. 민족은 눈에 보이지 않는 정서, 문화, 영혼의 원리로 설명되는 것일지도 모르겠다.

어떤 사회집단이 그 스스로를 단일체로서 조직하려는 의도를 가지고 하나의 민족이 되기를 원할 때 민족이 구성된다고 설명한 셰이퍼에 의하면 남한과 북한의 주민은 누구보다 하나의 민족으로 설명하고 묶어도 괜찮겠다. 민족보다는 체제가 강제하는 계급이나 혁명의 가치체계 안에서 살아온 사회주의 주민들이 민족의 개념에 동조하기 어려운 부분이 있다고 말하는 사람도 있다. 그러나 민족의 강제력이 우리처럼 높지 않았던 독일의 경우에도 "민족"이라는 키워드로 통일을 바라보는 국민이 대다수를 차지했다. 통일과정을 주도했던 동독인들이 "우리는 국민이다"라고 국가로부터의 자유를 외치다가 "우리는 한민족이다"(Wir sind ein Volk)는 구호로

이 땅의 주인은 남북한 주민들이다. 스스로의 운명을 결정할 가장 큰 결정권은 우리에게 있다.

통일에의 흐름을 탔다. 여기에 서독인들은 "독일-유일한 조국"이라는 구호로 민족통일의 물결에 합류했다. 하나의 민족이라는 결속력이 상당히 강한 남북한 주민의 경우 "민족"은 통일과정에서 큰 동력으로 작용할 수 있다.

남북한은 완만한 속도로 하나 되는 연습을 해왔다. 파란색 한반도기, 우리는 하나라는 구호가 상징하는 낮은 단계의 민족의식부터 교류 차원에서 만나는 북한 주민들에게서도 민족이라는 키워드를 아주 쉽게 볼 수 있다.

세계사에서 보면 통일의 모습은 민족통일, 영토통일 등 몇 가지의 양태들이 있다. 남북한은 민족이 기반이 되어 영토를 통일하는 양상이다. 독일처럼 그들 자신의 잘못으로 분리된 것도 아니고 식민지로부터 해방되자마자 강대국들의 세계전략과 욕망 때문에 강제로 분리됐다. 분단은 우리의 의지와 상관없이 이루어졌지만, 분단을 극복하고 통일을 이루는 것은 우리의 의지이다. 그리고 그것은 역사적 책무이기도 하지만 우리 민족 스스로를 더 강하게, 우리의 삶을 더 긍정적으로 확장하는 것이기도 하다.

그리고 통일의 시기에 대해서는 통일이 결코 도둑처럼 오지 않을 거라는 건 분명하다. 독일의 통일이 어느 날 갑자기 태풍처럼 몰아쳤다고 생각하기 쉽지만, 그리고 현상적으로는 어느 정도 그렇게 보이기도 했으나 사실 독일의 통일은 오랜 준비 끝에 도달한 종착지라는 게 맞다. 다만 그 문이 급작스럽게 열렸을 뿐이다. 준비를 전혀 하지 않았는데 느닷없이 찾아온 게 아니라 독일 주민 당사자들이 꾸준히 지속해서 준비하던 중에 소련과 동구 공산권, 그리고 냉전질서의 해체 등이 복합적으로 작용해 어느 시점을 계기로 동서독 장벽이 무너진 것이다. 그러니 통일에 대한 준비는 언제 해도 빠르지 않다. 그리고 통일은 서로에게 도움이 되겠다고 판단하는 시점에 하는 것이 최선이다. 물론 그 시기를 인위적으로, 혹은 정치적으로 정확히 계산할 수도 없고 계획한 대로 되는 것도 아니다. 주변의 강대국들이 각자의 국익과 힘의 논리를 앞세우고 있는 한반도에서는 더구나 그렇다. 그럼에도 통일을 준비하고 대비하는 실질적인 정책은 절대적으로 필요하다. 우리가 통일의 주체이기 때문이다.

그럴 때 "민족"이라는 키워드는 철 지난 구시대의 관념이 아니라 통일 주체세력으로서의 우리 민족이라는 자긍심의 근원이다. 통일 추진과정에서도 "민족"은 대단히 유의미하고 강력한 동력으로 작용할 것이다.

03
통일의 노둣돌을 놓는 일

이별이 너무 길다/ 슬픔이 너무 길다.

단 하나 오작교마저 끊어져 버린

지금은 가슴과 가슴으로 노둣돌을 놓아/ 면도날 위라도 딛고 건너가 만나야 할 우리

선 채로 기다리기엔 세월이 너무 길다…

…오작교가 없어도 노둣돌이 없어도 /가슴을 딛고 건너가 다시 만나야 할 우리

…이별은 끝나야 한다

말라붙은 은하수 눈물로 녹이고 가슴과 가슴을 노둣돌을 놓아

문병란 시인의 시 <직녀에게>는 한때 대학생들이 즐겨 불렀다. 때로 이별의 시간을 경험한 사랑하는 연인들 사이를 빗대어 부르기도 했지만, 이 시의 근간은 통일에 대한 염원이다. 시의 정조는 지극히 단순하고 명료하다.

이별의 시간이 길게 흘렀으니 이별은 끝나야 하고 우리는 만나야 한다.

면도날 위라도 딛고 만나야 할 우리라는 시구에서는 절절함과 절박함, 그리고 단호함이 느껴진다.

결혼은 일단 남자와 여자가 만나야 하고 친구 관계는 일단 누군가를 만나야 가능하다. 사업상의 동업 관계도, 예술적 교류도, 동호 모임도 사람과 사람이 만나야 시작이 된다. 통일은 우선 남과 북이 만나야 한다. 그것도 자주.

정례적으로.

　남과 북은 전쟁을 한 사이다. 전쟁의 과정과 이후의 증오와 대립, 그 경험을 극복하고 통일을 이루기 위해서는 그 경험을 상쇄할 만한 대안이 주어져야 한다. 그건 통일이 가져다줄 우리 민족 전체의 이익과 발전, 그리고 국제적 위상이다. 분단의 상황에 머무르기보다는 통일을 위해 노력하고 마침내 통일 한국의 국민으로 사는 실리와 자존이 훨씬 더 만족스러울 때 통일을 흔쾌히 수용하게 된다.

　통일에 대한 로드맵이 전혀 갖추어지지 않았으며 통일을 위한 통치세력의 의지가 전혀 없었을 때도 남북 간의 만남은 조금씩 진행되어 왔다. 가장 획기적인 사건은 1974년의 '7.4 남북공동성명'이다. 자주·평화·민족 대단결로 통일을 이룬다는 통일 3원칙을 남북 간에 확정한 성명이다. 남북 간의 긴장 완화와 상호 교류를 통해서 이산가족 상봉과 남북한 대립의 완화는 물론 통일까지 기대하게 했던 7.4 남북공동성명은 결과적으로 남북한 모두 개인 통치자의 권력 강화를 목적으로 하는 개정헌법을 제정하는 데 일조했다. 7.4 남북공동성명 발표 이후 남한은 박정희 개인 통치자의 권력 강화를 추진했고 북한은 사회주의 헌법을 제정하여 주체사상을 확립하였는데, 국가 원수가 수상제에서 주석제로 바뀌었다. 주석의 권한은 입법, 사법, 행정의 모든 권력을 장악하여 김일성 유일 체제를 확립했다.

　이후 1991년 남북기본합의서, 2000년의 6.15 공동선언과 2007년 10.4 선언 등의 과정을 거치면서 남북공동선언, 혹은 합의서는 조금씩 실제적인 공존에서 나아가 통일을 위한 진전을 향했다. 남과 북이 각자의 현실을 기반으로, 동시에 남북의 통합을 염두에 둔 합의의 과정은 그 자체로 일보 전진이며 통일을 위한 구체적 걸음이다. 합의서 내용이 잘 지켜지지 않는 것, 특히 북한의 체제 불안 요소로 인한 돌발상황과 도발은 유감이지만 체제 우위의 남한이 인내력을 발휘할 대목이다.

정치회담의 정체기에도 남북 경제교류와 지원, 협력을 통해서 현실적인 방안들을 논의할 수 있다.

　김대중 정부의 대북완화정책으로 남북관계는 유연성이 많이 확보되고 한반도 평화에 유리한 환경이 조성되어갔다. 남북관계는 남과 북, 두 주체만의 문제는 아니어서 북한과 미국, 북한과 중국의 관계 기조가 어떻게 바뀌느냐에 따라 남북관계도 영향을 받아왔다. 박근혜 정부 당시 한반도 신뢰 프로세스를 위해 동북아평화협력 구상을 주창하기도 하고 "통일은 대박"이라는 상징적 선언을 했지만, 구체적으로, 실제로 남북관계의 진전은 없었으며 긴장 관계를 유지했다. 여기에는 북한의 비핵화 문제가 중요한 변수로 작용하기도 했다.

　2018년 4월 27일 문재인 대통령과 북한의 김정은 국무위원장 사이에 남북정상회담이 이루어졌다. 남북의 두 정상은 '판문점 선언'을 통해 한반도의 완전한 비핵화를 선언하고 종전선언과 함께 정전협정을 평화협정으로 전환하기 위한 남·북·미 혹은 남·북·미·중 정상회담을 추진하겠다고 밝혔다. 남북관계 개선과 비핵화 문제에 대한 긍정적이고 적극적인 합의였으며 이런 남북관계의 진전은 북미 관계에도 긍정적인 환경을 조성했다.

　그 결과 2018년 6월 12일 싱가포르 센토사에서 북한의 김정은 국무위원장과 미국의 트럼프 대통령 사이에 1차 북미정상회담이 이루어졌다.

회담을 통해 북한과 미국은 한반도 평화체제를 구축하고 새로운 북미 관계를 수립할 것을 약속했다. 판문점 선언을 재확인하고 한반도의 완전한 비핵화를 위해 노력할 것을 약속했다. 이어 2019년 2월 27일~28일에 베트남 하노이에서 제2차 북미정상회담이 진행됐다. 북한의 핵 폐기문제와 대북제재 중단 등이 절대적인 관심 사항이었으나 결국 합의에 이르지 못했다.

하노이회담 이후 남북관계는 진전을 보이지 못하고 있다. 합의서 내용은 실제로 무력화되었고 북미 관계도 진전될 기미를 보이지 않는다. 긴 남북관계의 과정에서 보면 그때그때의 상황에 크게 흔들릴 필요는 없으리라. 평화 공존의 바탕 위에서 민족통합이라는 대명제를 이루기 위한 우리의 방안과 방향은 여전히 현재진행형이다.

현실적인 한계에도 불구하고 남북관계의 고착을 뚫으려는 현 정부의 노력은 미흡하다는 게 나의 판단이다. 대북제재로 생존의 위협에 내몰린 북한의 상황을 남북관계를 풀어가는 호기로 활용하려는 적극성도 부족하고 미국을 설득하려는 의지도, 역량도 부족하다. 남북관계의 주도적 위치와 역할을 포기하고 제 삼자로 방임하는 듯한 느낌이다.

통일한국당은 통일을 통해 대한민국이 당면한 시대적 문제를 해결하고 우리 민족의 꿈인 통일을 실현하기 위해 결성된 정당이다. 당이 제시하는 통일정책은 '민족공동체 통일방안'을 통일정책의 로드맵으로 삼고 있다. 이를 위해 남북 민간교류의 전면 자유화를 주장하고 정부는 민간인과 민간단체의 남북교류, 경제교류 등에 개입하지 말 것을 요구한다. 또 남북한 정상 간의 만남을 정례화할 것도 주장한다. 그건 남북 상호신뢰 구축의 가장 기본적인 전제이자 과정이다.

남북, 북미 간의 정상회담과 고위급회담의 정례화도 중요하지만 동시에 민간교류의 확대와 자유화는 또 하나의 중요한 통일 로드맵이다. 1980년대 후반 대학생들이 추진하기 시작한 통일운동과 북한 제대로 알기, 남북교류

남과 북이 만남의 형식과 절차에 너무 얽매이지 말고 자주 만나야 한다.

추진 움직임은 정부 주도의 통일정책을 민간 차원으로 확대하는 한 전환점을 제시했다. 통일에 대한 아젠다의 차이로 정부와 갈등하고 추진과정에서 정부와 충돌하기도 했지만, 통일문제가 우리 민족의 주요 의제임을 설득해내는 데는 일정 부분 성취를 거두었다. 학생들은 1천 개 학과 방북신청, 남북 학생교류 프로그램 등을 통해 우리 사회 전 부분에서 일상적인 교류를 확대할 수 있다는 가능성을 보여주었으며 이후 여러 사회단체, 민간단체가 북한 방문과 지속적인 교류를 펴나갔다.

금강산 관광과 개성공단으로 상징되는 남북경협과 남북교류는 현실적으로 진일보한 남북관계를 상징했다. 현재는 금강산관광도, 개성공단도 중단된 경색국면이지만 그 협력의 경험과 토대는 언제든 다시 살아날 것이다. 정부 주도의 남북관계가 경색되거나 중단됐을 때도 남북관계의 숨통을 트기 위해서는 민간교류, 민간 경제교류 부분이 살아 있어야 한다. 민간교류의 양이 확대되고 질적인 성숙도가 일정한 단위에 이르게 되면 민간교류 부분은 그것대로의 시스템과 정신으로 굴러갈 것이고 그 축적은 그대로 통일과업에 반영된다.

그렇기 때문에 정부는 민간교류에 대한 제한과 개입을 최소화하고 원활한 민간교류, 민간경제교류의 지속을 위해 제도적인 지원을 충분히 해주어야 한다. 정부가, 정치 지도자가 하지 못하는 일을 기업인이 나서서 성공적으로 진행하는 경우는 예부터 드물지 않다. 그건 사람살이를 근본적으로 움직이는 요소가 경제라는 사실을 반증한다. 또 표면적인 정치회담에서는 한계를 가질 수 있으나 경제교류나 협력, 지원의 관계에서는 훨씬 현실적인 방안들을 논의할 수 있기 때문이다. 그래서 경제적 통합이 먼저 되고 이를 확인하는 방식으로 정치적 통합이 될 수도 있다.

독일의 경우에서 보았듯 하나의 민족이 통일을 이루는 과정은 이질화된 언어와 방송이 서로를 알아가고 여행과 방문을 통해 삶의 내용을 알아가고 경제교류와 협력을 통해 경제 격차를 줄여나가는 과정을 거쳐 정치적 통일을 완성하는 긴 여정이다. 남과 북이 만남의 형식과 절차에 너무 얽매이지 말고 자주 만나야 하는 이유이다.

04

북한에 대한 인도적 지원은
소통을 위한 만남과 대화의 좋은 수단

　동족상잔의 전쟁을 경험하고 70여 년 동안 적대적 관계를 유지하는 두 체제가 하루아침에 통일이 된다는 것이 쉽지는 않다. 그러나 적대와 원한은 사회의 시스템, 소통 역량, 공정성, 통합능력에 의해 그 해소가 가능하다. 새로운 관점과 상상력에 의해서 적대적 감정이 치유될 수 있는 시스템 사회는 사람의 통합으로 통일의 바탕을 마련할 것이다. 우리는 통일을 준비하는 미래사회를 구축하기 위해서 사람의 소통과 통합을 보장하는 시스템 사회를 구현하고자 한다.
　통일을 가능하게 하는 남북 간의 소통은 서로 다름을 전제하며 차이를 인정하는 데에서 출발한다. 진정한 만남 없이 지속 가능한 어떠한 평화통일 방법과 방식도 준비될 수 없고 통일 환경에 부합되는 사회적 시스템과 법제도도 마련될 수 없다.
　이러한 의미에서 북한에 대한 인도적 지원은 소통을 위한 만남과 대화의 좋은 수단이다. 북한이 핵실험과 대륙간 탄도미사일을 발사해 남북한 간의 관계가 극도로 경색된 현재와 같은 상황에서도 의약품, 식량과 같은 인도적 지원을 계속함으로써 상시적으로 만나고 대화할 수 있는 소통의 가능성을 반드시 열어놓아야 한다. 남북한 간 대화 단절과 개성공단 폐쇄조치 등의 남북한 간의 경색과 긴장국면이 지속되는 한 합의통일에는 어려움과 한계가 있다. 따라서 남북한의 대화가 평화적 통일을 위한 진정한 소통이 되기 위해서 정상회담 및 당국자 회담이 정치적 차원에서 정례화되어야 한다.

하지만 두 국가로서 남북관계는 독특한 점이 있다. 하나의 민족으로 각자 자기중심적인 통일을 지향하는 상호 이중적 관계에서 기인한다. 서로가 자신의 체제로 흡수하려는 적대적 대상이라는 것인데 분단 초기에는 이런 공식이 받아들여졌을지 모르겠으나 남한의 국력이 월등하게 높아진 지금 상황에서는 현실성이 없는 얘기이다. 그건 남북한 모든 국민이 인지하고 있는 사실이다.

그러나 겉으로의 일방적인 흡수통일 가능성이 없어졌다 해도 서로를 인정하는 진정한 대화와 소통을 위해서 강력한 전쟁 억지력이 필요하다. 우리에게 가장 강력한 전쟁 억지력은 무력에 의해서는 결코 통일을 이룰 수 없다는 것을 명확하게 인식시킬 수 있는 강한 국방력이다. 동시에 상호 군비경쟁이라는 악순환의 구조에서 벗어나야 한다. 우리는 북한에 대해 군사적 옵션을 제외한 교류와 협력으로 통일을 추진하되 동시에 강력한 전쟁 억지력을 보유해야 하는 상황이다.

2019년 1월에 평양을 방문했다. 민족통일촉진회 부총재 자격이었는데 민족통일촉진회와 북한이 함께 벌이는 양묘장 사업의 추진을 위한 방북이었다. 2006년 이후 13년 만의 평양 방문이었는데 북한의 변화가 확연히 눈에 띄었다. 미국과 일본, 그리고 UN제재로 생필품과 의약품이 턱없이 부족했고 자동차를 굴릴 기름도 없어 평양의 자동차 숫자도 오히려 줄어들었다. 남북관계가 유연하고 화해 분위기가 지속되던 때 평양의 아리랑축전 관람을 위한 공식적인 관광객 모집을 통해 처음 북한을 방문한 이후 세 번째 방문이었다. 그리고 그동안의 한국의 변화와 맞물려 북한 주민의 생활은 상대적으로 더 열악해졌다.

통일 이후를 준비하는 과정에서 북한에 대한 인도적 지원은 대단히 긍정적인 효과를 가져다준다.

특히 생필품 부족과 사회 기반시설의 열악함에서 많은 생각을 하게 했다. 전기생산이 부족하고 이로 인한 산업시설이 부족하다 보니 최소한의 삶의 질을 확보하게 하는 경공업과 의료 부분 등이 많이 부족했다. 삶을 유지하기 힘든 물질의 부족과 의료 부족은 인간의 존엄을 위협한다. 그건 체제의 문제가 아니라 인권의 시선에서 접근하고 해소방안을 찾아야 하는 문제라는 생각이 들지 않을 수 없을 만큼 북한 주민의 일반적인 삶은 열악했다.

북한에 대한 인도적 지원은 단지 동포라는 동질성의 호소에 한정되는 개념이 아니다. 그건 적극적으로 통일을 준비하는 행위인 동시에 인간의 존엄을 지킨다는 인류 보편의 차원에서 보아야 한다. 북한 주민에게 의료, 의약품과 생필품을 지원하고 전기, 도로 등의 기반시설을 제공할 필요가 있다. 남한의 경제구조에 영향을 미치지 않는 범위 내에서, 그리고 북한의 전략적 무기 사용에 쓰이지 않는 범위 내에서 경공업 시설을 지원하는 것도 필요하다. 북한 주민의 최소한의 삶의 질을 유지하게 해줄 의약품 지원 등은 남북한 모두에게 유익하다. 남한의 산업구조에도 플러스가 되는 부분이며 통일 이후를 준비한다는 경제적 차원에서도 북한에 대한 인도적 지원은 대단히 긍정적인 효과를 가져다준다.

통일의 길은 멀고 험난하다. 한반도를 둘러싼 국제상황은 변화하고 있다.

또한, 남북은 두 체제 간의 진정한 소통과 통일 조건이 언제 어떤 식으로 전개될지 모르는 불확실성을 내포하고 있다. 하지만 내부적으로는 통일을 어떻게 구체적으로 실현할 것인지, 그리고 통일 이후 어떤 정부 형태와 조직을 갖출 것인지에 대한 논의를 진행할 필요가 있다. 왜냐하면, 우리나라 헌법은 통일의 구체적 방안, 과정, 그리고 통일 후의 정부 형태와 조직 등에 관하여 규정하고 있지 않기 때문이다. 예상치 못한 순간에 통일이 오더라도 단계별로 어떤 통일헌법과 이에 상응하는 국가 권력체계를 형성할 것인지 시나리오를 체계적으로 만들 필요가 있다.

이러한 논의과정을 통해 우리 사회는 소통의 경험과 시스템을 가질 것이다. 소통은 사회 구성원 간의 갈등을 합리적으로 해결하는 공정사회가 될 것이고 통합사회로 순조롭게 이행할 수 있을 것이다. 우리 스스로 만들어낸 사회통합의 힘과 경험을 기반으로 통일국가를 잘 준비하고 실현할 수 있다고 나는 판단한다.

이러한 구조적이고 하드웨어적인 부분의 통일 준비와 함께 통일의 대원칙은 상호 인권과 보편적 가치라는 측면에서 보아야 한다. 인권 중심의 통일은 지역의 특수성과 환경에 영향을 받는 개체로서의 인간에 역점을 두는 것이 아니라 보편적 인간의 존엄성에 근거해서 통일의 토대를 마련하는 것이다.

이것은 한 개인을 체제대립이라는 관점에서 벗어나 남한에 있는 내가 존중받아야 하듯이 북한에 있는 너도 존중받아야 한다는 관점에서 교류와 소통을 확대하는 것이다. 보편적 가치 중심의 통일은 세계 시민의 관점과 인류 공동체의 번영을 고려하여 통일을 바라보고 준비하는 것이다. 통일은 동시대의 필요성과 당위성 뿐만 아니라 미래세대의 복지와 번영을 고려하여 완성해야 한다.

05

북한을 통일광장으로 이끌어야

 통일의 주체는 우리 민족이다. 그렇다면 북한의 주민들은 통일을 원할까? 오랫동안 기득권을 유지해온 정치, 군대 엘리트를 제외한 보통의 북한 주민들은 어떤 생각을 가지고 있을까?

 북한 체제와 상황을 간접적으로 확인하는 것으로 탈북자를 예로 들기도 한다. 식량난과 경제적 궁핍이 탈북의 가장 큰 이유로 지적된다. 그건 체제 문제로 직결된다. 최소한의 국민의 삶을 보장해주지 못하는 북한 체제의 문제이다. 물론 미국의 대북제재라는 큰 걸림돌이 있기는 하다. 그리고 초기의 탈북자들과 최근의 탈북 이유는 많이 다르다. 굶주림이 아니라 좀 더 나은 삶의 기회를 찾아 탈북하는 주민들 숫자가 상대적으로 늘어나고 있다. 한국에 와서도 경제적 곤란을 크게 겪으며 살아가는 이가 있는가 하면 북의 부모로부터 달러를 송금받아 풍족하게 학교에 다니는 대학생들도 있다. 탈북자들 사이의 사회, 경제적 격차는 북한에서의 차이를 거의 그대로 반영한다.

 기본적인 삶이 확보되지 못해 북한 체제를 탈출하는 사람이나 더 나은 삶의 기회를 찾아 한국으로 온 북한 주민들이 북한 체제의 붕괴를 원한다고 확언하기는 어렵다. 체제의 문제가 아니라 기본적인 격차, 계층의 문제라는 인식이 강하기 때문이다. 한국에서 전문적인 지식을 배운 젊은 탈북자들은 통일이 된다면 이전의 북한으로 돌아가 지배 엘리트를 형성할 것이라는 걸 탈북자들 자신도 알고 있다.

　탈북민이 늘어날 때는 북한 체제의 붕괴가 금방 일어날 것처럼 생각되기도 했으나 그럴 가능성은 쉽지 않다는 게 전문가들의 분석이다. 또 그런 식의 준비되지 않은 통일은 큰 혼란을 가져와 결과적으로 더 큰 통일비용을 감당해야 하므로 바람직하지도 않다.

　독일의 경우 분단 이후 일찍부터 우편과 방송, 상호 방문 등 다양한 형태의 교류를 추진해왔다. 경제교류 부분에선 훨씬 다양하고 대규모의 교류가 지속됐다. 그런 교류의 역사와 축적에도 불구하고 통일이 되고 나서 20년이 지난 후에도 구 동서독 주민 간의 갈등이나 경제적 격차, 문화적 차이, 통일비용의 부담에 따른 불만 등이 여전히 살아 있었다. 제도나 경제 통합은 상대적으로 쉽게 진행되어도 문화, 심리 같은 좀 더 근본적인 문제는 더 많은 시간을 필요로 한다.

　정치구조와 경제, 제도, 교육의 통합 이후에도 양쪽의 주민들이 하나의 독일인으로 동질성을 갖고 살아가는 데는 수십 년의 시간이 걸렸듯이 남북한의 통일 이후에 하나의 민족으로 동질성을 갖는 데는 상당한 시간이 걸릴 것이다. 분단의 시간이 길었던 만큼 치유와 회복의 시간은 비례해서 길어질 것은 분명하다.

　정치적 자유, 인권, 경제적 기회, 복지 등 모든 부분에서 좀 더 안전하고 풍요로운 삶을 가능하도록 하는 것이 통일의 한 목적이라면 우리는 통일 이전부터 통일비용을 미리 조금씩 나누어 부담하면 된다. 경제교류와 왕래 등을 통해서 가능하다. 독일 통일 후 서독 주민들의 경제력이 하락한 것이 아니라 동독 주민의 소득수준이 올라가는 방식으로 경제적 격차가 줄어들었다. 이는 남북한 주민 모두에게 긍정적인 신호인 동시에 통일이 가져다주는 자연스러운 결과이다. 중공업과 경공업, IT 등 첨단산업과 노동집약적 산업 등 남북한의 각기 다른 산업구조와 발전 수준이 단점이 아니라 강점으로 작용할 수 있기 때문이다. 남한의 기술력과 북한의 인력, 북한의 자원과 남한의 첨단산업이 결합해서 통일 이전보다 훨씬 더 효율적인 산업구조를 이룰 수 있다.

통일 이전부터 남북한 경제공동체의 부분을 적극적으로 확장해나간다면 남북한 모두에게 이익이다. 안정적인 경제구조가 확보된다면 경제적 이유로 북한을 이탈하는 주민이 줄어들고 동시에 남한 체제에 대한 거부감은 줄어들 것이다. 결국, 남북한의 경제적 교류와 협력이 북한 주민의 삶에도 이익이 된다는 사실을 확인하게 되면 폐쇄적인 북한 체제에 대한 저항감은 늘어나고 그만큼 남북한 공동체에 대한 확신과 신뢰는 높아진다.

경제교류와 협력 과정을 통해서 북한 주민의 경제력이 높아진다면 통일 이후 시장구조의 혼란과 경제적 격차로 인한 사회적 혼란의 부분이 조금은 줄어들 것이다. 그러므로 통일을 대비하면서 협력과 교류를 하는 것은 통일비용을 미리 분담하는 의미가 있다.

그리고 남북관계가 냉랭하게 고착된 지금 상황에서 그 첫 번째 시작은 북한에 대한 인도적 지원을 재개하는 것이다. 현재 북한은 대북제재로 인한 극심한 경제난을 겪고 있다. 미국은 북한과의 경제교류나 협력, 지원을 하는 국가나 단체를 제재하겠다는 세컨더리보이콧(Secondary Boycott)을 취하고 있고 이로 인해 한국 정부가 할 수 있는 여지가 줄어든 건 어느 정도 사실이다. 그러나 우선 어린이, 의약품, 기초 생필품 등에 대한 인도적 지원을 통해 남북관계의 경색국면을 유연하게 풀어갈 기회를 한국 정부가 스스로 만들어내야 한다고 생각한다. 그건 역량과 의지의 문제이자 인도적 차원의 문제이기 때문이다. 통일을 준비하는 차원에서도 최소한의 인도적 대북지원활동은 이루어져야 하고 지원활동을 통한 신뢰의 축적을 통해서 남북관계의 경색을 풀고 관계진전이 차근차근 이루어져야 한다.

북한을 통일광장으로 이끄는 것은 분단 당사자인 우리의 의무이자 통일의 주체세력인 우리만이 할 수 있는 특별한 권리다.

 그다음 단계로 철도와 기반시설에 대한 지원은 북한의 비핵화를 협상에 올려놓고 동시에 진행해야 한다. 남북관계 차원에서 이루어지는 대북지원은 북미관계에 따라 우왕좌왕하거나 북한의 돌발적 행위를 이유로 중단되는 일이 없이 통일에 대한 로드맵을 가지고 단계적이고 점진적으로 진행되어야 한다. 그 과정을 주도하면서 북한을 통일광장으로 이끄는 것은 분단 당사자인 우리의 의무이자 통일의 주체세력인 우리만이 할 수 있는 특별한 권리이기도 하다.

06
흡수통일이라는 유령

　흡수통일은 한 국가가 체제, 국가 권력 구조, 외교, 군대 등을 다른 국가에 완벽하게 위임하는 형태로 합쳐지는 것을 말한다. 통일의 두 주체가 경제력, 국방, 권력 구조의 안착 정도, 외교 등에서 격차가 커서 평등한 통합이 어려울 때 흡수통일을 취할 수 있다.

　한반도의 통일에서 흡수통일을 주장하거나 추구하는 세력이 있지만 그건 우리 정부가 추진해온 통일의 방식과 원칙에 어긋난다. 우리 정부의 공식적 통일방안은 민족공동체 통일방안으로 남과 북이 상호 체제를 인정하고 존중하는 가운데 화해와 협력을 추진하고 남북연합의 단계를 거쳐 통일국가를 완성하는 3단계 통일정책이다. 평화적으로, 단계적으로 통일을 추진한다는 원칙이며 역대 정부는 대체로 이 기조와 정신을 계속 이어오고 있다.

　2017년 문재인 대통령도 "어떤 형태의 흡수통일도 추진하지 않을 것이며, 인위적 통일을 추진하지 않을 것"임을 밝힌 바 있다. 남과 북이 평화적으로 통일을 완성한다는 원칙을 확인한 1972년의 7.4 남북공동성명 이후 남북 간 대화와 합의의 기본 정신은 살아 있다. 부분적인 충돌과 합의의 파기 등이 있었으나 군사적 충돌 등의 긴장 관계는 완화되었으며 2018년 판문점 선언에서는 한반도에 더 이상의 전쟁이 없을 것임을 표방했다. 나아가 문재인 대통령은 2021년 9월의 유엔연설에서 한반도의 영구적 평화 정착을 위해 '종전선언'을 촉구했다.

이렇듯 흡수통일은 우리 정부의 통일 원칙과 정신에 어긋난다는 점 외에 그 실현의 가능성도 희박하다. 남한에서 제한적으로, 혹은 불균형한 시각으로 북한에 대한 정보를 취하는 이들 중에는 빠른 북한 체제의 붕괴를 기대하고 확신하기도 한다. 그러나 폐쇄적인 북한 체제도 나름의 개방 정책을 꾸준히 확대해왔으며 경제적인 시스템이 넓어지고 전보다 견고해지기도 했다. 현재 일방적인 대북제재가 여전히 작동하고 있으며 고립된 상황도 변화가 없다. 그리고 시스템 부족으로 수해 등의 재해를 회복하는 능력도 부족하다. 그럼에도 나름의 합리성을 유지하며 일정한 체제 유지 시스템이 작동하는 것이 북한의 현실이다.

소련과 동유럽 등 사회주의 블록이 해체되고 미국과는 핵 문제로 갈등하던 1990년대 북한은 식량난과 경제난으로 고난의 시기를 보냈다. 북한은 과학기술의 향상을 통해서 무너진 경제를 복구하고 발전시킨다는 목적으로 새로운 경제발전 전략을 수립했다. 2000년 들어와서 국방공업을 우선 발전시키고 그 동력으로 경공업과 농업을 발전시키는 '국방공업 우선, 경공업·농업 동시발전 전략'을 표방했으며 이는 단순한 경제개발의 차원을 넘어 체제를 받치고 있는 북한식 사회주의 이론의 현실적 수정도 포함됐다. 체제를 유지하는 힘은 "인민"에게서 나와야 하고 인민의 최소한의 삶을 보장하는 것이 국가의 역할이라는 상징적 선언이었다. 북미회담의 실패 이후 2020년에는 자립과 주체를 표방하고 위기를 돌파하고자 했다. 결국, 경제의 어려움과 전반적인 시스템 부족에도 일정하게 체제를 유지하는 동력을 가진 북한이 전면적으로 남한에 흡수되는 방식으로 통일이 될 가능성은 적다고 봐야 한다.

또한, 북한과 한반도 문제를 둘러싼 주변국들의 인식도 흡수통일의 방향과는 거리가 있다. 한국의 중요한 경제교역 대상인 중국은 한반도의 평화와 안정 유지를 한반도 정책의 우선 과제로 삼고 있다. 미국 역시 트럼프 정부 시기에 북한의 정권 붕괴를 추진하지 않는다고 공개적으로 선언했다. 북한의 핵 도발, 북미회담의 난항 등 북한과 미국 관계는 순조롭게 진행되지 않고 있으나 기본적인 미국의 대북정책은 급격하게 현상을 변경하지 않는 것이다.

흡수통일, 혹은 흡수통일을 주장하는 것이 한반도의 평화 정착에 도움이 되지 않는 것도 흡수통일을 배제해야 하는 이유이다. 통일에 대한 우리 정부의 일관된 정책은 단계적인 과정을 거쳐 민족공동체가 함께 추진하는 것을 원칙으로 하고 있다. 흡수통일 주장은 북한으로 하여금 위기의식을 불러일으키고 핵 능력의 고도화 등을 통해 체제 결속을 강화하고 결과적으로 남북관계에 긴장과 악영향을 가져올 것이다. 체제에 대한 주민의 결속과 충성도를 기반으로 국가를 유지해온 북한이 자신의 체제를 부정하는 흡수통일에 대해 극도의 감정이 섞인 부정적 반응을 보이고 "전쟁…"을 언급하는 것 또한 그런 위기의식의 표현이다.

통일의 주체도, 대상도 한반도에서 살고 있는 우리 자신이다. 오랜 시간의 교류와 협력을 거쳐 상호신뢰를 구축한 뒤 선거를 통해 동독 주민들이 서독에 편입되는 방식을 선택한 독일처럼 우리 또한 내부의 통합을 구축한 뒤 마지막으로 정치적 통일국가를 이루는 것을 지향해야 한다. 결국, 우리가 추구해야 할 현실적이고 바람직한 통일의 과정은 한반도의 평화 공존과 공동번영을 토대로 남북이 자연스럽게 하나의 공동체를 형성하고, 궁극적으로 통일에 합의해 나가는 것이다.

07

동북아공동체와 통일

일반 국민에게 통일이 어려울 것 같은 이유를 물어보면 북한의 변수보다 중국의 의지를 답하는 경우가 의외로 많다. 북한이 내부적 갈등이나 경제적 험난함을 극복하지 못해 통일을 하고자 해도 아마 중국이 방해하거나 혹은 북한을 경제적으로 지원해 통일을 저지하리라고 생각하는 것이다.

중국이 한반도 통일을 원하겠어?

북한이 통일을 하도록 중국이 가만있겠어?

통일의 주체가 우리 민족이 아니라 중국처럼 느껴질 정도이다. 과거의 경험에서 볼 때 그 막연한 불안과 불만이 아주 근거가 없는 건 아니지만 중국의 정확한 실상 또한 아니라고 본다.

북한에 대한 중국의 영향력 행사는 냉전 시대처럼 단순하지 않다. 북한은 미국과 직접 대화와 협상을 추진하고 한국은 중국의 가장 중요한 경제 파트너인 지금 중국은 북한에 대해 적극적인 영향력 행사를 주저하고 있다. 북한 체제가 갑자기 붕괴하여 한반도의 균형이 깨지고 동북아의 큰 혼란이 오는 것은 중국이 우려하는 부분이다.

2001년 한국을 방문한 중국의 전 총리 리펑은 하나의 민족이 인위적으로 분단되고 그 상태가 오래가는 것은 좋지 않다, 한반도가 통일된다면 주변국들에도 이익이 될 것이라고 말했다. 당시 전인대 상무위원장인 리펑의

이 말이 중국 정부의 공식적인 입장인지는 확인되지 않았으나 중국이 적극적으로 한반도 통일을 저해할 이유는 점점 줄어들고 있다.

한반도 통일에 대한 중국의 입장은 고정되어 있지는 않다고 본다. 그리고 그 변수는 한국의 국력과 북한의 상황일 것이다. 냉전 시대의 군사적 구도로는 지금의 한중관계를 설명하는 데 한계가 있다. 중국은 미국과 함께 G2의 구도로 세계를 이끌고 있으며 한국은 무역 규모에서 중국의 중요한 경제 파트너 관계이다. 우리는 미국과는 군사적 협력관계를, 중국과는 경제적 협력관계를 유지하고 있다. 우리 국가 경제 규모와 시장, 노동인구 교류에서 미국보다는 중국과의 관계가 훨씬 긴밀해지고 있다.

이런 상황에서 군사적 긴장과 갈등이 지속되는 남북관계는 중국에도 유리하지 않으며 북한의 군사적 도발로 인한 한반도 불안요인은 중국에도 손해라는 점을 누구보다 잘 알고 있다. 경제적 힘의 축적을 통해 미국과 함께 세계의 양 축을 형성하려는 중국에게 한국의 무역 규모와 한중 협력 구도는 포기할 수 없는 요인이다. 나아가 통일 한국이 만들어낼 경제력과 교역 시장을 고려한다면 중국은 한반도 통일의 조력자로 역할을 할 가능성이 있다. 그리고 우리 정부는 중국이 한반도 통일을 방해할 거라는 막연한 인식을 불식시키고 중국을 한반도 통일의 실제적인 조력자로 만들어나가야 한다.

중국의 힘이 커지면서 중국의 동북공정 문제와 한국 음식, 한복의 근원에 대한 억지 주장 등이 계속되고 있다. 어쩌면 앞으로 중국의 힘이 커질수록 더해질 것이다. 그들은 역사적 주장이 안 되면 문화를 이용해서라도, 혹은 역사와 문화를 뒤섞어서 가능한 모든 걸 중국의 소유로 편입하고자 한다. 그것이 역사든, 문화든. 그리고 지금까지 우리의 대응은 썩 단호하지는 못했다.

중국의 역사 왜곡에 대해 민간 차원에서도 한·중 양국 당국자는 물론이고 역사학자들과의 교류를 통해 확실히 선을 그어야 하는 문제다.

이건 일본과의 관계에서도 마찬가지다. 한·중·일 정상이 교류하며 세 나라 모두에게 합리적인 답을 찾아야 한다. 한·중·일 정상들이 동북아공동체를 만들기 위해 노력해야 한다. 역사적으로 충돌과 갈등이 많았던 한·중·일 세 나라가 공동체를 만든다는 것이 과연 가능한 일인가 의구심을 갖는 사람이 대다수이지만 가능하다고 본다. 유럽도 과거 두 차례의 세계대전을 거치며 공동체 형성이 불가능하다고 봤지만 결국 공동체를 이뤄내지 않았는가. 지금 유럽연합은 경제적인 교류와 협력뿐만 아니라 환경문제나 문화교류, 교육 등에 대해서도 활발한 교류를 통해 유럽 전체의 경제환경을 높이고 젊은 세대의 삶을 고무시키고 있다. 국경의 문제는 젊은 세대에게 전혀 장벽이 아니다. 유럽의 여러 도시에서 공부할 수 있으며 어느 곳에서든 취업하고 정착해서 살아간다. 그러면서 다른 나라의 문화나 사람들을 이해하고 다양하고 편협하지 않은 가치관을 자연스레 갖게 된다. 한 국가의 운명이 아니라 유럽의 운명을 생각하고 국민이 아니라 유럽연합의 일원으로 성장한 세대가 그들끼리 전쟁을 할 가능성은 줄어든다. 결국, 국가별 경제 규모와 여러 차이에도 불구하고 유럽 여러 나라는 유럽연합으로 존재할 때 더 공동의 이익이 극대화한다.

우리 또한 미래세대를 생각한다면 충분히 협상 가능한 일이다. 우리도 유럽처럼 전쟁의 가해자와 피해자였으며 식민지와 피식민지를 경험했고 여전히 과거사를 두고 갈등이 존재하는 복잡한 모양이다. 그럼에도, 어쩌면 그래서 더 넓은 의미의 세 나라 공동체를 구성해야 한다. 과거사를 반성하는 독일과 하지 않는 일본은 전혀 다르다는 것도 사실이며 힘을 앞세운 중국의 역사 왜곡도 동북아공동체를 구성하기 어려운 조건인 건 맞다. 그러나 왜곡에 대한 반발이라는 우리의 소극적인 대응이 아니라 적극적으로 세 나라가 역사를 연구하고 문제를 공유하는 과정을 통해서 힘을 앞세운 일방적인 주장이 아니라 정확한 역사적 결론을 끌어내야 한다. 그런 현실적인 동북아공동체 구성과 함께 역사에 대한 정확한 자리매김은 정확하게 이루어져야 한다.

일본은 미국과 함께 세계 경제의 두 축으로 활동하던 시기를 지나 오랜 불황을 겪고 동북아에서의 상대적인 우위를 놓치면서 국가주의의 모습을 보이고 있다. 한국을 포함한 주변국들과의 과거사 청산문제, 배상 등에 대해 여전히 소극적인 태도를 보이는 일본이 동북아공동체 구성에 얼마나 적극적인 태도로 부응할지는 확신할 수 없다. 한반도 통일에 대한 일본의 입장은 중국과는 다른 차원에서 흔쾌하지 않을 수 있다. 결국, 민족통일의 주체는 우리 스스로가 되어야 한다는 점을 다시 한번 깨닫게 된다.

한반도를 둘러싼 여러 세력의 역학관계나 상황을 주시해야 하지만 그것에 의존하거나 국제관계를 지렛대로 삼아 통일정책을 추진해서는 안 될 것이다. 우리 민족의 의지와 상관없이 분단이 던져지던 상황과 우리 민족이 주체가 되어 통일을 추구하는 지금의 상황은 우리가 가진 힘의 크기와 본질이 다르다. 무엇보다 우리 민족의 운명을 스스로 결정하고자 하는 민족적 욕구와 의지가 대단히 크다.

그런 점에서 한반도를 둘러싼 주변국, 강대국의 상황을 주시해야 하지만 통일의 주체세력은 어디까지나 남북한 주민 당사자들이라는 점을 상기해야 한다. 동시에 한·중·일 3국의 정상회담을 정례화하는 등의 일도 병행해야 한다. 독일은 통일 독일의 강대함을 우려하는 주변국들에 강력한 평화 의지를 밝히고 그걸 구체화하는 작업을 꾸준히 진행했다. 우리는 한반도의 분단으로 인한 현재의 긴장 상황보다 통일 한국이 만들어낼 한반도의 평화, 그로 인한 동북아시아 전체의 역량과 위상이 강화될 거라는 확신을 주어야 한다.

08

통일은 막연한 미래가 아니라 현재진행형이다

남북통일은 한민족이 함께 번영하며 지금보다 더 나은 미래를 향해 계속 진보할 수 있는 토대이며 우리가 세계평화라는 인류의 보편적 가치를 실현하는 최선의 방법이다. 하지만 이러한 통일도 준비되지 않은 역사적 사건으로 우리에게 다가온다면 또 하나의 고단하게 극복된 한민족의 역사로 기록될 것이며 기억될 것이다. 따라서 준비되지 않은 통일은 많은 혼란과 갈등만을 야기할 수 있다.

우리가 통일과정에서 참고가 되는 독일의 경우 전혀 예기치 않았던 방식으로 숨이 가쁘게 급박하게 통일이 진행됐다. 국경선이 열리고 국경이 개방된 지 일 년이 채 안 된 시간에 동독 연방 주들이 서독에 편입되었다. 통일의 동력은 독일 시민들, 특히 동독의 시민들에게서 주로 나왔으며 개방과 통일에 대한 시민들의 요구와 압력에 정치적 결정이 뒤를 좇아가는 식으로 진행됐다. 정치적 준비와 단계적 결정이 아니라 터져 나온 시민들의 요구를 정치적, 외교적으로 마무리하는 식으로 진행됐다. 소용돌이처럼 진행된 일련의 흐름 앞에서 정치인들에게 다른 선택의 여지가 없었다.

독일은 급격하게 통일을 이루었으나 동서독 국민 간에 내부적 통일은 그 후로도 오랫동안 지난하게 진행됐다. 재정적인 부담은 예상보다 훨씬 컸으며 구 동독인과 서독인 간의 적대감, 이질감도 오랫동안 사라지지 않았다. 그럼에도 불구하고 통일이라는 시대적, 역사적 흐름을 적극적으로 수용해서 현재의 독일로 성장시켰다.

우리는 독일의 경우를 참고로 하되 한국통일에 대한 우리 식의 준비를 해야 한다. 준비된 형식으로 통일이 진행되지 않을 가능성도 물론 있다. 갑작스러운 북한 내부의 붕괴나 주변국들의 관계 등에 따라 통일의 제반 조건이나 상황이 급변할 수도 있다. 하지만 급작스럽게 진행되어 통일의 후유증을 오랫동안 겪은 독일의 경우를 참고로 우리는 여러 변수를 염두에 둔 다각적인 프로젝트를 마련해두는 것이 필요하다. 아무리 남북한 내부의 통일 방해세력들이 존재하지만 통일 한국은 시대적 요청이기 때문이다. 그것은 선택의 문제가 아니다. 우리가 선택할 수 있는 건 최적의 통일방안을 준비하는 것뿐이다.

통일에 대한, 통일을 추진하는 과정에서 발생 가능한 문제는 정책으로 충분히 커버할 수 있다. 풀어갈 수 있다. 정책으로 통일비용을 최소화하고 오히려 부가가치를 높인다. 그 구체적인 방법과 정책에 대해서는 통일의 필요성과 통일 한국의 로드맵 부분에서 충분히 설명했다.

또 하나의 실제적인 질문은 이것이다.

통일과정을 컨트럴할 수 있는 능력이 남북한 모두에게 있는가?

통일은 합리적 예측이 아니라 역사적 당위와 정책의 추진으로 이루어지는 정치적 현실이다. 그러나 지금의 여, 야당의 구조에서는 외부적 요인이나 북한의 붕괴 외 방법으로는 통일은 힘들 것이다. 지금의 정치구조를 바꾸어야 한다.

우리 헌법에서는 민족통일을 우리가 추진해야 할 과제이자 정신으로 규정하고 있지만, 입법기구인 국회에서 통일을 위한 정책을 적극적으로 입안하거나 발표되는 걸 본 기억은 거의 없다. 그들에게 민족통일은 철 지난

준비되지 않은 통일은 혼란과 갈등만을 야기할 수 있다. 통일을 준비하는 인물이 있어야 기회가 왔을 때 빠르게 추진할 수 있다.

민족주의자의 정신적 절규이거나 아니면 현실정치와는 너무 멀리 떨어진 이상으로 치부하는 건 아닌지. 정치가 현실의 여러 문제를 해소하고 좀 더 나은 해결방안을 찾도록 법을 개선하고 또 국민 삶의 현실에 반영시키는 것이라면 지금 우리 현실의 여러 문제의 원인과 해소방안이 통일과 연결되어 있다는 인식을 하지 못하는 것이 안타까울 뿐이다.

북한 또한 마찬가지다. 남북한 모두 기득권을 유지하려는 생각이 강하며 통일의 과정을 통제할 능력이 부족하다. 그런 이유로 통일은 70년 동안 추진되지 못하고 통일을 위한 로드맵이 없는 상태이다. 통일을 포기하거나 원하지 않거나 기득권을 유지하려는 기성 정치권은 결과적으로 통일 방해세력으로 작용할 수도 있다. 통일을 바라는 국민과 통일 주체세력의 힘이 커져서 그걸 극복해야 한다.

당연히 통일과정에서 문제가 발생할 수도 있으나 통일은 궁극적으로 가야 할 지향점이다. 그래서 로드맵이 중요하다. 남북정상회담의 정례화 등을 통해서 만나고 우리의 국력을 더 크게 키워야 한다. 합의적 통일을 추진하지만, 힘의 우위와 대화를 동시에 추진한다. 외적으로는 외교적 협력으로 통일을 하지만 내부적, 내용적으로는 북한을 끌어안게 될 가능성이 크다. 독일 또한 통일조약에 의해 통일을 완성했지만 동시에 내용으로는

서독이 동독을 받아들인 형태였다. 동독을 적극적으로 끌어들이고 끌어안았다

우리도 북한에 대해 경공업을 지원하고, 의약품 등을 통한 북한 주민들의 삶을 개선하고 기간산업, 도로 등에 투자해야 한다. 동시에 국력을 키워서 남한의 자본이 많이 들어가 있는 상태에서 상황에 따라 북한을 내용적으로 통합하는 형태가 될 가능성이 크다. 민족공동체 통일 방안이 우리 정부의 공식적인 통일방안이며 정부의 통일정책은 당연히 그 원칙을 준수하겠지만 내용으로, 경제적으로 우리가 북한을 끌어안는 형태가 되리라 본다.

주변국들과의 관계는 미국과는 대화를 상시화하고 남북미회담도 활발해져야 한다. 하노이회담 이후 역사의 물줄기는 후퇴했지만, 통일 원칙이나 추진 방향은 흔들림이 없다. 통일을 준비하는 데 필요한 정책을 추진할 수 있는 지도자의 역량도 중요하다. 통일을 준비하는 인물이 있어야 기회가 왔을 때 통일정책을 빠르고 본격적으로 추진하는 것이 가능하기 때문이다.

CHAPTER. 8

이경희에게 묻다

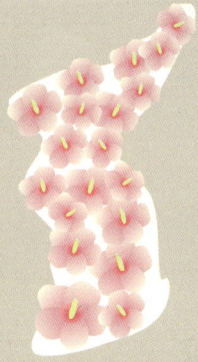

01 이경희는 진보인가, 보수인가?

꽤 자주 듣는 말이다.
당신의 정확한 정치적 정체성은 어디쯤에 있느냐고.
나 자신의 정치적 정체성을 국민에게 알리고 설득하고 선택받아온 경험이 짧기 때문이기도 하고 기존 거대 정당에 몸담고 있지 않은 현실이 쉬운 분류를 주저하게 하기도 한다.
기존의 정치권 밖에서 정치를 시작하는 사람을 언론이 표현하는 정치적 정체성은 중도, 혹은 제 3지대이다. 기존의 정치적 구도에 포함되어 있지 않은, 혹은 포함되기를 거부하는 새로운 정치세력이나 정치인을 지칭하는 것인데 정치적으로 모호한 개념이다. 중도는 매우 애매하고 넓은 범위의 유권자를 포함할 수 있다는 판단 때문인지 기성 정치인들도 즐겨 쓰는 용어이다. 중도를 끌어안는 보수가 되겠다, 중도를 포함하는 진보 등등의 주장은 정치적 스펙트럼을 넓히겠다는 적극적 표현이지만 실제로는 모호하다.
정치인들은 자신의 정치적 정체성을 다양하게 표명한다. 경제적으로는 복지를 중시하는 진보적 색채지만 정치적으로는 안정을 추구하는 보수로 스스로를 규정하기도 하고 혹은 안보와 정치는 보수이되 투자와 산업 부분에 대해서는 공격적이라고 말하기도 한다. 열렬한 시장주의자도 노골적으로 사회 안전망을 책임지지 않겠다는 주장을 내놓지는 못한다. 유권자의 눈치를 보는 건데, 자신의 정치적 정체성이 정책 안에서 충돌하는 모순에 대해 우리의 정치인들은 별 신경을 쓰는 것 같지 않다.

물론 진보를 추구한다고 해서, 그리고 보수주의자라 해서 모든 정책과 이념이 획일적으로 같은 기조를 유지해야 하는 건 아니다. 다양한 국민 구성을 고려할 때 그건 바람직하지도 않다. 설사 어느 정권이 집권해도 기본적인 국가의 역할, 국민의 삶을 보장하는 최소한의 제도적 장치에 대해서는 후퇴하기 어려워진 게 복지사회를 추구하는 대한민국의 현주소다. 그건 바람직한 일이기도 하다.

나는 진보와 보수의 범주 안에 자신을 집어넣고 그 안에서 정책의 범위를 결정하는 좁은 정치를 거부한다. 통일정책을 일관되게 주장하고 추진하는 측면에서 진보적이라고 평가받지만 동시에 개인의 자유라는 측면에서는 자유주의자에 가깝다. 그러나 기본적으로 국가가 국민의 삶에 적극적으로 개입하고 삶의 질과 기회를 높이기 위해 폭넓은 정책을 추진해야 한다고 믿는다. 국가의 존재 이유는 국민이 행복하고 안전한 보호와 시스템 안에서 각자의 삶의 기회를 충분히 누릴 수 있도록 지원하는 일이기 때문이다.

통일정책과 통일에 대한 태도에서 본다면 나는 지극히 현실적인 통일을 추구하는 정치인이다. 공격적이고 적대적인 흡수통일을 외치거나 통일무용론을 주장하는 일부 보수의 태도는 우리 현실에 대한 무지에서 비롯된다. 지금은 1950년대, 1970년대가 아니다. 시대와 시대정신이 변하고 정치환경이 달라지면 거기에 접근하는 정치적 태도와 정책이 변해야 한다.

정치는 시대를 담아내는 거울인 동시에 미래를 준비하는 우리 모두의 그릇이다. 분단상황이라는 현실을 소극적으로 수용하는 대신 적극적으로 우리에게 강요된 상황을 끊어내고 우리 민족의 삶의 구조를 확장하는 태도가 필요하다. 그것이 통일이다. 물론 일반 국민의 정서와 괴리가 있는 일부

미래 세대에게 기회를 주고 시대정신을 구체화한 정책을 지속해서 추진하고 정치적 소신을 국민에게서 찾는 그런 정치인이 되고자 한다.

진보의 통일운동도 현실을 냉정하게 못 본다는 점에서 문제를 가지고 있다. 그 둘의 태도와 정서는 저 멀리 끝과 끝에 있지만 국민의 정서를 정확히 반영하지 못하고 합리적이지 못하다는 점에서 외면당하고 있다.

통일문제도 그렇지만 우리 정치 전반에서 국민 분열을 끝내야 한다고 생각한다. 진보와 보수의 프레임으로 정치인을 분류하고 특정 정치인을 지지하거나 증오한다. 지지하고 지원하는 국민의 마음을 얻어 정치의 뜻을 펼쳐나가는 건 당연하지만 그것이 상대편에 대한 적대감과 불공정한 공격으로 이어져서는 안 된다.

또한, 국가가 적극적으로 국민의 삶을 챙겨야 한다는 건 우리 통일한국당의 정책이다. 지금 대한민국은 모든 부분에서 한계상황에 와 있다. 정치적으로는 분열로 국민이 갈라지고 상당히 진전했던 대북문제는 오히려 후퇴하고 주택문제, 빈부격차로 사회는 양극화됐다. 무엇보다 많은 청년이 미래를 계획하고 자기 일을 통해 삶을 즐겁게 확장해가는 꿈을 더이상 꿀 수 없게 됐다. 미래의 성장 동력이 줄어드는 마이너스 사회 모습을 보이고 있다.

우리 통일한국당은 이 위기를 극복할 대안으로 통일을 제시하고 민족통일을 통해서 우리 민족이 도약할 것을 확신한다. 그리고 그 1단계로 경제적 활로를 확장하고 경제개혁을 통해 국민 삶의 질을 높이고 청년들을 지원해 미래의 성장 동력을 확보하는 정책을 펼치고자 한다. 진보와 보수, 그 스펙트럼의 어디쯤에서 우리 위치를 찾는 대신 대한민국이 맞닥뜨린 문제의 해법을 적극적으로 찾아내고 통일이라는 키워드를 통해 더 큰 차원에서 우리 사회를 변화시키려고 한다. 또 여야 없이 정치적 기득권의 구조에 함몰돼있는 기존의 정치인을 관성적으로 선택했던 유권자들의 의식도 변하고 있다. 비생산적인 논쟁과 적대관계를 통한 정치적 공생을 하는 기존의 정치, 기존 정치인 대신 국민의 삶을 질적으로, 실제적으로 향상시키고 청년의 기회를 확장하고 복지의 폭을 넓히고 미래지향적인 정치를 추구하는 새로운 정치세력이 나타난다면 지지하고 선택할 준비가 되어있다. 기존 정치를 딛고 참신하게 나타나는 새로운 정치인에 대해서 국민이 보여준 긍정의 환호와 지지는 그 신호이다. 그러나 그런 거물 신인도 국민의 그런 열망을 현실정치에서 구현하지 못하거나 한계를 드러내 이내 사그라드는 모습을 우리는 몇 번인가 반복해왔다.

통일한국당은 새로운 정치, 미래를 말하는 정치세력을 열망하는 국민의 기대를 현실적인 정책과 시스템으로 담아내고 유의미한 국민의 선택을 받아 정책을 현실화하는 것이 목표이다. 기득권을 고집하는 대신 미래 세대에게 기회를 주고 시대정신을 구체화한 정책을 지속해서 추진하고 정치적 소신을 소속정당이나 개인이 아니라 국민에게서 찾는 그런 정치인이 많아진다면 우리의 정치 풍토도 좋아질 것을 믿는다. 나는 그런 정치인이 되고자 한다.

02
이경희는 통일주의자인가?

김근태는 민주주의자로 자신의 정체성과 내재화된 신념을 피력했던 정치인이다. 위협받는 한국의 민주주의를 위해 투쟁해온 그의 삶에 적절한 수사로 보인다. 민주주의의 가치와 정신을 지키기 위해 헌신한 그의 삶을 존중하는 마음을 담아 후배들은 기꺼이 민주주의자로 그를 호칭한다. 그렇다면 나는 통일주의자인가?

나의 정치적 정체성을 표현하는 말로 그 말은 적절한가.

굳이 말한다면 통일을 꿈꾸고 준비하는 정치인이다. 통일을 우리 민족 최대의 가치로 여기고 정치의 현재적 목표로 삼는다는 점에서. 그러나 통일은 궁극의 목표가 아니다. 통일을 준비하고 통일의 완결을 통해서 우리 민족의 삶이 더 확장되고 행복해지는 것, 그것이 목표다.

이탈리아 통일과정에서 활동한 주세페 가리발디의 공적 모습은 통일이라는 시대적 소명을 실천하고자 하는 나에게 많은 생각을 하게 한다. 가리발디는 분할되어 있던 이탈리아를 통일하고 이탈리아 국민에게 정치적 자각과 통일에의 의지를 심어주었다. 그렇다고 극단적인 애국심에 의존해서 통일지상주의를 주장한 것은 아니었다. 그는 민족주의와 민중 해방을 추구했는데 자신의 삶을 통해 당대의 시대정신인 자유주의, 민족주의를 실천해간 사람이다. 이탈리아 통일운동에 헌신했으며 이탈리아가 통일된

다음에는 내가 바라는 것은 민족통일이지 권력이 아니라며 당시 국왕이었던 임마누엘레 2세에게 남부 이탈리아를 바쳐 이탈리아의 통일을 완성할 수 있었다. 역사는 합리적 예측에 의해서만 굴러가는 게 아니라 당대의 걸출한 인물에 의해서도 가능하다는 각성을 가리발디의 삶을 통해 깨닫는다. 걸출함이란 시대가 요구하는 정신을 정확하게 알고 그 시대정신의 구현을 위해 흔쾌하게 실천하는 삶에서 나오는 것이 아닐까.

 난 현실정치 과정을 통해서 통일을 추진하고자 하는 사람이다. 통일만능주의나 민족에 대한 절대성을 통일의 근거로 삼아 이상화하는 대신 현실의 합리적이고 일관된 통일정책을 통해서 민족의 통일을 이루고자 한다. 물론 하루아침에 이루어지기는 어려우리라. 그러나 난 독일 통일의 주역인 헬무트 콜 독일 총리를 생각한다. 그리고 시대의 과업인 민족통일이라는 커다란 명제를 안고 현실정치와 북한 변수라는 제약 속에서도 남북관계를 유연하게 풀어갔던 김대중 대통령을 생각한다. 또한 통일이나 현재 남북관계에 대해 다른 생각을 가진 국민도 우리 헌법체계 안에서의 안전한 통일이 추진되고 경제, 사회적인 부분이 축소되지 않는 플러스의 통일이 보장된다면 모두가 지지하리라 확신한다. 또 그것이 통일의 원칙이기도 하고 현실적 통일방안이기도 하다.

03
소수 정당에서
제3세력으로

지난 대선에서 나는 한국의 트럼프라는 표현을 듣기도 했다. 빌딩개발업을 통해서 토대를 구축한 뒤 현실정치에 뛰어들었다는 점에서 그렇게 표현하는 사람들이 있다. 또 정치세계 바깥에서 활동하다가 주류 정치의 세계와 일정한 거리를 두고 정치활동을 진행했다는 점에서 비슷한 면을 끄집어내기도 했다. 세계의 강국인 미국의 대통령을 역임한 사람과 비교되는 게 어떤 의미로는 무게감을 갖는 일이어서 나름의 의미는 있겠으나 본질에서 확연하게 다른 가치관과 정치적 목적을 가진 두 사람이다.

나는 통일이라는 민족의 명제를 열일곱 고등학교 시절부터 내 삶에서 완성하고자 노력했고 현실 정치인이 되려는 가장 큰 이유 역시 분단된 나라를 통일하고자 하는 열망 때문이다. 그리고 건설사업은 그 목표를 위한 현실적 토대를 구축하기 위함이었다. 대통령을 사적 이익 추구의 수단으로 활용하고자 하는 것과는 거리가 멀다. 그러기에는 민족통일이라는 주제가 내 정치적 삶에 주는 열정과 열망이 너무나 강렬하다. 너무나 매혹적이고 강렬하고 진실된 꿈이다. 그리고 현실화될 것이 너무나도 분명한 꿈이다.

무엇보다 나는 합리적인 사고를 가진 사람이라고 스스로 생각한다. 과학자와 전문가의 의견을 무시하고 음모론을 정치적 행위의 근거로

나는 통일이라는 민족의 명제를 열일곱 고등학교 시절부터 내 삶에서 완성하고자 노력했고 현실 정치인이 되려는 가장 큰 이유 역시 분단된 나라를 통일하고자 하는 열망 때문이다.

삼는(물론 모든 통치행위에서 그런 건 아니지만 트럼프는 합리적인 논거보다는 종교적 편향성이나 근본주의, 음모론을 통치행위의 근거로 삼는 경우가 현대의 어느 통치자보다 심했다) 불합리하고 비이성적인 사람은 아니다. 정치적으로 나를 가장 크게 규정하는 정체성은 민족과 통일이지만 그건 무조건적인 외침이 아니라 우리의 현실을 개혁하고 더 품격있고 강한 나라가 되는 가장 좋은 방법이기 때문이다. 분단을 극복하려는 민족사적 자존과 책무도 역시 통일을 추진하는 강한 동력이다.

또 나는 보편적 복지를 확대하는 정책으로 국가가 적극적으로 개인의 삶을 나아지도록 해야 한다는 정치적 견해를 가진 정치인이다. 2021년 5월 창당식을 한 통일한국당의 정신과 정책은 정치, 경제개혁과 함께 복지의 확대가 중요한 정책 기조를 차지하고 있다. 청년 문제, 인구 문제, 노인 문제를 해결하기 위한 청년청과 노인청 설치 공약은 복지의 확대라는 측면과 함께 우리 사회 성장 동력을 유지하기 위한 노력이기도 하다.

개천, 용이 나르샤!

통일한국당의 정책을 말해주는 기본 정신 중의 하나다. 우리는 청년들이 잃어버린 기회의 사다리, 계층의 사다리를 다시 잇도록 고무하고 격려하는 정신과 정책을 추진한다. 청년은 우리 사회의 미래 그 자체이다. 그들에게 투자하는 것은 우리의 미래에 투자하는 것이다.

우리의 불합리하고 기득권에 너무나 친숙한 정치 시스템을 개선해야 한다는 내 신념의 결은 주류 정치와 갈등하고 배척하는 데에서 자신의 정치적 입지를 확장해간 트럼프와도 많이 다르다. 우리 유권자들이 정치현장에서 대체로 보수적이고 관성적인 선택을 하는 것도 일정 부분 사실이다. 동시에 기존의 기득권이나 불합리한 시스템에 갇히지 않은 신선한 제3세력이 나타나면 언제든 그 정치세력을 지지하고 선택할 준비도 되어있다. 최근의 정치사를 보면 기존 정치권 밖에서 대중의 지지를 얻어 정치영역 안으로 들어왔다 사라진 정치인이 적지 않다. 주장이나 정책의 신선함이 부각되었을 뿐 제대로 된 수권능력을 보여주는 데 실패한 때문이다. 제3세력은 기성 정치세력의 반사이익에 의해서가 아니라 자체 정치력에 의해 국민의 선택을 받아야 한다. 일정한 세대나 지역을 대표하는 소수의 정치집단에서 나아가 국민 다수의 정치적 열망과 시대정신을 표현한다면 국민은 그 정치세력을 지지한다.

통일한국당의 목표도 그 지점에 닿아 있다. 복지와 통일 한국의 꿈을 실현할 구체적인 정치세력으로 출발한 소수 정당에서 시대정신을 구현하고 국민의 삶의 질을 높이는 새로운 정치철학과 시스템을 가진 제3세력으로 자리매김하고자 한다. 또 정당의 안정화가 구축되고 나면 우리가 추구하는 통일 한국의 목표를 함께 추진할 수 있는 다른 세력과도 연대의 문은 열려있다. 미래세대를 생각하는 정치인이 많아진다면 우리의 미래는 달라질 것이다. 분단과 분열이 아니라 통일과 합치가 있는 조국을 미래 세대에게 물려줄 의무가 우리에게는 있다.

04
닮고 싶은 정치인

젊다는 면에서, 그리고 어떤 정치적 집단이나 정당에 속하는 대신 스스로 정치적 의지와 목표를 가지고 올라섰다는 점에서는 프랑스의 마크롱 대통령을 모델로 삼고 싶다. 마크롱은 프랑스 정치의 양대 축인 사회당과 보수당, 어느 쪽에 몸을 담아 정치인으로 큰 것이 아니라 스스로 군소정당인 전진당(앙 마르슈)을 만들어 선거에 도전해서 이겼다. 선거는 이전의 통치자, 그리고 집권당의 공과에 따라 다음 선거가 영향을 받는 게 일반적이지만 거대 정당이 국민의 문제를 결코 해결해주지 않을뿐더러 그럴 능력도 없다는 걸 인식하기 시작한 국민이 참신하고 기존 정치의 관습과 부채의식으로부터 자유로운 마크롱을 대통령으로 선택한 것이다.

한국은 유럽보다 훨씬 정치적으로 보수적이고 정치 기득권이 강하게 작용하는 곳이어서 참신한 신인 정치인이 진출하기 어려운 곳이다. 유권자들도 참신한 신인보다는 부패한 기존 정치인을 계속해서 뽑기도 한다. 또한, 정치 신인들도 자신의 조직이나 능력을 통해서 정치권에 진입하기 어렵다 보니 기존 정당에서 정치를 시작한다. 그리고 대부분은 그 정당의 정치적 선택에 몸을 얹어 쭉 함께 간다.

이러니 새로운 비전과 목표, 의식을 가진 신인이 정치를 시작하고 유권자들에게 선택받는 건 어지간히 어려운 일이 아니다. 언론지형도 정치 신인에겐 인색하기 그지없다. 그러나 기존 정당과 기존 정치인들을 통해 우리가 당면한 여러 문제를 해결하는 데 한계가 있으며 비전이 없는 정치인에게 실망한 유권자의 선택은 참신한 정치인에게 향하리라 믿는다. 정치적 맹목이 아니라 결국 정치는 국민의 문제를 해결해주고 삶의 질을 높여준다는 단순한 진리를 공감해가기 때문이다.

또 한 사람, 박정희 대통령을 닮고 싶다. 국가목표를 세우고 일관된 정책 추진으로 경제 부흥의 토대를 만든 정치인이기 때문이다.

그리고 통일에 대한 열정, 남북관계를 유연한 시각에서 보고 차근차근 인내력 있게 풀어나간 정책의 추진은 김대중 전 대통령을 닮고 싶다. 북한의 경직성과 약속을 지키지 않는 등의 불안 요소, 그리고 우리 사회 내의 여전한 분단이데올로기와 공격 때문에 지속적인 진전을 보이지는 못했으나 한민족의 통일을 꾸준히 추진한다는 원칙으로 남북관계의 해법을 찾으려 했다. 원칙이 굳건하고 민족통일의 지향을 잊지 않는다면 현실의 복잡하고 방해적인 요인들을 극복할 수 있으리라 본다.

또 김대중 대통령이 이 나라 민주주의와 인권의 확장에 노력하고, 약자 보호와 보편적 복지를 확대한 정책을 추진한 점도 높이 사고 싶다. 사회복지 개선을 통해 미래가 있는 삶을 열고자 하는 나의 정책 기조와도 부합되는 정신이다.

결론적으로 생각해보면, 나는 기존의 반복적인 정치 관행과 기득권에 의탁한 정치인이 아니라 현실의 문제를 새로운 해법으로 접근하고 그러면서도 통일이라는 민족의 미래를 정치의 로드맵으로 삼아 차근차근 전진하는 정치인을 지향하고 있다. 그리고 현실에서 그런 가능성을 보여준 정치인을 신뢰하는 것도 그런 나의 지향과 닿아있기 때문이다.

05

통일 한국의 집을 짓는 삶

　우리 정치는 선거와 정치인 개인에 지나치게 치중되어 있다. 선거는 좀 더 국민의 뜻을 정확하게 살펴서 정책에 잘 반영할 수 있는 사람을 뽑는 일이다. 또 정치인 개인이 정치 전반을 끌고 가지도 않거니와 그런 집중된 권력 구조가 바람직하지도 않다. 내가 생각하는 정치는 현재의 문제 해결과 함께 우리 민족 전체가 뜻을 모으고 힘을 집중시켜야 하는 일에 적극적으로 앞서는 행위이다. 그것이 통일이라는 건 헌법에서 규정하고 있고 남북관계의 경색이나 곤란을 겪을 때마다 우리도 절감하는 주제이다. 분단 직후에는 분단을 극복하려는 정치인의 도전과 노력이 계속 있었으나 어느덧 분단 극복은 우리 정치의 우선적인 주제에서 멀리 밀려났다.

　당장의 시급한 주제가 아니라는 생각도 있지만, 유권자의 표로 연결되지 않는 일은 하지 않으려는 소극적 정치 행위가 만연해있는 이유가 크다. 정치인과 유권자가 서로 부정적인 영향을 주고받는 구조이다. 정치를 옹졸하고 현실 이익만을 좇고 내 편과 적을 가르는 이분법의 단순 논리로 만들고 있다. 정치가 과연 그렇게 작아야만 하는가?

　정치는 뜻으로도 하지만 세(세력)로 한다. 현실적 정치세력, 뜻을 같이하거나 정치적 지분을 나누거나 어쨌든 정치세력은 긍정적 의미로, 동시에 부정적 의미로도 현실정치를 끌어가는 동력인 건 분명하다. 무슨

나는 통일을 만들어가는 사람이 되고 싶다.

무슨 계, 계파를 좇아가면서 모였다 흩어지기를 반복한다. 국회의원의 경우 당선을 목적으로 몸담았던 정당에서 상대 당으로 갈아타기도 한다. 정치가 아무리 세로 하는 거라지만, 그리고 국회의원의 유일한 목표는 다음 선거에서 당선되는 거라는 우스개도 있지만 최소한의 도의도 아닌 태도이다. 누가 봐도 개인 욕심을 위한 행동을 마치 구국의 결단인 양 해명하는 걸 보면 듣는 유권자가 민망할 지경이다.

예전과 달리 어릴 때부터 민주주의 교육을 받고 자란 세대, 혹은 온몸으로 민주주의를 위해 싸운 경험을 가진 중장년세대의 한국은 이미 시민의식을 갖춘 상식적 민주주의자들이 많다. 그런데 민주주의의 실천적 개념이나 정치의식이 시민들보다 훨씬 못한 정치인들이 많다.

그런 현실정치의 한계를 간파한 정치 신인 중에는 기존 정당에서 자신의 정치적 정체성을 펼치기 어렵다고 판단되면 그 스스로 직접 국민의 판단을 받으려고 한다. 세계적인 현상이다. 마크롱이 그랬다. 그리고 국민도 점점 자신의 정치적 정체성을 대신하고 대표할 정치세력을 찾아내고 지지하고 지원하는 현실정치의 담당자로 목소리를 키워가고 있다. 아직은 젊은 세대에 한정된 모습이긴 하지만 우리 정치 전반에 걸쳐 고루하고 부패하고 권위적인 기존의 정치집단 대신 우리 문제를 실제로 해결할 능력과 참신한 의지를 가진 정치인을 유권자들이 선택하게 되리라 본다. 결국, 어떤 정치인이 계속 주장하고 호소하고 펼쳐가는 시대정신에 유권자들이 동의하고 함께 간다면 그 정치인은 국민에게 받아들여질 것이라 믿는다.

  남북통일 대통령을 꿈꾸었을 때는 통일을 추진하고 완성하기 위해 최고 통수권자가 되고 싶었다. 지금은 통일을 주축으로 하는 정치집단을 지원하는 역할에도 만족하며 그런 정치집단의 누군가가 대통령이 되어도 좋다. 나는 통일을 만들어가는 사람이 되고 싶다. 통일헌법에 대한 본격적인 준비와 공부도 그런 맥락에서 통일을 준비하는 작업의 하나였다. 대통령이 되면 통일을 자유롭게 추진할 수 있겠지만 그런 사람이 대통령이 되어도 좋겠다는 생각을 가지고 있다. 통일한국당의 정치적 세력을 키워서, 정치적 지분을 키워서 통일작업을 수행할 수 있게 하는 방법도 있겠으며 민족통일의 시대정신을 추구하는 정치인이나 정치세력에 대한 지원도 한 방법이다.

  분단구조가 장기화하고 분단구조를 이용해서 이익을 취하는 집단이 많아지고 남북 간에 이질감이 더 심해지면 굳이 통일을 원하지 않는 사람이 많아진다. 미래의 이익보다 현재의 이익에 집착하기에 그렇다. 미래의 민족 이익보다 현재 나의 이익이 더 중요한 사람들이 많아진다면 민족의 통일은 그만큼 어려워지고 멀어질 것이다. 통일은 그런 집단 이익을 추구하면서 분단구조를 강화하고자 하는 내부의 세력들을 이해시키고 극복하는 것도 포함되어야 한다. 교육과 언론 등을 통한 지속적인 노력도 필요하고 통일을 추구하는 정치세력을 지지하고 지원하는 유권자의 힘을 통해서도 그 변화는 가능하다. 분단을 이용하는 기득권 정치세력 대신 우리가 당면한 많은 문제의 해법으로 통일을 생각하는 큰 정치, 국민을 이념적으로 분열시키는 대신 통일이라는 좀 더 큰 단위로 한반도를 생각하는 정치세력이 힘을 얻는다면 통일은 조금씩 현실에 가까워질 것이다. 통일이 단지 시대정신에 머물러있지 않고 우리 시대의 현실로 다가올 것을 믿는다.

06

진인사대천명(盡人事待天命)의 시간

　스스로 최선을 다한 뒤 하늘의 답을 기다린다.
　내가 좋아하는 말, 세상을 살아가는 가치 기준으로 삼아 내 선택과 행동을 들여다보는 거울 같은 말이다. 휴대전화 배경화면에도 띄워놓았다. 나를 대신해서 나를 설명해주는 말이기도 하고, 인생의 걸음걸음의 과정에서 늘 앞에 세워두고 싶은 말이기도 하다.
　짧은 경험의 아르바이트부터 건설사업에 이르기까지, 그리고 민족통일을 이루고자 하는 꿈의 추진과정에서 절실하고 진실되게 깨달은 세상살이의 이치이다. 진인사를 하지 않으면 하늘의 응답을 받기가 쉽지 않다는 것, 진인사를 하고 나니 대천명하는 마음이 한결 홀가분하다는 것, 그리고 나의 정성과 최선을 다하고 나면 하늘의 답이 설사 미치지 못하더라도 최선을 다하는 과정에서 이미 나 스스로 답을 얻는다는 경험상의 깨달음이다. 그래서 매사 최선을 다하고 그 결과에 순응하는 편이다.
　사업은 내가 가진 자원의 범위 내에서 할 수 있는 최대한의 성장을 추구했고 약 이십여 년 동안 큰 성장을 거두었다. 그 시간은 계획과 추진과 문제 해결의 과정을 거쳐 성취해왔던 시간이다. 개발업은 우발적인 상황에 늘 노출되어 있다. 문제들을 해결하는 능력과 열정 못지않게 그 모든 과정에 개입되는 인연과 우연의 이름으로 마주치는 하늘의 뜻을 읽는다. 돌아보면

매사 최선을 다하고 그 결과에 순응하며 깨달음을 얻는다.

나의 노력과 열정은 30 정도, 여기에 하늘(신)이 준 운과 기회가 70이었다고 생각한다.

내가 오랫동안 몸담은 건설사업의 진행은 어느 정도 예측과 계획이 가능하다. 통일사업은 어떤가?

그건 진인사의 문제인가? 아니면 시운이 허락해야 하는 하늘의 일인가?

먼저 최선을 다하는 게 우선이어야 한다. 간절함과 지극함으로 통일을 원하고, 그리고 통일을 위한 구체적인 노력과 준비를 하는 것이 진인사의 영역일 것이다. 그렇게 되면 80%는 통일의 길에 들어섰다고 믿는다. 주변국과의 관계, 국제 역학 구도의 변화, 북한 체제 내부의 충격 등 외부 요인은 충분한 준비가 되었을 때 기회의 이름으로 불현듯 올 수도 있고 천천히 올 수도 있다. 한 가지 분명한 것은 우리 스스로 준비되지 않은 상황에서는 국제 환경이 아무리 무르익어도 통일의 기회를 놓쳐버리거나 통일이 된다 해도 불완전한 통일로 후유증이 오래갈 것이라는 점이다.

진인사대천명은 개인적인 삶의 부분에서도 기댈만한 삶의 교훈을 준다. 사람을 만날 때도 그 자세를 유지하려고 노력한다. 냉철하고 이성적인 사업세계에서도 사람의 만남은 시절인연이 가닿아야 하고 작용을 해야 일이 이루어지는 걸 본다. 그러니 스스로 최선을 다하고 나면 그 결과는 하늘에

맡길 일이다. 다만 스스로 하늘의 뜻을 짐작하거나 예측해서 그쪽 방향으로 애써 움직이는 것은 썩 지혜로운 결론을 얻기 어렵다는 것도 경험했다. 내가 올바른 쪽으로 마음을 정하고 그곳에 최선을 다하는 게 먼저여야 했다. 그렇게 보면 하늘은 그야말로 무심한 듯도 하다. 딱히 특별히 먹은 마음이나 뜻이 없이 그저 인간들이 스스로 만들어낸 결과를 때가 되면 보여주는 것이라는 생각이 든다.

분단 직후에 분단상황을 당연하게 여기고 그걸 활용하는 정치세력도 있었지만, 분단을 극복하고자 생을 거는 정치인들도 있었다. 김구 선생이 그랬듯 그들은 강대국이 쳐놓은 남과 북의 경계선을 오가면서 민족통일의 길을 내보려고 노력했다. 그리고 그들 대부분은 뜻을 이루지 못했다. 피살되거나 어느 쪽에도 속하지 못한 경계인으로 개인적인 불행의 삶을 살기도 했다.

이후 많은 시간이 흘렀다. 그동안 정부 차원의 지속적인 통일방안이 발표되고 민간 차원의 교류도 활발해졌다. 남과 북의 관계도 적대적 긴장 관계에서 화해와 협력을 추구하는 관계로 진전했다. 우리의 이런 노력에 통일을 위한 여러 요소가 시의적절하게 더해진다면 우리 민족은 오랜 분열과 분단의 시대를 끝내고 합일되는 시대로 들어설 것이다. 민족에게도 진인사대천명의 명제는 유효하다.

에필로그
많은 사람이 꾸는 꿈은 현실이 된다

　정치의 근본은 그 시대 민생의 문제, 그 시대가 근본적으로 풀어야 할 문제를 풀어나가는 것이다. 지금 대한민국의 시대적 명제는 빈부격차와 주택문제 같은 민생의 문제와 남북관계에 따른 경제, 군사, 정치, 그리고 이념적으로 치러야 할 불필요한 비용들이다. 정치인이, 혹은 통치자가 시대의 문제를 풀어가는 방식은 여러 가지가 있다. 어느 계층을 국가의 주력으로 보는가에 따라서, 그리고 문제의 우선순위를 어디에 두느냐에 따라서 문제에 접근하고 풀어가는 방법이 다를 수밖에 없다.

　시대의 문제라면 대개는 서로 연관성을 갖고 있기 마련이다. 우리는 흔히 통일은 국내문제와는 무관한 먼 훗날의 일, 주변 강대국들의 힘의 논리에 의해 좌우되는 국제적인 일로 치부한다. 그러나 통일은 가장 중요한 우리 자신의 일이고 사업이며 우리 민족이 주체가 되어 주도적으로 추진해야 할 민족 과업이다. 우리 민족의 운명에 이웃 국가 누구도, 강대국 어떤 나라도 우리 자신처럼 진심으로 전력을 다하는 국가는 없기 때문이다.

　누군가의 꿈이 그 시대의 보통 사람들에게 받아들여지지 않거나 심한 경우 박해를 받거나 배척당하는 경우는 너무나도 흔하다. 그래서 역사적으로 시대를 개혁하고자 했던 개혁가나 시대정신을 앞서 간파하고 구현하고자 노력했던 선각자들은 환영받기보다는 소외되고 배척당했다. 특히 기득권의 탄압이나 압박은 상상 이상이었다.

지금은 민주주의 시대이니 누구나 자신의 꿈을 추구하고 그걸 말할 자격이 있다. 그러나 개인의 삶의 영역이나 스스로의 삶의 확장을 위해서가 아니라 적어도 민족의 전체 운명을 생각하고 지금 우리가 당면하고 있는 가장 큰 문제의 본질이 어디에서 비롯되었는지, 그리고 그걸 해소하기 위해서 어떤 방향으로 가야 하는지에 대한 처절한 고민을 하는 사람은 그리 많지 않다. 국민의 삶을 나아지게 하고 민족공동체의 방향을 고민한다는 정치인들도 시대정신을 고민하고 거기에서 자신의 역할을 고민하는 정치인은 생각보다 많지 않다. 청년이나 주택, 노동, 빈부, 인권 등에 대해 진지한 접근을 하고 고민하는 정치인은 많지만, 시대와 민족의 요구인 통일에 대해 고민하고 준비하는 정치인은 없다고 해도 좋을 정도다.

통일이 이 시대의 시대정신이고 민족통일 대통령이 꿈인 나에게도 그 길은 만만하지 않았다. 앞으로도 만만치 않으리라 생각한다. 그러나 현실정치에서 시대정신을 앞서 주창하고 실현하고자 애썼던 정치인이 당시에는 배척받았으나 결국은 옳고 온당했고 적절했다는 역사적 판단을 받는 경우가 대부분이다. 통일이라는 시대정신을 구현하는 밀알이 되어도 흔쾌한 일이지만 현실정치에서 민족통일의 현장을, 그것이 가져오는 우리 민족의 기지개를 켜는 데 일조하고 싶다. 최전선에서, 그리고 현실정치에서 나는 그 길을 계속 갈 것이다.

요원해 보였던 민주주의의 현실화가 깨어있는 시민들의 희생과 노력으로 다가왔듯이 통일 또한 지금은 요원해 보이지만 반드시 우리의 현실이 될 것이다. 아니 현실이 되도록 만들어야 한다. 통일의 요건과 조건들을 준비하고 통일헌법을 준비하고 독일 등의 통일국가가 겪은 아픔이나 문제들을 미리 준비하고 조절하는 시스템을 만드는 것, 그 모든 것들이 통일을 위한 준비이다.

  통일과 분열을 반복하면서 시대를 흘러온 역사를 보거나 현실 남북한 체제의 경로를 보아도 통일은 분명 될 터인데 우리는 이상할 정도로 통일에 대한 준비를 도외시하고 밀쳐놓는다. 마치 남의 일인 것처럼. 그리고 통일이 꼭 되어야 하는 거냐고 심드렁해 하기도 한다. 그건 너무나 근시안적인 태도이자 정신이라고 나는 감히 생각한다.

  통일에 대한 구체적이고 철저한 준비를 할수록 통일 이후의 혼란을 줄이고 빠르게 통일의 목적이었던 정치, 산업구조의 확장, 군사적 긴장의 제거, 문화적 다양성의 확보 등이 이루어질 것이다. 통일에 대한 나의 지극한 마음과 기원, 그리고 현실적인 준비는 이 책을 통해서 충분히 설명했다고 믿는다. 그 시대정신에 동의하고 흔쾌히 함께 가고자 하는 분들 또한 많이 만났다. 나는 시간이 갈수록 통일이라는 시대정신, 통일을 준비하고 대비하는 이경희라는 정치인에 대한 공감이 확장되고 확대되리라 믿는다. 왜냐하면 그것이 지금 우리에게 요구되는 시대정신이기 때문이다. 그 길을 함께 시작하는 가치의 동반자, 시대정신의 동반자, 정치인 이경희의 동반자로 여러분을 초대한다. 한 사람의 꿈은 꿈이지만 여러 사람이 뜻과 힘을 모으면 그 꿈은 현실이 된다. 그리고 모든 정치적 성취는 시대의 요구를 받아들여 꿈을 밀고 나간 누군가의 꿈으로부터 시작됐다.

  통일은 지금 여기에서 살아가고 있는 우리의 현실과 동떨어져 존재하는 이상, 꿈이 아니다. 우리 현실의 수많은 문제가 해결되고 나면 그 이후에 시작할 수 있는 부수적인 주제도 아니다. 통일정책은 우리의 다른 수많은 문제와 같은 차원에서 다루어져야 하는 동시에 그 문제들을 해결할 수 있는 근원적 해법을 제시한다.

  통일은 소극적 해법을 주는 동시에 적극적이고 생산적인 해법을 제시한다. 분단상황이어서 감당해야 하는 군비의 부담, 인권의 문제, 인구문제들은 통일을 통해서 해소할 수 있다. 나아가 통일과정과 이후의 확대된 경제정책과 인프라 확충 등을 통해서 지속가능한 발전이 가능하다. 통일은 우리 민족에게 그 무엇보다 커다란 성장의 동력이다.

지난 2017년 대통령선거에 출마하면서 난 대한민국 최고의 화두는 민생고 해결과 남북관계 개선이라고 주장했다. 그 시대적 명제는 지금도 여전히 살아 있다. 2021년 6월 4일 창당한 통일한국당은 대한민국의 헌법을 기준으로 10대 시대정신과 대한민국 100대 실천과제를 설정했다. 세계 5대 경제강국으로 도약하고 동북아 평화 시대를 열겠다는 시대정신, 통일 한국을 위해 준비된 나라를 만들겠다는 등의 10대 시대정신을 기반으로 국민분열정치를 종식하고 남북정상회담을 정례화하는 등의 정책을 제시했다. 또 국민 기본주택과 국민 기본일자리 보장 등을 통해서 사회복지를 개선하고 미래가 있는 삶을 국민에게 제시했다. 인구문제의 실천적 해결을 위해 청년청과 노인청을 설치하고 복지와 노동, 교육을 연계하는 시스템을 구축해서 많은 부분에서 한계상황에 와있는 현재의 위기를 극복해야 한다. 극복할 수 있다. 소통과 공정과 통합사회 구축을 통해 경제정의와 사회적 기회의 균등함을 추구하고자 한다.

결국, 통일국가를 향한 노력과 국민의 삶의 질을 높이려는 개혁정책은 우선순위가 다르거나 선후의 문제가 아니라 함께 추구해야 하는 현재진행의 목표이다. 국민의 삶을 나아지게 하고 민족공동체의 방향을 고민하고 통일의 시대를 열기 위해 달려온 나 이경희에게도 그 목표는 현재진행형이다.

동시에 우리 사회 내의 갈등과 분열에 대한 정치적 해법을 구하는 것도 함께 추진되어야 한다. 그 해법이 협치와 통합이라는 사실을 모두가 알고 있으나 정치현장에서 협치를 실현하고자 애쓰는 정치인은 의외로 많지 않다. 우리 사회 구성원 내의 갈등이 지속되면 통일에 대한 동력을 잃고 통일을 추진하는 데 제약과 사회적 비용이 커진다. 그래서 국민통합과 통일 한국을 추구하는 것은 구분되지 않는 동시성의 문제이며 미래 한국을 향해 가는 열차의 두 축이다. 이경희와 통일한국당이 통일이라는 우리 미래의 집을 짓기 위해 전력을 다하면서 그 출발과 노력의 내용은 지금 여기의 문제, 불합리하고 투명성이 부족한 정치 시스템을 개선하고 분열 대신 통합을 추구하는 데에서 시작하는 이유이기도 하다.

유 튜 브
https://www.youtube.com/channel/UCstxBvqh4occNC-pNQPLh8w

 홈페이지
http://unikoreaparty.kr/

 페이스북
https://www.facebook.com/unikoreaparty

통일 한국의 집을 짓다
이경희 자서전

2021년 11월 30일 초판 1쇄 발행

지은이 / 이경희
펴낸이 / 윤미향
편집 / 이수연, 이정희
펴낸곳 / 진애드
등록일 / 2010년 4월 21일
등록번호 / 제301-2007-116호
주소 / 서울 중구 저동2가 47-11 금정빌딩 502호
전화 / 02-2264-0608
전자우편 / jinad2000@hanmail.net

ⓒ이경희 2021
ISBN 979-11-952314-4-7

* 이 책 내용의 전부 또는 일부를 재사용하려면
반드시 저작권자와 진애드 양측의 동의를 받아야 합니다.
* 책값은 뒤표지에 표시되어 있습니다.